The Happiness Hypothesis

しあわせ仮説

古代の知恵と現代科学の知恵

ジョナサン・ハイト
Jonathan Haidt

藤澤隆史
藤澤玲子 訳

新曜社

ジェインに

Jonathan Haidt
THE HAPPINESS HYPOTHESIS
Finding Modern Truth in Ancient Wisdom

First published in the United States by Basic Books,
a member of Perseus Books Group
Japanese translation rights arranged with
Perseus Books, Inc., Cambridge, Massachusetts
through Tuttle-Mori Agency, Inc., Tokyo

日本語版への序文

第二次世界大戦が終わってからたった数十年の間に、日本人は奇跡を起こした。貧困と荒廃から立ち上がって、大きく繁栄し、教養にあふれた思いやりのある社会を作り出した。もし私がそのような事実のほかに日本について何も知らなかったとしたら、私は心理学者として自信を持って「50歳未満の日本人は、その両親世代の人たちよりも、自分の人生に対する意味の探求に関心を持っている」という予測を打ち立てたに違いない。集団で大きな困難と闘ってきた人たちは、そのような探求をほとんど必要としない。富と安全の中で生まれた人が、もっとずっと多くの個人的な選択をするという贅沢と重荷を手にするのである。本書は、古代から伝わる助言の中から、どのようにして最良のものを選び出し、それを、人間関係が希薄で、時には孤独ですらある現代社会の状況へと当てはめればよいかについて述べたものである。だから、日本の方々にも本書は役だつと思っていただけるだろう。

残念ながら、わたしはまだ日本に行ったことは無い。だが、私は、1989年から文化心理学の研究をしており、この分野は、日本人とアメリカ人の共同作業によって始まった。初期の研究において、日本人の自意識は、より「相互依存」的であることが示されている。つまり、自己を卓上で転がりまわる独立したビリヤードの球だと考えているアメリカ人と比較すると、より関係性や役割を重視する。私は初期の異文化間研究において、広島修道大学の今田純雄氏と協力して、日本とアメリカにおける嫌悪の感情がどのように経験されるかについて調査を行った。私たちは、アメリカ英語の「disgust（嫌悪）」と日本語の「嫌悪」は、どちらも汚れたり汚染された物質だけでなく、汚れや細菌とはまったく無関係な社会的な出来事に対する反応としても経験されることに気づいた。しかし、アメリカの大学生も日本の大学生も、（ゴキブリや汚れたオムツや血なまぐさい自動車事故といった）物理的な事象についてはとても似通った例を挙げたのに対して、社会的な事象についてはまったく異なったものを挙げた。アメリカ人は、他者の基本的な尊厳を侵害する個人に対して、（当時のボスニアとセルビアの紛争などのように）とりわけそれが残虐な行為や暴力、人種差別を伴っている場合に「disgust」を感じると言った。反対に日本人は、日常の社会交流の中で、無視されたり、辱めを受けたり、虐待されたりしたときや、自分自身の中に欠けていたり不適切であったりするものを見出したときに「嫌悪」を感じた。日本人にとって、嫌悪とは、他者との適切な調和や正しい関係を達成できないことに対する反応のようであった。

この本におけるもっとも重要な考えは、〈幸福は「あいだ」から訪れる〉というものである。あなたと他者のあいだ、あなたと仕事のあいだ、あなたとあなたより大きな何かとのあいだに、正しい関係を築くことで訪れるのだ。わたしは、アメリカ人よりも日本人の方がこの考えに対して納得しやすいのではないかと考えている。

わたしは、自分の解釈とメタファーが日本の読者の方々から必ずしも共感を得られるだろうという確信はもてないでいる。文化心理学が示してきたように、わたしたちの心はわずかに異なっているからである。しかし、もし、この本の中で論じている考えが本当に「偉大なる真理」であり、古代西洋だけではなく古代東洋でも見出せるようなものだとしたら、さほどの困難は無いであろう。アメリカ人による案内の限界の背後にある、これらの考えの有用性と美しさを見出していただければと思う。

あなたとあなたの関係性がますます豊かなものでありますように。

ヴァージニア州シャーロットビルにて

ジョナサン・ハイト

目次

装幀＝難波園子

序章

過剰な知恵

私たちの多くが自問する。私は、何をすべきだろう？　どのように生きるべきだろう？　どんな人になるべきなのか？　現代生活では、その答えを見つけるのに苦労はない。知恵はもはや、至る所にある。カレンダー、ティーバッグ、ボトルのキャップ、友達が善意で転送して来るEメールの中にまで、あふれかえっている。私たちは、いわば、ホルヘ・ルイス・ボルヘス〔訳注1〕が言うところのバベルの図書館に住んでいるようなものだ。バベルの図書館には、可能な文字列をすべて網羅する、無尽蔵の本が所蔵されている。つまり、その図書館がなぜ存在し、また、どのように使うのかについての説明が書かれた本も、そのどこかにある。しかし、ボルヘスの図書館の司書は、無意味な本の山の中からその本を見つけることなど永遠にできないだろうと思っている。

私たちの場合はそれほど悲観的なものではない。潜在的な知恵の源に無意味なものなどほとんどなく、その多くはまさに真実だ。しかし、私たちの図書館もやはり事実上無限なので、誰だってその蔵書の一部しか読むことができない。そこで、豊富さというパラドックスに直面する。量が努力の質を損なう。こんなに巨大で見事な図書館を目の前にしても、本を流し読みするか、レビューに目を通すだけのことが多い。もしかしたら、十分に味わって心で受け止め、生活に組み込んでいたなら人生が一変していたような、そんな偉大な真理にすでに出会っていたのかもしれない。

本書は、10の偉大な思想について書いている。各章で、世界の文明のいくつかが見出した思想を、一つずつ吟味していく。それらを現代の科学によって明らかになった事実と照合し、今もなおわれわれの生活に適用できる教訓を引き出すよう努めている。

私は、社会心理学者である。人間の社会生活の一角について解き明かそうと、さまざまな実験をしている。私の専門は、道徳と道徳的感情だ。私はまた、教師でもある。ヴァージニア大学の大クラスで基礎心理学のクラスを担当し、全24回の講義の中で心理学のすべての分野について説明しようと試みている。網膜の構造から愛の仕組みにいたるまで、非常にたくさんの研究結果を紹介しなければならない。そして学生たちがすべて理解し、記憶するよう祈るのだ。教壇に立った最初の年、何とかこの挑戦に応えようと奮闘する中で、いくつかの思想が講義の中に繰り返し出てくることに気づいた。そしてそれらの思想は、しばしば過去の思想家たちによってすでに雄弁に語られている。この思想を要約して言えば、感情や、出来事への反応や、ある種の精神病は、われわれが世界を見る心のフィルターによって生じる、ということなのだが、このことをシェイクスピアは誰よりも簡潔にこう述べている。「物事に良いも悪いもない。心が善悪を作るのだ。」[1]私は、学生たちが心理学の重要な思想を記憶する助けとなるよう、このような引用をするようになった。そうするうちに、このような思想がいったいいくつあるのだろう?と思い始めたのである。

それを調べるために、私は、古代の賢者の作品をたくさん読んだ。そのほとんどは、古代思想の三大地域から生まれたものである。三大地域とは、インド（『ウパニシャッド』、『バガヴァッド・ギーター』、仏陀のことばなど）、中国（孔子の『論語』、老子の『道徳経』、孟子やその他の哲学者の書物）、地中海文明（『旧約聖書』、『新約聖書』、ギリシアとローマの哲学者、『コーラン』）である。私は、過去５００年のさまざまな哲学書や文学作品も読みあさった。そして、心理学的な主張、つまり人間の本性や、精神や心の機能についての記述を見つけるたびに、それをメモした。さまざまな場所や時代に、同じ思想が何度も表現されているのを見つけるたびに、「偉大なる思想」の候補とした。しかし、全時代に広く知れわたった、人類の心理学的な思想のトップ10のリストを機械的に挙げることはやめて、頻度よりも一貫性を重視することにした。私は、それぞれがうまく組み合わさって補強しあい、人類はいかに幸福と人生の意味を見つけることができるかという物語を語る、一連の思想について書きたいと思ったのである。

幸福と人生の意味を見出す手助けをすることは、まさにポジティブ心理学[2]という、私が研究している[3]新しい分野が目指すところだ。この本はある意味で、古代の知恵の中にあるポジティブ心理学の原点と、今日のポジティブ心理学の応用に関する本である。ここで取り上げる研究のほとんどは、自らをポジティブ心理学者とは考えていないだろう研究者によるものである。しかしながら、人類の繁栄の原因と私たち自身が人生の道に置いた幸福への障害について、最高の物語を語るために、10の古代の思想と多様な現代の研究結果を引用した。

物語は、人間の心の機能についての説明から始まる。もちろん詳しい説明ではない。人生を改善するために現代心理学を利用する上で理解しておくべき、たった二つの古代からの真理について説明する。最初の真理は、この本の基本的な考え方である。心は、いくつかの部分に分裂しており、それらは、時として対立する。心の理性的役割を果たしている意識は象の背中に乗っている象使いと同様に、象の行動に対して限られた制御しかできない。現在ではこのような分裂の原因がわかっており、象と象使いがチームとしてうまく機能するのを手助けする方法についてもいくらかわかっている。二つ目の思想は、シェイクスピアのことば、どのようにして「心が善悪を作る」のか（または、仏陀[4]のことば、「人生は私たちの心が生み出す」）である。だが今日では、なぜ多くの人が、脅威を覚えたり無用な心配に拘泥したりするような心のバイアスを持っているのかについて説明することで、この古代の思想をより良いものにすることができる。また、幸福を増す三つのテクニック（一つは古代のもの、二つは最新のもの）を使って、このバイアスを変えるための行動を起こすことができる。

物語の次のステップは、社会生活について説明することである。やはり完全な説明ではないが、広く知られてはいるが十分には評価されていない、たった二つの真理について説明する。そのうちの一つは、黄金律だ。もらったら返す、やられたらやり返すという返報性は、人とうまくやっていく上で最も重要なツールである。それを、どのように使って人生の問題を解決するか、どうすれば自分に対して悪用されるのを防ぐことができるかについて説明するつもりだ。しかし、返報性は単なるツール以上のものであり、私たち人間が何者で、何を必要としているかについての手がかりであり、より大きな物語の結末を理解する上での重要な鍵でもある。物語におけるこのパートの二つ目の真理は、私たちは皆、生まれながらの偽善者であるということだ。だからこそ、黄金律に忠実に従うのは非常に難しいのである。最近の心理学の研究によって、なぜ人は、隣人の眼の小さなゴミを見つけるのには非常に長けているのに、自分自身の眼の中の丸太を見つけるのは非常に苦手であるのかについての精神構造が明らかとなった。自分の心がどんな傾向にあるのか、なぜいとも簡単に善悪に歪んだレンズを通して世界を見てしまうのかがわかったなら、あなたは自分の独りよがりを弱めるための手段を講じることができるし、同じように独りよがりな他人と衝突するのを減らすことができるだろう。

ここまでくればもう、「幸福はどこから来るのか?」と問う準備は整っている。いくつかのタイプの異なる「幸福仮説」がある。そのうちの一つは、幸福は欲しい物を手に入れることによってもたらされる、というものであるが、誰もがそのような幸福は長続きしないことを知っている。(そして研究からもその事実は裏づけられている。)より見込みのある仮説としては、幸福は心の内側からもたらされるものであり、世界を自らの欲望に沿うようにすることでは得られない、というものが挙げられる。この考え方は、古代の世界で広く知られていた。インドの仏陀や、古代ギリシアとローマのストア派の哲学者は、およそ予測不能で制御できない、人や出来事に対する感情的な執着心を捨て、代わりに受容の姿勢を養うようにと忠告している。この古代の考え方は尊重に値する。フラストレーションに対する対応策として、心のあり方を変えることは世界を変えるよりも多くの場合、有効だろう。しかし私は、この二つ目の幸福仮説が間違っているという根拠を挙げるつもりだ。最近の研究から、この世の中には追い求める価値があるものが存在するということがわかってきた。人生には、人を恒久的に幸福にする、外的条件が存在する。このような条件の一つが関係性だ。他人と築き、築かねばならない絆である。愛がどこから来るのか、情熱的な恋愛はなぜいつも冷めるのか、そして、どのような愛が「本当の」愛なのかを示す研究結果を紹介しよう。そして、仏陀やストア派が提案する幸福仮説は、修正されるべきであるという点について述べる。幸福は、心の内側からやってくる。そして、外側からもやってくる。うまくバランスを取るためには、古代の知恵と現代科学の両方の助言が必要だ。

繁栄に関するこの物語の次のステップで、人の成長と発達の状態に目を向ける。「私たちを殺さないものはすべて、私たちを強くする（どんな苦労も乗り越えれば強くなる）」ということばを誰もが聞いたことがあるだろうが、それは、危険な論理の飛躍だ。あなたを殺さないものの中には、あなたの人生を破滅させるものが数多くある。「トラウマ後成長」に関する最近の研究によって、いつ、そしてなぜ人は逆境から成長するのか、トラウマに備えて何ができるのか、事件後にトラウマに対処するために何ができるのかが明らかになってきた。私たちは、徳はそれ自体が報酬であるという理由によって、徳を高めるように繰り返し強く勧められてきた。しかし、それもまた、論理の飛躍だ。私は、徳や道徳の観念が、時代と共にどのように移り変わり、狭められてきたか、徳や道徳的発達に関する古代の考えが、私たちのこの時代においてどれほどの可能性を秘めているのかを示そうと思う。私はまた、ポジティブ心理学が、自身の長所や徳を「診断」し、それらを伸ばす方法を提供することによって、その期待に応え始めていることについても述べる。

この物語の結論は、人生の意味への問いである。なぜ、人生に意味や目的、充実感を見出すことができる人たちがいる一方で、見つけ出せない人たちもいるのだろう？　文化的に広く知れわたっている考え方、つまり人間という存在には、精神性という垂直の次元があるという考え方からスタートしよう。それを、高潔と呼ぶのか、徳と呼ぶのか、尊厳と呼ぶのか、はたまた神は存在するのかしないのか、そのようなことは別にして、人は生まれつき、神聖さ、高潔さ、またうまく言い表せないが善性というものを他者や自然の中に見出す。嫌悪や高揚や畏敬など、道徳感情についての私自身の研究を紹介する。そして、この垂直の次元がどのように機能するのか、また、宗教的な原理主義や政治的な文化戦争や人生の意味への探索を理解する上で、なぜこの次元が非常に重要なのかについて説明しようと思う。「人生の意味とは何なのか?」という問いが何を意味するのかについても考えたい。そして、それに対する一つの答えを提供するつもりである。その答えは、目的を持つことに関する古代の思想をもとにしているが、古代の思想や、あなたがこれまでに出会ったであろう考えを越えるために、現代の研究結果を利用している。そうすることによって、最後に、幸福仮説を見直そう。ここで、最終バージョンについて数語で述べることもできるのだが、この短い序章の中で安直に走ることなく十分に説明することはできないのでやめておくことにしよう。知恵のことば、人生の意味、ボルヘスの図書館の司書が探していたその答え――これらはすべて、毎日毎日押し寄せてくるのではあるが、味わい、関わり合い、問いただし、改良し、自分たちの人生と結びつけていかない限り、役には立たない。そうすることが、本書の目標である。

8

第1章 分裂した自己

なぜなら、肉の欲するところは御霊に反し、また御霊の欲するところは肉に反するからである。こうして、二つのものは互に相さからい、その結果、あなたがたは自分でしようと思うことを、することができないようになる。

——ガラテヤ人への手紙／5章17節 [1]（口語訳：日本聖書協会）

情熱に駆られたら、理性に手綱を握らせておくことだ。
——ベンジャミン・フランクリン [2]

1991年のことである。ノースカロライナ州のグレート・スモーキー山脈国立公園で、私は初めて馬に乗った。子どもの頃、十代の青年が短いロープで先導する馬に乗ったことはあったが、先導ロープのない状態で私と馬だけになったのは初めてだった。とは言え、私は一人きりではなく、公園の警備員を含め、8頭の馬に乗る8人が一緒で、その時の乗馬では特に難しいことが求められているわけではなかった。だが、一度だけ困難な場面があった。私たちは、丘の急斜面を2頭ずつ並びながら道沿いに進んでおり、私の馬は崖の端から1メートルぐらいの外側を歩いていた。その先、道は左に鋭く曲がっていたのだが、馬は崖に向かってまっすぐに突進していったので、私は固まってしまった。馬を左に向ければよいことはわかっていたのだが、すぐ左隣に他の馬がいたので、そこに突っ込むわけにはいかなかった。助けを求めるか、「危ない！」と叫ぶこともできたのだろうが、どこかで、間抜けだと思われるに違いないことをするよりは、崖に向かって進むというリスクを冒すことを選んでいた。だから私は、ただ固まっていた。その危機的な5秒間、私は何もしなかったのだが、その間に、私の馬と左隣の馬は、何事もなく勝手に左へ曲がった。

パニックが収まると、私はこの馬鹿馬鹿しい恐怖に可笑しくなった。馬は自分がしていることを明確に知っていた。彼女は何百回もこの道を歩いており、私と同様、死に向かう転落などしたくはなかったのである。彼女に何かをするように言う必要などなかったのである。実際、何度か彼女に命令しようとした時には、ほとんど気に留める様子はなかった。私は、この誤りがすべて、これまでの10年間、馬ではなく車を運転してきたせいだと気づいた。車の場合、そうするなと伝えない限り、崖から落ちてしまう。

人間の思考はメタファー（暗喩）に依存している。私たちは、新しいものや複雑なものを理解する時、すでに自分が知っている物事との関連性から理解する[3]。たとえば「人生」を一般化して考えるのは難しいが、「人生とは旅である」というメタファーを当てはめれば、その道の終点に何もないかもしれないから、地形を学び、方角を選び、良い旅の仲間を探し、そして旅を楽しむべきだ、というように、いくつもの結論が導き出せる。心について考えることも同様に難しいが、一度何らかのメタファーを選択すれば、それが思考を導いてくれる。有史以来、人は動物と共に生活し、彼らをコントロールしようと試みてきた。

そしてこれらの動物によって古いメタファーが生まれてきた。たとえば、仏陀は心を野生の象にたとえた。これまでの日々、私の心は、自己中心的な欲求や欲望や快楽に導かれるままに彷徨っていた。野生の象ですら調教師によって調教されるように、いまやこの心はもはや迷わず、制御の調和のもとにある[4]。

プラトンもこれに似たメタファーを用いており、自己（または精神）とは戦闘馬車であり、心の冷静で論理的な部分が手綱を握っているのだ、と述べている。プラトンの御者は2頭の馬をコントロールしなければならなかった。

右手の馬はより高貴であり、体躯は脇を直立し四肢緊密にして首を高く掲げ、堂々たる鼻を持つ……彼は名誉を愛し、謙虚であり、自己を統制している。真の栄光の友であり、ムチを要せず、ことばによる指令のみで動く。他方の馬は四肢のねじれた大きな混乱であり……野卑な自慢と淫らの友であり、耳はさされ――郵便ポストのように聞く耳を持たず――ただムチと突き棒とでかろうじて動く[5]。

プラトンによると、いくつかの感情や情熱（たとえば、名誉愛）は良いものであり、自分自身を正しい方向へと導くのを助けるが、その他の感情（たとえば、食欲や肉欲）は悪いものである。プラトン派の教育の目的は、馬車の御者がこの2頭の馬を完璧にコントロールするのを手助けすることである。ジークムント・フロイトは、その2300年後、これとよく似たモデルを提示した[6]。フロイトは、心は三つの部分に分裂していると言った。すなわち、エゴ（意識。理性的な自己）、スーパーエゴ（良心。時に社会の掟に固執しすぎる）、イド（もっと多く、もっと早く、という快楽への欲望）である。私は、フロイトについての講義をする時、心を馬と馬車（ビクトリア期の馬車）として考えるメタファーを用いる。その馬車の上で、運転手（エゴ）は、飢えて肉欲に駆られた反抗的な馬（イド）をコントロールしようと必死で格闘している。さらに運転手の父親（スーパーエゴ）が、後部座席から運転手の間違った行為についてレクチャーしている。フロイトにとって、精神分析の目標は、エゴを強化し、イドをもっとコントロールし、スーパーエゴから独立することによって、この悲惨な状況から逃れることである。

フロイトもプラトンも仏陀も、数多くの家畜動物に囲まれた世界で生きていた。彼らは、自分よりもずっと大きな生物に自分の意思を伝える苦労を、十分に理解していた。しかしながら、20世紀へと時が進むと、馬は車に取って代わられ、人は科学技術によって、かつてないほど物理的世界（環境）をコントロールできるようになった。人々は、心を考える上で、車の運転やコンピュータのプログラムのようなメタファーを用いるようになった。その結果、フロイトの無意識については一切触れることなく、思考や意思決定のメカニズムを研究することができるようになった。これが、社会科学者が20世紀最後の30年間に行ってきたことである。社会心理学者は、偏見から友情にいたるまで、すべてのことを説明するための「情報処理」理論を打ち立てた。経済学者は人の行動の原因を説明するための「合理的選択」モデルを打ち立てた。社会科学は、人とは、情報や資源を意のままに用いて賢く目標を設定し、それを追求するエージェントである、という考えのもとに統合していった。

しかしそれならば、なぜ人はこんなにも馬鹿げたことをし続けるのだろうか？　なぜ人は、自制に失敗し、自分のためにはならないとわかっている行為を続けるのだろうか？　私もそんな一人である。意志の力を集結して、メニューに載っているデザートを全て無視することは難なくできるが、もしデザートがテーブルの上に置かれていたら、それを我慢することなんてできない。私は仕事に集中し、完成させるまでその場所を離れないと決心することはできるが、ふと気がつくとどういうわけか、キッチンに歩いていったり、またその他なんやかやとぐずぐずしていたりする。執筆のため朝6時に起きようと決心はできるのだが、目覚ましを止めた後、ベッドから出ようと繰り返し自分に命令しても何の効果もない。まさにこの時、私は、プラトンが戦闘馬車のたとえ話で悪い方の馬を「郵便ポストのように聞く耳を持たず」と表現したことの意味を理解するのである。しかし、私が自分の無力さのほどを本当に理解するようになったのは、もっと大きな人生の決断、デートの時だった。自分がなすべきことは、はっきりとわかっていた。にもかかわらず、しようと思っていることを友人に話している時ですら、自分がそうはしないだろうとうすうす気づいていた。罪悪感や肉欲や恐怖は、時として理性よりも強かった。（一方で、似たような状況において何をするのが良いかについて友人に説教するのは、かなり得意だった。）ローマの詩人オウィディウスは、私のこの状況を完璧に表現している。『変身物語』でメディアは、イアソンへの愛と父親への義務とのあいだで引き裂かれる。彼女は嘆く。

私は、見知らぬ新しい力に引きずられていく。欲望と理性が逆の方向に引っ張りあう。私には正しい道が見え、それがわかっているのに、間違った方に従ってしまう。[7]

合理的選択や情報処理に関する現代の理論では、意志の弱さを十分に説明できない。それに対して、動物をコントロールするという古いメタファーは、うまく説明している。自分の意志の弱さに驚いた時私が思いついたイメージは、自分が象の背中に乗っている象使いであるというものだった。私は手綱を握り、あっちへ引っ張ったり、こっちへ引っ張ったりして、象に回れ、止まれ、進めなどと命令することができる。象に指令することはできるが、それは象が自分自身の欲望を持たない時だけだ。象が本当に何かしたいと思ったら、私はもはや彼にかなわない。

私は自分の思考の導きとして、このメタファーを10年にわたって用いてきた。そしてこの本を書き始めた時、この象に乗った象使いのイメージは、この最初の、分裂した自己についての章に役立つのではないかと考えた。だが後で、このメタファーは、すべての章で役に立つことがわかった。心理学における最も重要な考えを理解するためには、心が、時には対立する複数の部分に、どのように分裂しているのかについて知る必要がある。私たちは一つの体に対して一人の人間がいると考えているが、ある点で、それは委員会のようなものであると言った方が適しているだろう。ある仕事をするためにメンバーがそこへ集められたのだが、そのメンバー同士はしばしば、相反する目的のために働いていることに気づかされる。私たちの心は、四通りに分裂している。四つ目の分裂は、象使いと象の話に密接に関わっているため最も重要なのだが、これから挙げる最初の三つも、誘惑、弱さ、内的葛藤といった私たちの経験と関わっている。

第一の分裂——心対体

肉体が心を持つのだと言われることがある。しかし、フランスの哲学者、ミシェル・ド・モンテーニュは、さらに一歩先へ進んで、体の各部位がそれぞれに感情や意図を持っていると考えた。モンテーニュはペニスの独立性に最も魅了された。

私たちには、この構成員の気ままと不服従について書き記す権利がある。それは、私たちが望まない時に、あまりに不適切なタイミングで突き出てきたり、最も必要としている時に、あまりに不適切なタイミングで私たちを失望させたりする。それは、傲慢にも、私たちの意志と覇権を競いあう。[8]

モンテーニュは、顔の表情が私たちの秘密の考えを裏切るプロセスについても記している。髪の毛が逆立つ、心臓がどきどきする、舌がもつれて話せない、腸や肛門括約筋が「意志とは関係なく、むしろ意思に反して『勝手に』膨張したり収縮したり」する。これらの現象のうち、いくつかについては自律神経系によって引き起こされることが今ではわかっている。自律神経系は、自発的で意図的な制御から完全に独立した神経のネットワークであり、体の臓器や腺（内分泌）を制御している。しかし、モンテーニュの挙げた最後の項目である腸は、第二の脳の働きを反映している。腸には、1億以上の神経細胞から成る、広大なネットワークが張り巡らされている。それは、食物から栄養を抽出して処理するという化学精製工場の機能に必要な計算をすべてこなしている[9]。この内臓脳は、地方管理センターのようなもので、頭脳を煩わせる必要のないことをすべて処理している。それならば、内臓脳は頭脳から命令を受け、その命令通りに機能するはずだと、思うかもしれない。しかし内臓脳は、非常に高い自主性を持っており、たとえこの二つの脳をつないでいる迷走神経が切断されたとしても、問題なく機能し続ける。

内臓脳は、いろいろな意味で独立していることがわかっている。内臓脳が腸を洗浄すべきだと「決めた」時、過敏性腸症候群が発症する。内臓脳は、内臓に感染状態を見つけると、頭脳に不安を引き起こして、病気の状態にふさわしく、もっと慎重に行動するようにあなたを誘導する[10]。また、アセチルコリンやセロトニンといった、主要な神経伝達物質に影響を及ぼすあらゆるものに対しても反応してしまう。それゆえに、プロザックやその他のセロトニン再取り込み阻害作用のある薬において、最初の副作用の多くは、吐き気や腸機能の変化に関連しているのである。頭脳の働きを改善しようという試みが、ただちに内臓脳と干渉することになる。内臓脳の独立性は、生殖器の変化の自立的な性質とあいまって、腹部には三つの下位チャクラ――結腸/肛門、生殖器、腸に対応するエネルギーセンター――があるという古代インドの理論を導いたのだろう。腸チャクラは、直感や虫の知らせの源であるとさえ言われており、心以外のどこかからやってくるものだとされている。聖パウロは精神と肉体の闘いを嘆いたが、それはモンテーニュが経験したものと同じ、心身の分裂と葛藤への嘆きだったに違いない。

第二の分裂――右脳 対 左脳

第二の分裂は、１９６０年代に、外科医が人の脳を半分に切断する手術をするようになって偶然発見された。外科医ジョー・ボーゲンが脳を半分に切断したことには正当な理由があった。頻繁に生じるてんかん発作によって生活が破綻してしまった人々を助けようとしたのである。人間の脳は二つの半球に分かれていて、それらを脳梁という神経繊維の大きな束がつないでいる。発作は、常に脳の一箇所から始まり、周囲の脳組織へと広がっていく。発作が脳梁を超えると、脳全体へと広がり、患者は意識を失って倒れ、制御できない痙攣を引き起こす。軍隊の指揮官が敵が渡れないよう橋を破壊するのと同じように、ボーゲンは発作が広がるのを防ぐために、脳梁を切ろうと考えた。

それは最初、無謀な方法だと思われた。脳梁は、体全体で最も太い神経繊維の束であり、何か重要な活動をしているに違いないし、実際そのとおりであり、二つに分かれた大脳半球は脳梁を通じて互いの活動を連絡しあい、調整を行っている。しかし動物実験では、手術を受けて数週間以内に、動物たちはほとんど通常の状態に戻った。そこでボーゲンは、いちかばちか人間の患者に手術を施したのである。実際にそれはうまくいき、激しい発作は著しく低減された。

しかし、失ってしまった能力は本当になかったのだろうか？　そのことを調べるために、外科手術チームは、若い心理学者マイケル・ガザニガを迎え入れた。彼の仕事は、この「分離脳」手術の後遺症を見つけ出すことだった。ガザニガは、脳が処理すべき情報を左右の二つの半球へと分けているという事実を利用した。左半球は、世界の右側半分からの情報を処理し（つまり、右腕と右足、右耳、そして視野の「右」半分の光を受信している両眼の「左」半分からの神経伝達を受け取っている）、身体の右側の手足を動かす命令を送っている。右半球は左側と左右対称の関係にあり、世界の左側の情報を取り入れ、身体の左半分の行動を制御している。理由は明らかでないが、すべての脊椎動物において信号はこのように交差している。しかし、他の点においては、これら二つの半球は異なる役割に特化している。左半球は言語処理や分析的な処理を専門としており、視覚的な処理においてはより微細な点に気づくことに長けている。右半球は、生体にとって最も重要な図形である顔を含んで、空間的パターンの処理に長けている。（これが、芸術家は「右脳人間」で科学者は「左脳人間」だという、よく言われる過度に単純化された考えの源となっている。）

ガザニガは、脳の機能分化を利用して、各半球に別々の情報を提示した。彼は、患者にスクリーンの一点を見つめさせ、単語や物体の写真をその点の右側か左側に一瞬だけ投影した。ほんの一瞬なので、患者は視線を動かす余裕はない。帽子の写真が点の右側に一瞬見せられたとすると、その像は（角膜を通って反転させられた後）両目の左半分に記録され、それから脳の左半球の視覚処理領域へとその神経情報は送られる。ガザニガは、「何が見えましたか？」と患者に質問した。左半球は、言語についての全能力を有しているため、患者はすぐに、そして簡単に「帽子」と答えることができた。だが、その画像が凝視点の左側に瞬間提示されると、画像情報は話すことを制御していない右半球だけに送られる。ガザニガが、「何か見えましたか？」と尋ねると、患者は左半球で応答し、「何も見えません」と答えた。しかし、ガザニガが患者に、いくつかの画像カードの中から正しい画像を左手を使って選ぶように求めると、患者は帽子を指差した。右半球は、本当は帽子を見ていたのだが、何を見ていたのかことばで伝えることができなかったのだ。なぜなら、右半球は左半球の言語中枢にアクセスできなかったからである。それはまるで、右半球に切り離された知能センターが閉じ込められていて、左手だけしか出力装置を持っていないかのようだった[11]。

ガザニガが、二つの半球それぞれに異なった写真を瞬間提示すると、もっと奇妙なことが起こった。ある時ガザニガは、右側にニワトリの爪の写真を映し、左側には雪に覆われた家と車の写真を映した。そして、患者にずらりと並んだ絵を呈示し、見たものに「対応する」絵を一つ指差すように言った。患者の右手はニワトリの写真を指差した（左半球が見たニワトリの爪に対応する）が、左手はシャベルの写真（右半球が見た雪の風景の写真に対応する）を指差した。患者はその二つの応答に対する説明を求められると、「私の左手がなぜシャベルを指したのかはわかりません。きっとあなたが私の右脳に見せたものに違いありません」とは答えなかった。その代わり、左脳はすぐさま、もっともらしい物語を作り上げた。患者は、何のためらいもなくこう答えた。「ああ、それは簡単ですよ。ニワトリの爪はニワトリに対応してるし、ニワトリ小屋を掃除するにはシャベルが必要でしょう。」[12]

この、自分の行動を説明するために、簡単にもっともらしい理由を作り上げるという発見は、「作話」と呼ばれている。分離脳患者や脳に損傷を負った人たちを調べると、あまりに頻繁に作話が生じるので、ガザニガは、脳の左側にある言語中枢を説明モジュールと呼んだ。その役割とは、たとえその振る舞いに対する本当の理由や動機を知る手段がない時でさえ、自分の行動すべてに対してリアルタイムで解説を与えることである。たとえば、「歩け」という単語が右半球に対して映し出されると、患者は、立ち上がって歩いて行くだろう。しかし、なぜ立ち上がったのか尋ねられると、「コーラを取りに行くんです」などない。

と答える。説明モジュールは、説明を作り上げることに長けているが、何をしたか知ることには長けていない。

科学は、さらに不思議な発見をした。分離脳の患者や脳梁にダメージを受けている人の中には、右半球が積極的に左半球と戦っているような症状が現れる人がいる。これは、他人の手症候群として知られている。これらのケースでは、片方の手、通常左手が独自に行動し、独自の目的を持っているように見える。他人の手であるその手は、鳴っている電話を取るが、もう一方の手に持ち変えることや耳に持って行くことを拒否する。その手は、他方の手でたった今選んだシャツを棚に戻すといったように、選択したことをすぐさま却下する。もう片方の手首をつかんで、その人の意識的な計画の実行を阻止しようとする。他人の手は、実際に、自分の首をつかんで、絞め殺そうとすることもある[13]。

以上のような劇的な心の分裂は、めったにはない分離脳によって引き起こされるのであり、普通の人の脳は分離していない。けれども、分離脳の研究は心理学において重要だ。なぜなら、心がそれぞれ独立の処理能力を持つモジュールの集合体であり、時には相反する目的を持つことすらあるということを、このように奇妙なかたちで示しているからである。分離脳研究は、この本にとっても重要だ。というのも、これらモジュールのうちの一つは、その原因がわからない時ですら、自分の行動について説得力のある説明を作り上げることに長けているという事実を、非常にドラマチックに示しているからである。ガザニガの「説明モジュール」は、基本的には象使いのことだ。この象使いの作話については、もう少し後の章で触れる。

第三の分裂——新皮質 対 旧皮質

もしあなたが郊外の比較的新しい家に住んでいるなら、その家はたぶん一年もかからずに建てられ、顧客の要望に応えようとする建築家の手によって部屋が配置されているに違いない。けれども、私が住んでいる通り沿いに建ち並ぶ家はすべて、1900年頃に建てられたもので、その頃から、裏庭の方へと建て増しを続けてきた。まずベランダが拡張され、その後それが囲われてキッチンに作り変えられ、予備の寝室がその拡張部分の上に建てられ、さらにバスルームがそれらの部屋に追加された。脊椎動物の脳も、同じように、ただし前方へと拡張された。脳は最初、たった三つの部屋、または神経の塊であった。脊椎とつながっている後脳と中脳、そして動物の前面にある感覚器官とつながっている前脳である。時を経て、身体と行動がもっと複雑に進化すると、脳は脊椎から離れて前方へと建て増しを続け、他の部分のどこよりも前頭部分が拡大した。最古の哺乳類は、基本的な欲求や動機の調整に特化している視床下部や記憶に特化している海馬、情動的な学習や反応に特化している扁桃体を含む、新たな外殻部を発達させた。これらの構造は、大脳辺縁系（ラテン語で境界や端を意味する limbus に由来する）と呼ばれているが、それは脳の残りの部分を包み込み、境界を形作っているからである。

哺乳類は、サイズが大きくなり、（恐竜の絶滅以降）行動も多様化して、改造が続いた。より社会的な哺乳類、特に霊長類では、神経組織の新しい層が発達し、古い大脳辺縁系を取り巻いて広がっていった。この新皮質（ラテン語で「新しいカバー」という意味）が人間の脳に特徴的な灰白質である。その新皮質の前方の部分は特に興味深い。そのうちの一部分は、指を動かすことや、音声を処理するなどの特定の役割に特化していないようなのである。その代わりに、新たな連合関係を生み出すことや、思考や計画や意思決定などに関わっている。この精神プロセスによって、その生体は、直面する状況に対して単に反応するだけではなくなった。

前頭皮質の拡大は、私たちが経験する心の分裂に対する有望な説明であると思える。おそらく、前頭皮質は理性の座であり、プラトンの御者であり、聖パウロの精霊である。そして、完璧ではないにしろ、プラトンの悪馬であり、聖パウロの肉体とも言える原始的な大脳辺縁系から、支配権を引き継いだのである。この説明は、神から火を盗んで人間に与えたギリシア神話の登場人物にちなんで、人間進化のプロメテウス説と呼ぶことができよう。この説によると、私たちの祖先は、新たに拡張されて新皮質の中に組み込まれた理性という神聖な贈り物を受け取るまでは、原始的な感情や大脳辺縁系の原動力に支配されたただの動物であったということになる。

プロメテウス説は、私たちを手際よく他のすべての動物よりも上位に配置するという点で心地よいものであり、理性を持っているという点で私たちの優位性を正当化している。と同時に、私たちはまだ神ではないという感覚をもとらえている。理性の火はいくぶん新しいものだから、私たちはまだ完全に使いこなしてはいないのだ。プロメテウス説は、大脳辺縁系と前頭皮質の役割に関する初期の重要な研究結果ともうまく合致している。たとえば、視床下部のある領域に直接小さな電流で刺激を与えると、ラットや猫、その他の哺乳類は暴食になったり、凶暴になったり、過剰な性欲を示したりする。このことは、基本的な動物的本能の基底に大脳辺縁系があることを示唆している[14]。対照的に、前頭皮質は衝動的行動の抑制や抑圧において重要な役割を担っているので、人が前頭皮質に損傷を受けると、性的行動や攻撃行動の増加を示すことがある。

最近、ヴァージニア大学病院で、このようなケースがあった[15]。40代のある男性教諭が、急に風俗店に通い、児童ポルノのウェブをサーフィンし、少女を性目的で誘うようになった。彼はすぐに逮捕され、児童虐待で有罪判決を受けた。判決が言い渡される前日、彼はずきずきと頭痛がして、自分の家主の女性を強姦したいという継続的な欲求に駆られたため、緊急入院した。（彼の妻は、その数ヶ月前に彼を家から追い出していた。）医者と話をしている間ですら、彼は通り過ぎる看護婦にセックスしようと誘っていた。脳のスキャン検査により、彼の前頭皮質内に異常に大きな腫瘍が見つかり、それが他の領域を圧迫して不適切な行動を抑制し、その結果について考えるという前頭皮質の働きを阻害していた。（判決の前日に、誰が正気でこのようなショーを演じたりするだろうか？）腫瘍が摘出されると、過度な性欲は消え失せた。さらに、翌年腫瘍が再発すると、その症状が再び現れたが、再度腫瘍を摘出すると症状は再び治まった。

しかし、このプロメテウス説には欠陥がある。それは、理性は前頭皮質に組み込まれているのに対して、感情は大脳辺縁系で背後にとどまったままであると想定していることである。実際には、前頭皮質によって、人間の感情の可能性は大いに拡大した。前頭前皮質の底辺の3分の1は、目のすぐ上に位置する脳部位であることから、前頭眼窩皮質と呼ばれている。この皮質領域は、人間や他の霊長類において顕著に拡大しており、感情反応の際に、最も一貫して活性化する脳領域の一つである[16]。前頭眼窩皮質は、ある状況における賞罰の可能性を見積もる際に中心的役割を果たす。この皮質部位の神経細胞は、快感や苦痛、損失や利得などの即時的な可能性がある時に、激しく発火する[17]。食事や景色や素敵な人に魅力を感じている時、死んだ動物や下手くそな歌やまったく知らない相手とのデートに不快感を抱く時に、前頭眼窩皮質は、接近したいとか逃げ出したいという「欲求」の情動感情を与えるために激しく働いている[18]。したがって、前頭眼窩皮質はスーパーエゴや聖パウロの精霊というよりは、イドや肉体の候補とする方が適切であるように思える。

脳損傷の研究によって、情動における前頭眼窩皮質の重要性がさらに明白になった。神経学者のアントニオ・ダマシオは、脳卒中や脳腫瘍、頭への強打が原因で、前頭皮質のさまざまな部位を失ってしまった人たちについて研究した。1990年代にダマシオは、前頭眼窩皮質のある部分に損傷を受けると、患者は生活に伴うべき情動性の大半を失ってしまうことを発見した。彼らは、何かしらの情動を感じるべき場面で、何も感じないと報告した。(嘘発見器で用いられるような装置で)彼らの自律神経の反応を調べたところ、多くの人が恐れや美を感じる場面を見た時に経験するような正常で瞬間的な体の反応が欠けていることがわかった。しかし、理性や論理的な能力は無傷である。彼らの道徳的原理や社会的ルールの知識、知能検査の結果は正常だった[19]。

それでは、これらの人が世の中に出て行った時、何が起こるのだろうか? いまや情動に邪魔されることはなく、非常に論理的になったので、私たちを盲目にしてしまう感情の霞みを通り抜けて、完璧な合理性の道がわかるのだろうか? まったく正反対だ。簡単な意思決定をしたり、目標を立てたりすることすらできなくなり、生活が破綻する。彼らが世界に目を向けて「さて、何をしたらいいのか?」と考える時、非常に数多くの選択肢を思いつくことができるが、瞬時に沸き起こる好きか嫌いかという感覚が伴わない。彼らは理性によってすべての選択肢の良い点と悪い点を検討しなければならないが、感情が欠落しているために、どちらを選ぶべきか、その理由がほとんどわからないのだ。私たちが世界を見る時には、情動脳が瞬時に自動的にその可能性を査定する。たいていの場合、ある一つの可能性が、明らかに最も良いものとしてずば抜けて見えるのである。二つか三つの可能性が同じぐらい良く見える時以外、良い点や悪い点を比較検討する必要はない。

人間の合理性は、決定的に洗練された情動に依存している。情動脳があまりにもうまく機能しているので、理性も問題なく機能するというだけのことだ。馬鹿な野獣を制御している御者、というプラトンの理性に対するイメージは、御者の知恵だけではなく、能力も誇張しているかもしれない。ダマシオの発見には、象に乗った象使いのメタファーの方がふさわしい。知的な行動をするためには、理性と情動は共に働かなければならないが、情動（主要部分である象）がその大半の仕事をする。大脳新皮質の出現によって、象使いが働けるようになったのだが、象もさらに賢くなったのである。

第四の分裂——制御されたプロセス 対 自動化されたプロセス

私が象と象使いのメタファーを発展させていた1990年代、社会心理学の分野では心について似たような見方をするようになってきた。情報処理モデルとコンピュータのメタファーへの長い心酔の後、心理学者たちは、実際に、制御されたプロセスと自動化されたプロセスという二つの処理システムが心の中で同時に働いている、ということに気づき始めた。

ボランティアで、次のような実験に参加していると想像してみてほしい[20]。まず、あなたは、いくつかの文章問題を渡され、終わったら実験者のところまで来るようにと言われる。その文章問題は簡単で、バラバラになった五つの単語のうちの四つを使って文章を作るというものである。たとえば、「彼らは、彼女に、迷惑をかける、会う、いつも」であれば、「彼らは彼女にいつも会う」か、または、「彼らは彼女にいつも迷惑をかける」のどちらかが答えだ。数分後にテストを終えると、言われたように廊下へ出て行く。実験者はそこにいるが、誰か別人との会話に夢中で、あなたと目を合わせようともしない。さて、あなたはどうするだろう？　順序直しで作った文章の中の半数が無礼に関する単語（迷惑をかける、厚かましい、乱暴に、など）であった場合、おそらく数分以内に会話に割って入って、実験者に「ちょっと、終わりましたよ。次はどうすればいいんですか？」と言うだろう。しかしもし、無礼に関する単語が礼儀正しさに関する単語に置き換えられた文章問題（「彼らは、彼女を、尊重する、会う、いつも」）を解読したとすると、ただおとなしく座り、10分後に実験者があなたに気づくまで待っている確率が高い。

　同じように、老人に関連した単語を使うと、人はゆっくり歩くようになり、大学教授に関連した単語を使うと、トリビアル・パスート[訳注2]で知的にふるまうようになる。そして、サッカーのフーリガンに関連した単語を使うと、常識はずれになった[21]。さらに、これらの効果は、意識的に単語を読まずとも生じる。１００分の１秒間だけスクリーンに映し出すことで、その単語をサブリミナルに見せられても同じ効果が起こりうる。速すぎて、心はそれを意識にとどめることはできない。しかし心のある部分はその単語を見ており、心理学者にとって測定可能な行動を引き起こす。

　この研究の先駆者であるジョン・バージによれば、大半の心理プロセスは意識的な注意や制御を必要とすることなく無意識的に起こっている、ということがこれらの実験からわかる。自動化されたプロセスの中には、一部分意識にのぼってくるものも存在するが、大半は完全に無意識的だ。たとえば、私たちは、指示したり特別な努力をしていると感じることなく、それ独自のルールである連想に従って流れていくように思われる「意識の流れ」に気づくことがある[22]。バージは、制御されたプロセスを自動化されたプロセスと対比させて、制御されたプロセスとは、常に意識の舞台中央で展開され、段階を追って進められていく、努力を必要とするある種の思考であると言った。たとえば、ロンドン行きの6時26分発の飛行機に乗るためには、何時に家を出なければならないだろうか？　それは意識的に考えなければならない事柄である。まず空港までの移動手段を選択し、さらにラッシュアワーなどの交通事情や、天候や、空港の警備の厳しさについても考慮しなければならない。直感に頼って出かけることはできない。しかし、空港まで車を運転して行くとしたら、途中の行動のほとんどすべては自動的だろう。呼吸をし、まばたきをして、運転席でギアを動かし、空想にふけり、前の車と十分な車間距離をとる。のろのろ運転するドライバーに対してしかめ面をしたり、悪態をついたりすることすら自動的に行われる。

制御されたプロセスには限界がある。私たちは、一度に一つのことしか考えられない。しかし、自動的なプロセスは並行に動作し、一度に多くのことをこなすことができる。もし、心が毎秒何百もの操作を実行しているのなら、そのうちの一つを除くすべては自動的に処理されなければならない。では、制御されたプロセスと自動化されたプロセスは、どのように関連しているのだろうか？　制御されたプロセスとは、最も重要な問題を扱い、先見の明を持って方針を決定して愚かな無意識プロセスに実施させる、賢明な上司か、王様か、または最高経営責任者のようなものなのだろうか？　そうではない。それではただちにプロメテウス説や神聖なる理性といった考え方へと逆戻りしてしまう。プロメテウス説をきっぱり追い払ってしまうために、私たちがなぜこれら二つのプロセスを持っているのか、小さな象使いと大きな象を持っているのか、時代をさかのぼって見てみよう。

6億年以上前に最初の神経細胞の塊が最初の脳を形成して以来、脳は急速に増殖し続けてきたのだから、この塊を持つことが生体にとって有利であったのに違いない。脳が適応的であるのは、環境における脅威やチャンスに対して動物がすばやく反応するために、体のさまざまな部位から送られてくる情報を統合しているからである。300万年前までには、地球は非常に洗練された自動化プロセスを持つ数多くの動物で満たされていた。鳥類は星の位置を頼りに移動することができ、アリの仲間は協力して戦い、菌類の牧場を営んだ。ヒト科の中には、道具を作り始めたものもいた。これらの生物の多くが、コミュニケーション・システムを持っていたが、言語を発達させたものはなかった。

制御されたプロセスには、言語が必要だ。イメージによっても部分的なわずかな思考を持つことは可能だが、何か複雑な計画を立てたり、異なった方針の長所と短所を比べたり、過去の成功や失敗の原因を分析したりするためには言語が必要だ。人間がどれぐらい昔に言語を発達させ始めたのかは明らかでないが、ヒトの脳が巨大化した200万年前頃から4万年前までのあいだだと言われている。4万年前には近代の人間と同じ知性が間違いなく存在していたことが、洞窟絵画やその他の人工遺物からわかっている[23]。200万年前にせよ4万年前にせよ、言語や理性、意識的な計画という能力は、進化の歴史上においては最近のほんの短期間に得たものである。それらは、最新のソフトウェア（象使いバージョン1・0）といったところだろうか。言語部分はきちんと機能しているが、理性や計画のプログラム部分にはまだまだ多くのバグがある[24]。一方、自動化されたプロセスは、すでに数千回もの生産サイクルをくぐり抜けており、ほぼ完璧だ。自動化されたプロセスと制御されたプロセスの完成度の違いは、安価なコンピュータでも私たちの大半が頭を抱えるタスクである論理や数学やチェスといった類の問題をどんな人よりも上手に解いてしまう一方で、どれほど高価なロボットでも平均的な6歳児ほどうまく森を通り抜けて歩くことができない（私たちの知覚や運動神経は卓越している）理由をうまく説明している。

進化は、けっして先を見ない。A地点からB地点へと移動するための最適な方法を計画することはできない。その代わり、（遺伝の突然変異により）現存する形態に生じた小さな変化が、生体がその時の状況においてより効果的な反応をするのに役立つという範囲で、個体群の中で広まっていく。言語が進化した時、人間の脳は、その能力を象使い（意識的な言語的思考）へと譲り渡すように作り変えられはしなかった。すべての物事はすでにかなりうまく機能していたし、言語能力は象が何か重要なことをより良い方法で行うのに役立つという範囲で広まった。象使いは、象に仕えるために進化したのだ。しかし、起源が何であれ、いったんそれを入手すると、言語は新しい方法で使用できる強力な道具となり、進化はそれを最もうまく使える個人を選択していった。

言語の効用の一つは、人間を部分的に「刺激制御」から解放することである。B・F・スキナーのような行動主義者は、動物の行動のほとんどは刺激と反応の連合であると説明した。これらの連合のいくつかは、食性に合った食べ物の視覚や匂いが空腹を誘発し、食事へとつながるというように、生得的なものである。他の連合は、食物の到着を前もって知らせるベルの音で唾液を分泌したイワン・パブロフの犬が実証したように、学習されるものである。行動主義者は、動物は環境や学習履歴の奴隷であり、出会ったどんな物事にも、その報酬特性に対して盲目的に反応すると考えた。行動主義者は同様に、人類も他の動物と少しも異ならないと考えた。この観点では、聖パウロの嘆きは「私の肉体は、刺激制御に支配されている」と言い換えられるだろう。官能的な快楽がたいそう報酬的であると私たちが感じるのは偶然ではない。ネズミの脳と同様に、人間の脳は、食物やセックスが、神経伝達物質であるドーパミンの小さな爆発を起こすように配線されている。それは、遺伝子の生存に有利になる活動を楽しめるようにするために脳がとった手段なのである[25]。プラトンの悪馬は、これらの物事へと私たちを引きつける際に重要な役割を担っていたのであり、そのことによって私たちの祖先は生き残り、祖先となることができた。

しかし、行動主義者は、人に関しては必ずしも正しくない。制御されたシステムのおかげで、人は長期的な目標について考えることができ、魅力的なものを見た時でも、その場で自動的な誘惑の引き金を引かずにいることができる。人は、視覚的には存在しない他の可能性について想像することができる。人は、現時点の快楽に対する長期的な健康上のリスクについて評価することができ、どちらの選択の方が成功や名声をもたらすか、実際にやってみなくても会話の中から学ぶことができる。残念ながら、行動主義者は人に関して完全に間違っているわけでもない。制御されたシステムは行動主義者の原理に従ってはいないが、行動を引き起こす上では比較的小さな力しか持たない。自動化されたシステムは、自然淘汰によって、迅速で確実な反応を引き起こすように形成され、私たちに（前頭眼窩皮質のように）快や苦痛を感じさせたり、（視床下部のように）生存に関連する動機を引き起こしたりする脳部位から構成されている。自動化されたシステムは、ドーパミンを放出するボタンに指を置いているのだ。それに対して、制御されたシステムは、助言者と考えた方がふさわしい。象使いは、象がより良い選択をするのを助けるために象の背中に乗っている。象使いはより先の未来を見通すことができ、他の象使いと話したり地図を読んだりすることで貴重な情報を習得することができるが、象の意思に反した命令をすることはできない。スコットランドの哲学者、デイヴィッド・ヒュームは、「理性は情緒の奴隷にすぎず、そうあるべきであり、情緒に奉仕し、服従する以外の役目を望むことはけっしてできない」と言ったが、これはプラトンよりも真実に近いと私は考えている[26]。

要するに、象使いは助言者か召使いなのである。王でも、大統領でも、手綱をしっかりと握った御者でもない。象使いは、ガザニガの解釈モジュール、つまり意識的で制御された思考である。それに対して、象はその他のすべてである。象には直感や内臓反応、情動、勘などが含まれ、それらが自動化システムの大部分を構成している。象と象使いはそれぞれの知性を持っており、それらがうまく協同して働いた時、人類独自のすばらしい英知が開花する。しかし、彼らがいつもうまく協同して働けるとは限らない。ここで、象と象使いの、時として複雑になる関係を表す、日常生活における三種類の癖について見てみよう。

自制の失敗

1970年、4歳のあなたがスタンフォード大学のウォルター・ミシェルが行った実験に参加していると想像してみよう。通っている幼稚園のある一室に連れて来られ、優しそうな男性がおもちゃをくれてしばらく一緒に遊ぶ。男性は、あなたにマシュマロが好きかどうかを尋ねた後（好きである）、マシュマロが一つ載っているこちらの皿か二つ載っている向こうの皿のどちらが欲しいかと尋ねる（もちろん向こうの皿だ）。それからその男性は、少しのあいだ部屋から出て行かなければならないが、もし、彼の帰りを待つことができれば二つのマシュマロがもらえると言う。もし、彼の帰りを待ちたくなければ、ここにあるベルを鳴らせばよい。そうすれば、彼はすぐに戻ってきて、あなたにマシュマロが一つ載った皿をくれる。しかしその場合、マシュマロを二つ食べることはできない。男性は出て行く。あなたは、マシュマロをじっと見つめる。よだれが出てきて、食べたくなる。あなたは欲望と戦う。平均的な4歳児であれば、待つことができるのは数分であり、ベルを鳴らすだろう。

さて、1985年まで時代を早送りしてみよう。ミシェルは、あなたの性格や欲望を我慢したり欲求不満を解消したりする能力と、大学入学試験（SAT：大学進学適性試験）の点数に関するアンケートをあなたの両親へと送付した。両親はそのアンケートを返送する。ミシェルは、1970年にベルを鳴らすのを何秒我慢できたかが、両親が付けた十代の青年としてのあなたの評価だけではなく、難関大学に合格できたかどうかまで予測するということを発見した。1970年に、刺激制御を克服して、数分間余計に欲望を我慢できた子どもたちは、十代の青年にありがちな誘惑に負けず、勉強に集中し、物事が思い通りに進まない時に自制することに優れていた[27]。

その秘密はなんだろう？　大部分はその戦略にあった。子どもたちは、限られた精神のコントロール力を、注意をそらすことに使った。後の研究でミシェルは、成功した子どもたちは、その誘惑から眼をそらすか、他の楽しいことを考えることができていたことを発見した[28]。これらの思考スキルは、情動知能、つまり自身の感情や欲望を統制し、理解する能力の一側面である[29]。情動知能が高い人は、象の意思に直接抗うことなく象の注意をそらしてなだめる方法を知っている、有能な象使いなのである。

制御されたシステムが、意志の力だけで自動化されたシステムを打ち負かすのは困難だ。疲れた筋肉と同様に[30]、前者はすぐに疲れきって降参するが、後者は際限なく、楽々と自動的に作動する。一度刺激制御の力を理解してしまえば、周囲の環境の中で刺激を変化させたり、好ましくない刺激を避けたりすることによって、それを都合よく使うことができる。もしそれが不可能だとしても、意識をそれのあまり魅力的でない側面についての思考でいっぱいにすることはできるだろう。たとえば仏教は、自分（もしくは他者）の肉体に対する愛着を打ち破るために、腐敗していく死体について瞑想するという方法を開発した[31]。自動システムが不快を覚える何かを見つめる選択をすることによって、象使いは、象が将来に望むであろうものを変えることができる。

心的侵襲

エドガー・アラン・ポーは心の分裂を理解していた。『天邪鬼』の主人公は完全殺人を遂行して、殺した男の財産を相続し、不正な利得を大いに楽しみながら長年そこに住んでいた。彼は、意識の片隅に殺人のことが浮かぶたび、「私は安全だ」と一人つぶやく。彼がそのマントラを「私は安全だ。そう、自白するほど愚かでない限り」と変えてしまうその日までは、すべてが順調だった。この考えのせいで、彼は破滅してしまう。自白についての考えを抑制しようとしたが、抑制しようとすればするほど、もっとしつこく考えてしまうのだ。彼はパニックを起こし、逃走し、人々が彼を追いかけ始める。彼は気を失い、そして意識を取り戻した時、自分がすべてを自白したことを知らされる。

私はこの小説が好きだ。特に題名が気に入っている。崖や屋根や高いバルコニーにいるといつでも、天邪鬼が私の耳に「跳べ」とささやいてくる。それは命令ではなく、私の意識にふと浮かぶことばである。ディナーパーティーで尊敬している人の隣に座っている時、天邪鬼は、思いつく中で最も不適切なことを言うように強く持ちかけてくる。天邪鬼とはいったい誰であり、何なのだろう？　最もひねくれ者で創造的な社会心理学者の一人であるダン・ウェグナーは、この天邪鬼を実験室に引きずり込んで、それが自動化された処理の一側面であることを自白させた。

ウェグナーの研究で、研究参加者は、何かについて、たとえば白くまや食べ物や何かの固定観念について、考えないいいいように一生懸命努力するように求められた。これは難しい。さらに重要なのは、思考を抑制するのを止めた瞬間、その思考がどっと押し寄せてきて、ますます消し去ることが難しくなることだ。言い換えるとウェグナーは、思考に取り付かれないよう指示を出すことで、研究室の中に小さな強迫観念を作り出したのだ。ウェグナーは心的制御の「皮肉な処理」として、この効果を説明している[32]。制御された処理が「白くまについて考えるな」と思考に影響を及ぼそうとすると、そこに明示的な目標ができる。人が目標を達成しようとすると、心のある一部分は、自動的にその進捗をモニタリングしているため、修正を命じ、達成したことを知ることができる。その目標が、時間通りに空港に到着することのような、外的世界に関する活動の場合には、このフィードバックシステムはうまく機能する。しかし、その目標が精神的なものの場合、逆効果になる。自動化されたプロセスは、継続的に「私は白くまについて考えてはいないか？」とチェックする。思考の欠如に対するモニタリングという行為は、その思考を誘発するため、その人は、意識をそらすためによりいっそうの努力をしなければならなくなる。自動化されたプロセスと制御されたプロセスは、結局相反する目的のために働くことになり、力を使い果たすまで互いに攻撃しあう。しかし、制御されたプロセスはすぐに疲れてしまうので、最終的には、疲労しない自動化されたプロセスが対抗されることなく動作し始め、白くまの群れを心に呼び起こしてしまうのである。つまり、不快な思考を消去しようとすれば、間違いなく、その思考は繰り返し心の中に現れる。

さて、ディナーパーティーでの私の話に戻ろう。「馬鹿なことをしてはいけない」という単純な考えが、馬鹿なことを探し出す自動化プロセスを立ち上げる。額のほくろについてコメントすることや、「愛している」と言うことや、卑猥なことばを叫ぶことが馬鹿げているということはわかっている。すると、ほくろについてのコメント、「愛している」と言うこと、卑猥なことばを叫ぶこと、という三つの思考が意識にのぼってしまう。これらは命令ではなく、私の頭にふと浮かんできた考えにすぎない。フロイトの精神分析理論の大部分は、上記のような心的侵襲や自由連想を基礎としており、それらがしばしば性的もしくは攻撃的な内容を持っていることを見出した。しかし、ウェグナーの研究は、より単純で罪のない説明をしている。自動化されたプロセスは、毎日、たいていはいきあたりばったりの連想を通じて、何千という思考やイメージを生み出している。頭から離れなくなる思想や考えというのは、私たちが特にショックを受けたものであり、抑圧したり否定したりしようとするものである。それを抑圧する理由は、心の奥底ではそれが真実であると思っているからではなく（そうである場合もあるだろうが）、その考えやイメージが怖かったり恥ずかしかったりするからだ。しかし、一度それを抑圧しようとして失敗すると、フロイトの言うところの暗くて邪悪な無意識の心という考えが正しく思えるような、一種の強迫観念となってしまうのである。

議論に勝つのは難しい

以下の物語を考えてみよう。

ジュリーとマークは姉弟である。彼らは、大学の夏休みに一緒にフランスへ旅行した。ある晩、ビーチ近くの丸太小屋に二人きりで泊まることになった。彼らは、自分たちがセックスをしたら面白いのではないかと考えた。少なくとも、お互いにとって、今までしたことのない経験だ。ジュリーはすでに経口避妊薬を飲んでいたが、マークも念のためにコンドームを使用した。それぞれが性行為を楽しんだが、二度としないと決意する。その夜のことは二人の特別な秘密とし、それによってお互いをさらに近く感じるようになった。

たまたま姉弟である二人の成人が、互いに同意して性行為をすることを、あなたは許容できるだろうか？　もし、私の研究における大半の人々と同様なら[33]、即座にノーと答えるだろう。しかし、あなたはその判断をどのように説明するだろうか？　まず、近親相姦の性行為は、遺伝的異常を持つ子どもの出生につながる、という議論を持ち出すことが多い。しかし、姉弟は二つの方法で避妊をしていることを指摘しても、「まあ、その場合は問題ないね」と言う人はいない。代わりに、他の論拠を探し始める。たとえば、「きっと、彼らの関係はめちゃくちゃになる」といった具合だ。私が、この場合はセックスによって彼らの関係がより強くなったのだ、と答えると、ただ頭をかき、顔をしかめて、「私には、それが間違っていることだとわかるんです。ただ、その理由をなんと説明してよいのかがわからないんです」と言う。

この研究の要点は、道徳的な判断とは美的な判断のようなものだということだ。絵画を見る時、好きかどうかは、たいてい自動的にすぐにわかる。その判断について説明するように求められると、あなたは作話する。なぜ何かを美しいと思うのかについて本当はわかっているわけではないのだが、ガザニガが分離脳の研究で発見したのと同様に、あなたの解釈モジュール（象使い）は、理由を作り出すことに長けている。あなたは、その絵が好きであることに対するもっともらしい理由を探し出し、筋の通った第一番目の理由（おそらく、ピエロの光った鼻の色や光、そこに写る画家の影といった、何か漠然とした理由）を採用する。道徳的な議論も似たり寄ったりだ。二人の人がある問題に関して強く感じるものがあると、まずは感情が先行し、お互いにぶつけあうための理由はその場で作り出される。通常、他者の論拠を論駁したら、相手は気持ちを変えて、あなたに同意するだろうか？　もちろん同意しない。なぜなら、あなたが打ち負かしたその論拠は、その人の立場の本当の理由ではないからだ。それは、判断がすでに下された後に作られたものなのである。

もし、道徳的な議論について注意深く耳を傾けたなら、意外なことを耳にすることができるだろう。本当は、象が手綱を取り、象使いを誘導しているのである。何が良く何が悪いか、何が美しく何が醜いかを決めるのは象なのだ。感じや直観や速断は、（マルコム・グラッドウィルが『第一感』の中で描いているように）絶えず自動的に起こっているのだが[34]、文をつなぎ合わせて、他者にぶつける議論を作り出せるのは象使いだけなのである。道徳の議論においては、象使いは象の単なる助言者ではなく、弁護士になる。象の視点に立って他人を説得するために、世論の法廷で戦っているのだ。

私たちが置かれているこのような状況こそ、聖パウロや仏陀、オウィディウス、その他の数多くの人々が嘆いたことである。私たちの心は、さまざまな部分が緩やかに連合したものであるのに、私たちは、意識的な言語による思考という一つの部分に注目しすぎ、すべてを同一視してしまっている。私たちはジョークにある、街灯の下で自分の車の鍵を探している酔っ払いのようなものだ。(「ここで鍵を落としたんですか?」と警官が尋ねる。「いいや」と男は答える。「向こうの路地で落としたんだが、こっちの方が明るいのでね。」) 私たちには、心の膨大な作用のほんの片隅しか見ることができないため、衝動や願望や誘惑がどこからともなくやってくることに驚かされる。私たちは、宣言し、誓い、決意するが、それを実行するためには自分が無力であることに驚かされる。私たちは時々、自分の無意識やイド、動物的な自己と戦っているという考えに陥る。しかし、本当のところは、私たちはそのすべてなのだ。私たちは、象使いであり、同時に象でもある。どちらも長所と特別な能力を持っている。この本の残りの部分では、私たちのような複雑で、部分的に何が起こっているのかさえ分からない生物が、どのようにしてお互いに仲良くしていけるのか (第3章と第4章)、幸福を見つけていけるのか (第5章と第6章)、心理的、道徳的に成長していけるのか (第7章と第8章)、人生に目的や意味を見つけることができるのか (第9章と第10章) について述べる。しかしまず初めに、どうして象がとても悲観的なのかについて明らかにしなければならない。

第2章 心を変化させる

全宇宙は変化し、人生は思考によって作られる。

――マルクス・アウレリウス[1]

私たちの今日ある姿は、私たちの昨日の思考から成り、私たちの今日の思考が明日の生活を形成する。人生は、私たちの心の創造物である。

――仏陀[2]（『ブッダの真理のことば・感興のことば』岩波文庫）

大衆心理学で最も重要視されている考えが、上の二つの引用に含まれている。世の中の出来事は、私たちの解釈を通じてのみ私たちに影響を及ぼすので、自分の解釈をコントロールできれば、世界をコントロールできる。１９９４年に書かれて空前のベストセラーとなった自己啓発書の中で、デール・カーネギーは、アウレリウスの引用句にある最後の8単語「life itself is but what you deem it（人生は思考によって作られる）」を「あなたの人生を変える8単語」と呼んだ[3]。最近では、テレビやインターネットで「フィル博士」（フィル・マッグロウ）[訳注3]が、彼の10の「人生法則」のうちの一つとして、「現実というものはない。あるのは認識だけだ」と述べている[4]。自己啓発本や自己啓発セミナーというのは、この考えとその人生にとっての含蓄について、人々が納得するまで説教し、声高にしゃべる以上の何ものでもないと思うことがある。次のような瞬間を見るのは感動的だろう。何年も恨みや苦痛、怒りにとらわれてきた人に、（たとえば）父親は家族を見捨てはしたが、直接彼女を傷つけたりはしなかったということに気づく瞬間が訪れる。彼がしたことと言えば、家を出て行ったことだけだった。彼の行為は道徳的に間違ってはいたが、彼女のその苦痛は、出来事に対する彼女の受け止め方から来ているものであり、もし彼女がその受け止め方を変えることができれば、彼女は20年間の苦痛を捨て去ることができる。もしかしたら、父親を理解することすらできるようになるかもしれない。大衆心理学のコツは、（説教や声高なしゃべりを超えて）人々をそのような気づきへと導く方法を開発することである。

この技術は古いものだ。アウグスティヌス・ボエティウスについて考えてみよう。ボエティウスは、ローマがゴート人に敗れた四年後の紀元後480年頃、ローマの有力貴族の一員として生まれた。当時の最良の教育を受け、哲学と公職において成功を収めた。510年、（最高位の官職である）執政官に昇りつめるかたわら、数学、科学、論理学、神学の分野で数多くの執筆と翻訳を行った。彼は裕福で、恵まれた結婚をし、息子たちも執政官となった。しかし、権力も富もピークに達した523年に、ボエティウスは、ローマとその元老院に対して未だ忠誠を続けているという理由により、オストロゴス王テオドリックに対する反逆罪で告発された。彼がかつては擁護しようとした臆病な元老院から有罪判決を受け、ボエティウスは富も名誉も奪われて、離れ小島の牢獄に投獄され、524年に処刑された。

何かを「哲学的」にとらえるというのは、嘆いたり悩んだりすることなく、大きな悲運を受け入れることである。哲学的ということばをこのように使う理由の一つは、ソクラテス、セネカ、ボエティウスという三人の古代哲学者が、自らの処刑を待つあいだに冷静さと自制心、そして勇気を示したからである。しかしボエティウスは、牢獄で書いた『哲学の慰め』において、最初はまったく哲学的ではなかったことを告白している。彼は、悲嘆にくれ、悲嘆の詩を書き綴った。不正と老いを呪い、彼を祝福した後に見捨てた幸運の女神を呪った。

ある晩、ボエティウスが悲惨にもがき苦しんでいると、偉大なる哲学の女神の霊が現れ、彼の非哲学的な行いをたしなめた。哲学の女神は、（後で説明する）現代の認知療法に通じる出来事の再解釈（リフレーミング）を用いてボエティウスを導いた。まず彼女は、ボエティウスに幸運の女神との関係について考えさせた。哲学の女神はボエティウスに、幸運とは気まぐれで、気の趣くままにやって来ては去っていくものであるということを思い起こさせた。幸運の女神はボエティウスの愛人として全力を尽くし、長いあいだそばにいてくれた。それなのに、何の権利があって、彼女をまだそばに縛りつけようとするのか？　哲学の女神は、幸運の女神の弁護を始めた。

なぜ、私だけが権利を剥奪されなければならないのか？　天は、目映いばかりの日の光を与えた後に、それを暗い夜で覆い隠すことを許されているではないか。歳月は、地球の表面を花や果実で飾った後に、それを雲や霜で覆われた荒地へと戻すではないか。海は、船乗りを良い天気で誘い出し、嵐で脅すことを許されているではないか。それなのに、私だけは、人の欲望を許し、自分の意に反して、同じ場所へと縛りつけられていなければならないのか？[5]

哲学の女神は、変化とは通常のことであり、幸運の女神の当然の権利であると再解釈した。（かつて、「全宇宙は変化する」とアウレリウスは述べている。）ボエティウスはかつて幸運だったが、今は幸運ではない。それは怒る理由にはならない。むしろ、幸運をこんなにも長く享受できたことに感謝すべきである。そして、幸運の女神に見捨てられた今となっては、冷静にならなければならない。「幸運の女神に見捨てられてしまうまでは、誰も安心はできない。」[6]あるいはもっと最近になってボブ・ディランが言ったように、「何も持っていない時は、失うものも何もない。」

哲学の女神は、他にもいくつか再解釈を試みた。彼にとっては妻と子どもたちと父親が自分よりも大切なものであること、そして、その家族四人全員が無事に生きていることを指摘した。彼女は彼に、不運は幸運よりも有益であることを理解させた。幸運は人をより貪欲にさせるだけだが、不運は人を強くする。さらに彼女は、ボエティウスの想像力を天高くへと引き上げ、地球を見下ろすよう促した。そこから見た地球はちっぽけで、その上ではさらにちっぽけな人々が、滑稽で、究極的にはどうでも良いような野望劇を演じている。彼女は彼に、富と名誉は、平和や幸福ではなく、不安と強欲をもたらすものであることを認めさせた。これらの新たな物事の見方が提示され、古い仮説を変えた後、ようやくボエティウスは、何よりも重要な教訓を理解する準備が整った。それは、仏陀やアウレリウスが何世紀も前に説いたものである。「あなたがそう思わなければ、悲惨なことは何もない。その一方で、あなたが満足しなければ、幸福は訪れない。」[7]その教訓を心から受け入れた時、ボエティウスは心の牢獄から解放された。彼は平静を取り戻し、何世紀ものあいだ人々を癒し続けることとなった本を書き、威厳を持って自らの死に直面した。

何も『哲学の慰め』が、ローマ時代の大衆心理学だったなどとほのめかすつもりはない。しかしこれは、洞察を通して自由を得ることについての物語であり、これを私は疑問視しているのだ。前章で、分裂した自己とは、象と象使いのようなものであり、現代では、意識的な思考である象使いが重要視されすぎていると述べた。現在の大衆心理学の教祖たちと同様に、哲学の女神は、象使いと協力することによって、ボエティウスを認知的洞察と再解釈の瞬間へと導いた。しかし、もし、あなたが今までの人生の中で、このような劇的な洞察へと達し、自分のこれまでのやり方やものの見方を変えようと決意したことがあるとすれば、三ヵ月後には元に戻ってしまったに違いない。突然の啓示は、生活を一変させるかもしれないが[8]、たいていは数日か数週間のうちには消えてしまう。象使いが、単に変えようと決意し、その計画に従うよう象に命令することなどできない。象を訓練し直すことによってのみ、永続的な変化が可能になるのだが、それは難しいことだ。大衆心理学のプログラムが、人助けに成功することもあるだろうが、それは最初の洞察の瞬間によって成功するのではない。その後数ヶ月かけて、行動を変化させる方法を見出すことによって成功するのである。それらは、象を訓練し直すのに十分なだけの期間、そのプログラムに関わるようにしむける。本章では、あまりに多くの人々において象が、なぜこれほどまで不安で悲観的になりやすいのかを説明し、象使いがそれを訓練し直すために用いる三つのツールを紹介する。

好悪計

象の言語において最も重要な単語は、「好き」と「嫌い」、もしくは「接近」と「回避」である。最も下等な動物すら、左か右か？進むか止まるか？食べるか食べないか？といった決断を絶えずしなければならない。情動を有する程度に複雑な脳を持っている動物には、頭の中で常に動作している「好悪計」があり、自動的に楽々とこのような意思決定を行う。サルが新しい果物の味見をして甘みを感じると、好悪計は「これは好き」と記録する。サルは快を感じて、即座にかぶりつく。もしその味が苦ければ、瞬間的に不快を感じ、食べ続けることを思いとどまる。良い点と悪い点の比較や、推論システムなどは必要ない。それは単なる快と不快のひらめきなのである。

私たち人類も好悪計を持っていて、常に作動している。その影響力はとらえにくいが、注意深い実験によって、たとえ気づいていなくとも、体験しているすべての物事に対して好き嫌いの反応をしていることがわかっている。たとえば、「感情プライミング」として知られる実験の参加者だと想像してみよう。あなたは、コンピュータのスクリーンの前に座り、真ん中の点を見つめている。数秒ごとに一つの単語がその点の上に瞬間呈示される。あなたがすべきことは、もしその単語が（庭、希望、楽しみなどのような）何か良いことや好ましいことを意味していれば左手でキーを打ち、（死、虐待、退屈などのような）悪いことや好ましくないことを意味していれば右手でキーを打つ、これだけだ。とても簡単に見えるのだが、いくつかの単語に対しては、なぜか一瞬ためらってしまう。あなたは気づかないが、コンピュータは、評定のターゲットとなる単語を見せる前にほんの数百分の一秒間、他の単語を点の真上に瞬間呈示している。これらの単語はサブリミナル（意識水準下）で見せられているのだが、直感システムはとてもすばやいため、それを読み、好悪計による評定によって反応してしまうのである。もし、サブリミナルな単語が「恐怖」だとすると、好悪計はネガティブに記録し、あなたはほんの少し不快を感じる。そしてその何分の一秒か後に、「退屈」という単語を見たとすると、退屈は悪いと答える態勢が整っている。退屈に対するネガティブな評定は、恐怖というネガティブ性の瞬間呈示によって促進、すなわち「プライミング」されたのである。しかし、「恐怖」の後に続く単語が「庭」である場合には、好悪計が悪いから良いへ推移するのに時間がかかるため、庭は良いものだと答えるのにより多くの時間がかかる[9]。

１９００年代のこの感情プライミングの発見は、心理学において間接的測定の世界を切り開いた。象使いを通さずに象と直接話すことが可能となったのだが、時として象が言わねばならないことは、困惑するようなことだった。たとえば、サブリミナルな単語を瞬間呈示する代わりに、黒人と白人の顔写真を使うとどうなるだろう？ 研究者たちは、年齢層、階級、政治的所属にかかわらず、すべてのアメリカ人が、黒人の顔やその他アフリカ系アメリカ人文化を連想させる画像や単語に対して、一瞬ネガティブな反応をすることを見出した[10]。黒人に対して偏見を持っていないと報告した人たちは、平均してわずかにこの自動的な偏見が少なかったが、明らかに象と象使いはそれぞれ意見を持っているようである。（https://implicit.harvard.edu/implicit/ で、あなた自身の象についてテストすることができる。）アフリカ系アメリカ人の中にもこのような潜在的偏見を示す人が多くいるが、その一方で、黒人の顔や名前に対して潜在的好意を示す人もいる。平均すると、アフリカ系アメリカ人はどちらかに偏った潜在的偏見を持たなかった。

ブレット・ペルハムの研究は、好悪計が働いていることを示す最も奇妙な例の一つである[11]。彼は、自分の名前が好悪計を作動させる引き金になることを発見した。自身の名前に似た単語を見たり聞いたりするといつでも、わずかに快を感じ、その物事が良いものであると考えるようにバイアスがかかる。つまり、デニス（Dennis）という名前の男が自分の職業について考える時、その可能性について、「弁護士

（Lawyer）、医者（Doctor）、銀行員（Banker）、歯医者（Dentist）……デンティスト……デンティストって何かいい感じだな。」と考える。そして、実際に、デニス（Dennis や Denise）という名前の人は、他の名前の人に比べてわずかではあるが歯医者になる確率が高い。ローレンス（Lawrence）という名前の男性やローリー（Laurie）という名前の女性は弁護士（Lawyer）になる確率が高い。ルイス（Louis）やルイーズ（Louise）はルイジアナ州（Louisiana）やセントルイス（St.Louis）に、ジョージ（George）やジョージナ（Georgina）はジョージア州（Georgia）に移住する確率が高い。自身の名前を好む傾向は、結婚記録にもはっきりと表れている。最初のイニシャルが同じというだけの類似性であったとしても、自分と似た響きの名前の人と結婚する確率がわずかに高い。ペルハムがこの発見を私たちの教養学科で紹介した時、私はその部屋にいた既婚者の大半が彼の主張を裏付けていることに気づいて驚いた。ジェリー（Jerry）とジュディー（Judy）、ブライアン（Brian）とベハニー（Behany）、そして何よりも、私自身がジョン（Jon）で妻はジェイン（Jayne）である。

ペルハムの研究は、最も大きな三つの意思決定、人生で何をするのか、どこに住むのか、誰と結婚するのか、において、私たちの大半が（たとえほんのわずかだとしても）名前の響きというような些細なことに影響される可能性があるという点で動揺させられる。人生は実際に私たちの考えによって作られてはいるが、その考えは、すばやく、無意識的に生じている。象は直感的に反応し、象使いを新たな方向へと導くのである。

ネガティビティ・バイアス

臨床心理学者は、二つのタイプの人が心理療法を求めてやって来ると言うことがある。緊張を必要とする人と、緊張緩和を必要とする人である。しかし、助けを求めているすべての患者は、もっと秩序だって、自己制御できるようになり、自身の未来に責任を持てるようになりたいのであって、待合室は、緊張を解いて、心が軽くなり、前日のスタッフミーティングで馬鹿げたことを言ったとか、明日のランチデートはきっとふられるだろうといったような心配を減らしたい人でいっぱいだ。大半の人にとって、象はあまりに多くの物事を悪くとらえており、良い面について十分には見ていない。

それももっともなことだ。もしあなたが魚の心を設計するとしたら、脅威に対するのと同程度に好機に対しても強く反応させるだろうか？　そうではないだろう。食べ物の手がかりを見逃すコストは低い。海には他の魚がいる可能性が高く、一度の失敗で飢え死にすることはないだろう。しかし、近くに敵がいるサインを見逃すコストは致命的になりうる。ゲームオーバー。その遺伝子の終焉となる。もちろん、進化の過程に設計者はいないが、自然淘汰によって作り上げられた心は、結果的には、まるで設計されたかのように（私たちには）見える。なぜなら一般的に、心はその生態的なニッチに対して柔軟に適応できるような行動を生じさせるからである。（自然淘汰がどのようにして設計者なしで設計をするのかについては、スティーブン・ピンカーの著書[12]を参照。）動物の生活におけるいくつかの共通点によって、設計原理とでも呼べるような、種を超えた類似性が生まれることがある。そのような原理の一つは、悪いことは良いことよりも強いということである。脅威や不快に対する反応は、好機や快に対する反応よりも速く、強く、抑制するのが困難である。

「ネガティビティ・バイアス」[13]と呼ばれるこの原理は、心理学の至る所で現れる。結婚生活の相互関係において、一つの致命的で破壊的な行為による損害を埋め合わせるためには、少なくとも五つの善行もしくは建設的な行為をしなければならない[14]。金融取引やギャンブルにおいて、ある額のお金を手に入れる快は、それと同等の額のお金を失う苦痛よりも小さい[15]。ある人の性格を評価する場合において、一度の殺人を埋め合わせるためには、人命を救うような英雄的行為を25回しなければならないと見積もられている[16]。食事を用意する際、食べ物は（ゴキブリ一匹の触角によって）簡単に汚染されてしまうが、それを浄化するのは難しい。人の心というものは、良い物事に比べて、同程度に悪い物事に対して、よりすばやく、強く、持続的に反応するということが心理学者によって繰り返し見出されている。私たちの心は、脅威や侵害や失敗を発見して反応するように配線されているため、すべての物事を良く見ようとしても、単にできないのである。ベンジャミン・フランクリンが言ったように、「私たちはちっぽけな病気ほどには、大いなる健康には敏感ではない」のである[17]。

ここで、動物生活の設計原理の別の候補を挙げよう。相反するシステムでは、均衡点に到達するように互いを押し合うが、その均衡点は調整可能だ。腕を動かす時、一対の筋肉が伸び、別の一対が収縮する。両方とも常に少し緊張して、動く準備をしている。心拍や呼吸は自律神経系によって調整されているが、この自律神経は、臓器を相反する方向へと押し合う二つのサブシステムによって構成される。交感神経系は、体に「闘争か逃走か」の準備をさせ、副交感神経系はあなたを落ち着かせる。どちらも違う比率で、常に活動している。あなたの行動は、相反する動機づけのシステムによって支配されている。接近システムは、ポジティブな情動を引き起こし、物事に対して接近したくなるように仕向ける。回避システムは、ネガティブな情動を引き起こし、物事を避けたり、それから退いたりしたくなるように仕向ける。どちらのシステムも常に活動して環境を監視している。両システムは、（ためらいを感じる時のように）同時に相反する動機を生じさせることもあるが[18]、その相対的なバランスによって進路が決定される。（「好悪計」は、このバランスを保つ過程やその瞬間ごとの微妙な変動に対するメタファーである。）そのバランスは一瞬で変動する。たとえば、好奇心によって事故の現場へとひき寄せられるが、見るとわかっていても血を見ると、恐怖でひるんでしまう。見知らぬ人に話しかけたいと思うが、その人に近づくと突然動けなくなってしまう。回避システムがすばやくフルパワーで動き出し[19]、それよりも遅い（そして一般的にはより弱い）接近システムを上回ってしまうのだ。

回避システムが、すばやく、強制的である理由の一つは、入ってくるすべての情報を真っ先に得るからである。目と耳から入力されるすべての神経インパルスは、まず脳のある種の中央中継地点である視床へと送られ、そこから大脳皮質の中の知覚処理を行う特定の領域へと送られる。そして、これらの領域から、その他のより高次の心的プロセスや、現に進行している意識の流れを統合している前頭皮質へと情報が送られる。もし、このようなプロセスの終点で、目の前でシューシュー言っているヘビに気づいたとしても、逃げることに決定し、それから足を動かし始めるように命令することができよう。しかし、神経インパルスは毎秒30メートルしか進まないので、意思決定の時間を含め、このかなり長い道のりに軽く1〜2秒かかってしまう。なぜ神経経路に近道があると好都合なのかは一目瞭然であり、扁桃体がその近道だ。扁桃体は視床のすぐ下に位置し、視床を通って流れている未処理の情報の流れに浸かっており、過去において危険と結びついたパターンに対して反応する。扁桃体は闘争／逃走反応を活性化させる脳幹部分に直接的に結合していて、（ヘビのシューッという音のような）以前の恐怖エピソードを構成するパターンを見つけると、体に非常警報を発令する[20]。

こんな経験をしたことがあるだろう。一人きりで部屋にいると思い込んでいるのにすぐ後ろで声を聞いた時や、ナイフを振り回す狂人が警告なしに突然画面に現れるホラー映画を見た時、ビクっとし、心拍数が急上昇する。あなたの身体は、最初の10分の1秒間で（すばやい扁桃体の経路を通じて）恐怖に対する反応を示すだろう。その後の10分の9秒で（よりゆっくりとした皮質の経路を通じて）やっとその出来事の意味を知るのである。扁桃体は、多少の肯定的な情報も処理するが、これに匹敵する、おいしい食事や恋人候補者をただちに知らせるといった「青信号」システムは、脳に存在しない。このような評価には1秒か2秒かかってしまう。もう一度言うが、悪は善より強くて速い。象は象使いが道端にヘビがいるのを実際に目にするよりも前に反応する。もちろん、ヘビなど怖くはないと自分に言い聞かせることはできるが、象がヘビを怖がって跳ね上がったら、あなたは結局投げ出されてしまう。

扁桃体については、もう一つ重要な点がある。扁桃体は危険に対する反応を引き起こすために脳幹へと延びているだけではなく、思考を変えるために前頭皮質にも延びている。扁桃体は、脳全体を回避方向へと転換させる。情動と意識的な思考のあいだには双方向の通路がある。思考は（自分が言った馬鹿げたことを反省する時のように）情動をもたらすが、情動もまた、主にその後の情報処理にバイアスをかける心のフィルターを生起させることによって、思考をもたらすことができる。一瞬の恐怖によって、次に起こる脅威に対してさらに用心深くなる。そうすると、不明瞭な出来事を潜在的な危険であると解釈するフィルターを通して世界を見るようになる。誰かに対して一瞬の怒りを感じると、怒らせた人のすべての言動が侮辱や逸脱であるように思えるフィルターをかける。悲しみの感情によって、すべての快や好機が見えなくなってしまう。ある有名なうつ病患者はこう言った。「この世のすべての効用は、私にとって、なんてくだらなく、陳腐で、平凡で、役にたたないものだろう！」[21]だから、シェイクスピアのハムレットがマルクス・アウレリウスをもじって、「世の中には良いも悪いもない。思考がそれを決めるのだ」[22]と言った時、彼はある意味で正しかった。だが、それに加えて、自身のネガティブな情動がすべてを悪く考えさせていると付け加えるべきだったろう。

大脳皮質くじ

ハムレットは不運だった。彼の伯父と母親は共謀して、王である彼の父親を殺害した。しかし、この挫折に対する彼の長くて深い抑うつ反応は、彼が別の理由でも不運だったことを示唆している。彼は生まれつきの悲観主義者だったのだ。

性格を説明する時には常に、生来の気質と育った環境が両方影響するととらえなければならない。しかし生来の気質が、大半の人が考える以上の役割を果たしていることもまた事実である。一卵性双生児の姉妹であるダフネとバーバラについて考えてみよう。両者とも、ロンドン郊外で育ち、14歳で学校を卒業し、地方の役所に就職した。それぞれ16歳の時に地域の集会所のダンスで将来夫となる人と出会い、同時に流産を経験した後、どちらも二男一女をもうけた。彼女たちは、数多くの同じこと（血や高所）を怖がり、独特の癖を持っていた（二人ともコーヒーは冷やして飲んだ。またどちらも、手のひらで鼻を押し上げる癖を持っており、そのジェスチャーを二人とも「押し上げ」と呼んでいた）。これらのどれを聞いても、驚くには当たらないと思うかもしれないが、ダフネとバーバラが幼児期に別々の家族に引き取られていたことを知ったらどうだろう？　彼女たちは、40歳で再会するまで、互いの存在さえ知らなかった。そして、ついに出会った時、彼女たちはほとんど同じような服を着ていた[23]。

このような偶然の一致は、生後すぐに引き離された一卵性双生児の場合にはよく起こるが、同様に引き離された二卵性双生児の場合には起こらない[24]。これまで研究されてきたすべての特徴において、（すべての遺伝子を共有し、9ヵ月を同じ子宮の中で過ごした）一卵性双生児は、（遺伝子の半分だけを共有し、9ヵ月を同じ子宮の中で過ごした）同性の二卵性双生児より類似している。この発見は、遺伝子がほとんどすべての特徴に対して、少なくとも何かしらの影響を与えているということを意味している。その特徴が、知性や外向性、臆病さ、信心深さ、政治的志向、ジャズを好むこと、辛い食べ物が苦手であることなど、何であろうが、一卵性双生児は二卵性双生児よりも類似しており、誕生と同時に引き離されたとしても、たいていの場合同じように類似している[25]。遺伝子は、ある人の構造を明確に示した設計図ではなく、長年かけて人を作り上げるためのレシピのようなものと考えるとよい[26]。一卵性双生児は同じレシピから作られているので、彼らの脳は最終的に（まったく同じというわけではないが）かなり似たものとなり、これらのよく似た脳によって同様の独特の性質が生まれる。これに対して二卵性双生児は、たまたま半分だけ同じ手順を含む、二つの異なったレシピからできている。二卵性双生児は最終的に50パーセント似るのではない。最終的には根本的に異なる脳となり、それゆえ根本的に異なる性格を持つようになる。それらが異なることにおいては、血縁関係のまったくない人たちが異なっているのとほとんど変わらない[27]。

ダフネとバーバラは「クスクス笑いの双子」として知られるようになった。両者は共に明るい性格で、話の途中で突然笑いだすという癖を持っていた。彼女たちは大脳皮質くじに当選したのだ。彼女たちの脳は、世界の良い面を見るよう設定されていた。しかし、他の双子ペアは生まれついて暗い面を見てしまう。実際に幸福感は、性格の中でも最も高い遺伝的側面の一つで、双生児研究は、人の平均幸福度における全分散の50~80パーセントが、人生経験よりもむしろ遺伝的な相違で説明できることを示している[28]。(しかし、喜びや抑うつに関する特定のエピソードは通常、その人の人生の出来事が感情的素因にどのように作用したのかという観点で理解されるべきだ。)

ある人の平均的、または典型的な幸福レベルは、その人の「感情スタイル」であると言える(「感情」は情動の感覚的で経験的な側面を示す)。感情スタイルは、接近システムと回避システムのあいだの日常の力のバランスを反映しており、このバランスは前頭部からすぐに読みとることができる。脳波の研究によると、大半の人が非対称性を示すことが以前から知られている。つまり、左前頭葉か右前頭葉のどちらかをより賦活させる。1980年代後半、ウィスコンシン大学のリチャード・デビッドソンは、このような非対称性が、ポジティブな情動やネガティブな情動を経験する一般的傾向と関係していることを発見した。ある種の脳波が前頭の左側でより多く現れる人は、右側でより活発であった人よりも、日常生活においてより多くの幸福を感じ、恐怖や心配、恥を感じることが少ないと報告した。その後の研究により、このような皮質の「左利き」は、抑うつに陥ることがより少なく、ネガティブな経験からの立ち直りもより早いことがわかってきた[29]。大脳皮質における左利きと右利きの差異は幼児にさえ見られる。右側でより高い賦活が見られる10ヵ月の赤ちゃんは、母親からちょっと離されただけで泣く傾向が見られる[30]。そして幼児におけるこの差異は、大半の人において成人期を通じて安定した性格のある一側面に反映されることが明らかにされている[31]。前頭右側でより高い賦活を示した赤ちゃんは、新しい状況に対してより不安を持つ幼児になる。十代には、恋愛や社会活動についてより恐れを感じ、最終的に大人になった時、緊張を緩和するために心理療法を必要とすることが多い。大脳皮質くじにはずれてしまった人たちは、過剰活動する回避システムの支配力を弱めるために生涯奮闘することになる。かつて、ネガティブな感情スタイルを持つ友人が、人生の境遇を嘆き悲しんでいた時、誰かがどこか別の町に引っ越しするのがいいのではないかと提案した。彼女は「いいえ。私はどこにいても不幸に違いないわ」と答えた。その時彼女は、アウレリウスをもじったジョン・ミルトンのことばを引用することもできたろう。「どこにおかれても、心一つで、天国を地獄にすることも、地獄を天国にすることもできる。」[32]

あなたの脳を検査しよう

どちらの文のグループがあなたにより当てはまりますか？

Aグループ

・楽しいだろうと思えるのであれば、いつでも何か新しいことに挑戦したい。

・欲しいものを掴みとるチャンスに遭遇したら、私は即座に行動する。
・何か良いことが起こると、それに強く影響される。
・よくとっさの思いつきで行動する。

Bグループ
・失敗するのが怖い。
・批判や叱責にとても傷つく。
・何か重要なことがうまくできなかった時のことを考えると不安になる。
・他の友達に比べて私は怖がりだ。

Aグループの方がBグループよりも自分に合っていると感じた人は、より接近志向のスタイルを持っており、平均的には前頭左側においてより強い皮質活動を示す。Bグループの方が自分にあっていると感じた人は、より回避志向のスタイルを持ち、平均的には、前頭右側においてより強い皮質活動を示す。（尺度の出典：Carver & White, 1994. Copyright：アメリカ心理学会 1994. 許可を得て転載。）

心を変化させる方法

もし私に一卵性双生児の兄弟がいたとしたら、おそらく彼も服のセンスが悪いに違いない。私はショッピングが嫌いで、色の名前など六つぐらいしか挙げることができない。何度かこの自分のスタイルを改善しようと決意し、ショッピングに連れて行くという女性の誘いに同意したこともある。だが、無駄だった。毎回すぐに自分の慣れ親しんでいる、１９８０年代初期のスタイルへと戻ってしまった。私は、自分ではない何かになるために、意志の力だけでは、変化しようと決意することができなかった。その代わりに、変化するための回り道を見つけた。結婚したのである。今では、私は素敵な服をクローゼットいっぱい持っており、いくつかのふさわしい組み合わせを覚えた。そして、バリエーションを勧めてくれるスタイリストがいる。

自身の感情スタイルを変えることだってできる。しかし何度も言うように、意志の力だけでは成し遂げられない。利用可能な思考のレパートリーを変化させることを何かしなければならないのである。ここで、最も有効な三つの方法を紹介しよう。瞑想、認知療法、そしてプロザックである。三つとも全部、象に対して働きかけるので効果的である。

瞑　想

一日一回服用すれば不安を軽減し、満足感を増強する薬に関する記事を読んだとしよう。あなたは服用するだろうか？　さらに、その薬にはさまざまな副作用があるが、それらは自尊心や共感、信頼感を増強するなど、良いことばかりであると想像してみよう。記憶力さえも改善する。そして最後に、その薬はすべて自然なもので、お金はまったくかからない。さて、あなたは服用するだろうか？

その薬は存在する。瞑想である[33]。多くの宗教的伝統において見出され、インドでは仏陀より以前から長く用いられてきたが、瞑想を西洋文化の主流へともたらしたのは仏教である。瞑想には多くの種類があるが、すべてに共通しているのは、非分析的な方法で注意を集中するよう意識的に試みるという点である[34]。簡単に聞こえるだろう。（大半の形態では）じっと座って、自分の呼吸や、ある単語、あるイメージのみに意識を集中し、他のことばや考えやイメージなどが意識にのぼらないようにする。しかしながら瞑想は、最初とんでもなく難しい。最初の数週間は失敗に繰り返し直面することで、象使いに謙虚さと忍耐を教える。瞑想の目的は、自動的思考プロセスを変化させることであり、それによって象を手なずけることである。そして、手なずけたことの証は、執着（愛着）が打ち破られることである。

我が家の犬のアンディには主に二つの愛着があり、それでもって家の中で起こるすべての出来事を解釈する。肉を食べることと家に一人で残されないことである。妻と私が正面玄関の近くに立った途端、彼は不安になる。私たちが鍵を取り、ドアを開けて、「いい子でいるんだよ」と言うと、彼の尻尾と頭、お尻までもが悲愴的に床に向かってうなだれる。しかし「アンディ、おいで」と言うと、彼は喜びに満ち溢れ、私たちを通り越してドアの方へすっとんでいく。一人で残されることに対するアンディの恐怖は、一日を通じて数多くの不安を喚起する。（一人で残されると）数時間失望し、（孤独から開放されるたびに）数分間喜ぶ。アンディの快と苦痛は、妻と私の選択によって決定されている。もし、悪いことは良いことよりも強いのだとしたら、アンディにとっては、再会による恩恵よりも別離による苦しみの方が大きいことになる。

大半の人には、アンディよりもさらに数多くの愛着がある。しかし仏教によると、人間の心理は多くの点でアンディのものと似通っている。レイチェルは、尊敬されたがっており、軽視される兆しを常に警戒しながら暮らしており、そのような侵害の可能性があった後は何日間も傷心する。彼女は尊敬の念を持って扱われる喜びを享受するかもしれないが、平均的に言えば、尊敬によって心地よく感じる以上に軽視によって傷つく。チャールズはお金が欲しいと思い、常に金儲けのチャンスをうかがいながら暮らしている。彼は、罰金や損失や最善の取引ではなかったかもしれないと思う取引についての心配で夜も眠れない。しつこいようだが、損失は利益よりも重大に感じられるので、チャールズが着実に金持ちになっていったとしても、お金に対する思考は、平均的に、幸福よりも大きな不幸を彼にもたらしている。

仏陀にとって、愛着とはルーレットゲームのようなものだ。誰か別の人がルーレットを回しており、ゲームはいかさまだ。プレイすればするほど負けてしまう。勝つための唯一の方法は、そのテーブルから離れることだ。そして、人生の浮き沈みに反応しないようにテーブルから離れる唯一の方法は、瞑想し、気持ちを静めることである。あなたは勝利の快楽をあきらめる代わりに、より大きな敗北の苦痛からも逃れられる。

第5章で私は、これが大半の人にとって、本当に望ましいトレードオフなのかどうかについて、疑問を投げかけている。今のところ重要な点は、仏陀は心理学的な発見をし、彼とその弟子たちはそれを哲学や宗教に取り入れたということである。彼らは寛大な精神を持って、信じる人にも信じない人にもそれを教えた。その発見とは、瞑想は、象を飼いならして、なだめ、静めるということである。瞑想を、数ヶ月間にわたって毎日続けることで、脅えた、ネガティブで、貪欲な思考の頻度が実質的に減り、そのゆえ自分の感情スタイルの改善に役立つ。仏陀は言う。「沈黙の孤独を知り、静寂の喜びを感じた時、人は恐れや罪から解放される。」[35]

認知療法

瞑想は、人生の問題に対する東洋の特徴的な解決策だ。仏陀以前にさえ、中国の哲学者である老子は、知の道は、無為静寂を通じて無欲に至ると述べている。この問題に対する西洋の典型的なアプローチは、道具箱を持って来て、壊れた箇所を修理しようとするものである。それは、哲学の女神が用いた数多くの議論や再解釈の技術によるアプローチである。その道具箱は１９６０年代、アーロン・ベックによって徹底的に現代化された。

ペンシルベニア大学の精神科医であったベックは、「三つ子の魂百まで」という考えに基づくフロイト派のアプローチによる教育を受けた。あなたを悩ませるものはすべて、幼児期の出来事によって引き起こされており、現在のあなた自身を変化させる唯一の方法は、抑圧された記憶を掘り起こし、分析をして、未解決の葛藤を乗り越えることである。しかしながらベックは、うつ病患者にこのアプローチが有効であるという証拠を、科学論文の中にも自身の臨床的な実践においてもほとんど見出すことができなかった。患者に、自己批判的な思考や不当に扱われた記憶を呼び戻させると、患者はますます落ち込んだ。しかし１９６０年代後半に、ベックが標準的な診療を止めて、哲学の女神のように、患者の不合理で自己批判的な思考の正当性について疑問を投げかけてみると、患者の状態が上向くように見えることが多かった。

ベックはいちかばちかの賭けに出た。うつ病患者に特徴的な、歪んだ思考プロセス過程を取りまとめ、これらの思考を受け止めて挑戦するように患者をトレーニングした。フロイト派の同僚たちは、ベックはうつ病の症状をバンドエイドで治療しているようなもので、その下で病気は隠れて猛威をふるっている、と冷笑したが、彼の勇気と粘り強さは報われた。彼は、うつ病や不安症、その他数多くの症状に対する適用において、最も効果的な治療法の一つである認知療法を作り上げた[36]。

前章で示唆したように、私たちは、真実を見つけるためではなく、（象に備わっている）深くて直観的な信念を支持する議論を作り出すために理性を使用する。抑うつの人は、ベックの抑うつの「三大認知」として知られる互いに関連した三つの信念を心から信じている。それは、「私はダメだ」、「世間はひどい」、「私の将来は暗い」の三つである。うつ病患者の心は、特に物事が悪い方向へ向かっている時には、このような機能不全の信念を支持するような自動的思考に満たされている。これらの考えがあまりにどの患者にも似通っていたので、ベックはこう名づけたのである。うつ病の父親が娘を見ている時に、転んで頭を打ったと考えてみよう。彼は、たちまち以下のような思考で自分を激しく非難する。「私はひどい父親だ」（これは「個人化」と呼ばれ、出来事を些細な医学的問題としてではなく、自分に対する信任投票であるかのようにとらえる。）「なぜ、私はいつも子どもたちに対して、こんなにひどい仕打ちをしてしまうのだろうか？」（「いつもそうだ／けっして〜ない」という二分法的な思考と「過度の一般化」の結合）「彼女は脳に損傷を負うだろう」（「過大視」）、「皆、私のことを憎むに違いない」（「恣意的推測」すなわち、根拠もない結論への飛躍）。

うつ病の人は、歪んだ思考がネガティブな感情を産み、それがまた思考を歪めるというフィードバック・ループへとはまり込んでしまう。ベックの発見は、思考を変化させることによって、そのサイクルを打ち破ることができるということである。認知療法の大部分は、患者が自身の思考をとらえて書きとめ、その歪みを挙げ、それに名前をつけて、それに対する代替案やより的確な考え方を見出すように患者を訓練することからなる。何週間か過ぎると、患者の思考はより現実的なものとなり、フィードバック・ループは打破され、患者の不安やうつは和らいでいく。認知療法が効果的である理由は、象使いに、議論によって象を直接的に打ち負かす方法ではなく、象を訓練する方法を教えるからである。治療を受ける初日、象使いは、象が自分を制御していること、つまり象の不安が彼の意識的思考を駆り立てていることに気づいていない。時間をかけて、患者は一連の道具を使うことを学ぶ。その道具には、自動的な思考に対抗することや、単純な課題を行うことなどが含まれている。たとえば、一日中あれこれ思いめぐらしながらベッドの上で過ごすのではなく、新聞を買いに外へ出かけるなどのような課題だ。課題は、しばしば毎日行うべき宿題として出される。（象は日々の実践から最もよく学ぶのであり、セラピストと週一回、面会するだけでは不十分である。）一つ一つ再解釈や単純課題を達成するたびに、患者はわずかな報酬、わずかな解放感や快のひと時を受け取る。その快楽のひと時ひと時は、新たな行動を強化するために象に与えられるピーナッツのようなものである。怒ったり、脅えたりしている象との綱引きに勝つことはできないが、行動主義者が述べているように、その性質を徐々に形成（シェーピング）することによって、自動的な思考を変え、そして、その過程で感情スタイルも変化させることはできる。実際に、数多くの心理療法士が、行動主義から直接技術を取り入れて、それを認知療法と結びつけ、今日「認知行動療法」と呼ばれるものを作り上げた。

フロイトとは違って、ベックは統制された実験によって自身の理論を検証した。うつに対して認知療法を受けた人は、目に見えて改善した。彼らは、診療の順番待ちをしている人たちよりも早く回復した。しかも少なくともいくつかの研究では、他の心理療法を受けた人たちよりも早く回復した[37]。認知療法が非常にうまくなされた時には、うつ病の治療に対するプロザックのような薬品と同じくらい効果的である[38]。またプロザックを上回る非常に大きな利点としては、象は再トレーニングされているので、認知療法が終わってからも、通常その効果が継続するということである。逆にプロザックは、それを服用しているあいだしか効き目がない。

認知行動療法だけが効き目のある心理療法だと言いたいのではない。大半の種類の心理療法はある程度の効き目があり、いくつかの研究によれば、それらはすべて同程度に効き目があるようである[39]。結局は、適合性の問題である。ある人は、ある心理療法よりもう一方に対して好転反応を示すし、ある心的障害はある治療法よりももう一方のものによってより効果的に治療される。もしあなたが、自分自身や世界や将来に対して、頻繁で自動的にネガティブな思考に陥り、そのような思考が原因で慢性的に不安になったり落ち込んだりするのであれば、認知行動療法が適しているかもしれない[40]。

プロザック

マルセル・プルーストは、「本当の旅とは……見知らぬ土地を訪ねることではなく、これまでとは異なる目を持つことである。」と書いた[41]。1996年の夏に、プロザックと同系統の薬であるパキシルを8

週間服用した時、私は、（これまでとは異なる）新たな目を試着することができた。最初の数週間は、副作用しか現れなかった。いくぶんの吐き気や、夜通し眠ることの困難、そして脳が乾きを感じているとしか表現しようがないような感覚を含む、これまでに感じたことのなかったようなさまざまな身体的感覚。しかし、5週目のある日のこと、世界の色が変化した。ある朝、目を覚ますと、厳しい仕事量や任期付きの教授職という不安定な見通しについて、もはや不安を感じることはなかった。まるで魔法のようだった。長年欲してきた変化、つまり、緊張が緩和し、陽気になり、あれこれ悩まずに自分の失敗を受容するという変化が、一夜のうちに起こったのである。しかし、パキシルには、私にとっては壊滅的な副作用があった。よく知っているはずのものであっても、事実や名称について思い出すことが困難になってしまったのだ。学生や同僚に挨拶する時、「やあ」の後に名前を続けようとして、何も言わずに終わってしまうことになった。私は、教授として、心の平穏よりも記憶の方が必要であると判断し、パキシルの服用を止めた。5週間後、心配事とともに記憶が戻ってきた。残されたものは、バラ色のメガネをかけて、新たな目で世界を見たという直接の体験だった。

　プロザックは、選択的セロトニン再取り込み阻害薬、またはＳＳＲＩとして知られる医薬類の代表選手だ。ここでは、プロザックということばを、パキシル、ジェイゾロフト、セレクサ、レクサプロなどを含む、ほとんど同一の心理的効果を持つグループ全体を指して使用している。プロザックとその類の薬について、多くのことがわかっているわけではない。特に、どのように作用しているのかについてはわかっていない。選択的セロトニン再取り込み阻害薬というグループ名が、その筋書きを部分的に説明している。プロザックは、シナプス（神経細胞間の間隙）に至ると、セロトニンを神経伝達物質として使っているシナプスだけに選択的に作用する。一度シナプスに入り込むと、プロザックは再取り込みプロセスを阻害する。通常のプロセスでは、セロトニンをシナプスに放出したばかりの神経細胞は、次の神経インパルスで再度放出するために、セロトニンを細胞自身の中に再度取り込む。最終的な結果としては、プロザックを用いた脳では、ある特定のシナプスにおいてより多くのセロトニンを持つことになるので、それらの神経細胞はより高い頻度で発火するようになる。

　これまでのところ、プロザックは、あなたがこれまでに学んだことがあるだろう、ある特定の神経伝達物質に結びつくコカインやヘロインやその他の薬物などと同じようなものであるように聞こえるかもしれない。しかし、セロトニンの増加はプロザックの服用後一日以内に生じるが、その効果は4週間から6週間のあいだ現れない。おそらくその間に、シナプスのもう一方側にある神経細胞が、新しいセロトニンレベルに適応し、その適応プロセスからこの効果が現れるのだろう。もしくは、神経細胞の適応は何の関係もないのかもしれない。プロザックに関するもう一つの主な理論は、プロザックは、脳部位の中で学習や記憶において決定的な役割を担っている海馬の神経成長ホルモン水準を上昇させるというものである。ネガティブな感情スタイルを持つ人たちは通常、血中においてより高いレベルのストレスホルモンを持っている。これらのストレスホルモンは、海馬中における重要な細胞をつぎつぎに壊滅させたり、刈り取ったりする性質を持っているが、これらの細胞は、自分たちを殺そうとしている激しいストレス反応を遮断するという役割を部分的に担っている。そのような理由でネガティブな感情スタイルの人たちでは、しばしば海馬に軽度の神経損傷を持つ場合があるが、プロザックを服用すると、神経成長ホルモン放出の引き金がひかれ、4～5週間で回復する[42]。プロザックがどのように作用するのかはわからないが、それに効き目があるということはわかっている。統制群（プラシーボ（偽薬）を投与した群や治療を受けていない群）と比較すると、うつ病や全般性不安障害、パニック発作、社会恐怖（対人恐怖）、月経前不快気分障害（PMDD）、一部の摂食障害、強迫性障害（強迫神経症）など、驚くほど多様な精神疾患に対して効果がある[43]。

プロザックは少なくとも二つの理由から議論の余地がある。第一に、それは近道だということである。大半の研究では、プロザックは認知療法とまったく同様に効果的であることが明らかとなっている。認知療法よりも効果的かどうかは時と場合によるのだが、プロザックは認知療法よりずいぶん簡単である。日々の宿題もなければ、新たな難しいスキルも必要としない。毎週セラピーに通う必要もない。もし、あなたがプロテスタントの労働倫理や「苦労をしないで得られるものはない」といった格言を信じているのであれば、プロザックには困惑を感じるだろう。第二に、プロザックは症状の緩和以上の働きをする。時には性格を変化させる。『驚異の脳内薬品』[44]の中でピーター・クレイマーは、長期にわたる抑うつや不安がプロザックによって治った担当患者の事例研究を紹介している。患者の性格が十全に開花し、自信が増し、失敗に直面した時の回復力が増し、喜びにあふれ、これらのことすべてが時に仕事や人間関係において大きな変化をもたらした。これらのケースは、理想化された医療ドラマにピッタリだ。不治の病に苦しんでいる人がいて、医学の進歩がその病気を治す。その人は呪縛から逃れて、新たな自由を祝い、最後のシーンで楽しそうに子どもたちと遊んでいる。おしまい。しかし、クレイマーはそれだけでなく、病気ではない人、つまり精神障害の診断カテゴリーに当てはまらなかった人に関する興味深い話も紹介している。彼らは、批判への恐れ、恋愛依存症、過度の批判的傾向、配偶者や子どもに対する過度の支配など、大半の人がある程度は持っているであろう、一種の神経症や特異的な個性を持っているだけである。他のすべての性格特性と同様に、これらを変化させることは困難だが、それらはトークセラピーが取り組んでいる課題である。通常の心理療法では、性格を変化させることはできないが、問題のある特性に対処する方法を教えることはできる。しかし、クレイマーがプロザックを処方したところ、攻撃的な性格は消え失せた。心理療法が何年かけても効果が現れないことも多い生まれつきの気質が（プロザックを始めてから5週間後に）一晩で消え失せてしまった。そういうわけで、クレイマーは、美容整形外科医が完璧な体を作るのと同様に、プロザックは精神科医が完璧な心を作ることを約束しているかのように思えたので、「美容精神薬理学」という語を作ったのである。

これは進歩のように聞こえるだろうか？　それともパンドラの箱のように聞こえるだろうか？　その質問に答える前に、以下の質問に答えてみよう。次の二つの文言のうち、どちらの方があなたにとって真実だと響くだろうか？：「可能性を引き出せ。」もしくは「何よりも大切なことは自分に忠実であることだ。」私たちの文化では、自己忠実性と絶え間ない過酷な自己改善の両方が支持されるが、しばしば自己改善は忠実なものであると定義することで、そこに存在する矛盾から目を背ける。教育を受けるとは、その人の知的な潜在能力を発展させるために12年から20年のあいだ苦闘することを意味する。同様に、性格発達においてもその人の道徳的な潜在能力を発展させるためには生涯にわたる苦闘を伴うはずである。9歳の子どもは9歳の心や性格を保ち続けることで自身に忠実であり続けることはない。両親によって放課後や週末にピアノや宗教、芸術、体操などの教室に通うように後押しされ、送り迎えされながら、自分の理想自己に近づくために一生懸命に頑張るのである。変化が漸進的で、その子どもの努力の結果である限り、子どもにはその変化に対する道徳的信用が与えられる。その変化は忠実な貢献に基づいたものである。しかし、もしテニスの技術を増強させる薬があったとしたらどうだろう？　もしくは、ちょっとした外科手術で、高度なピアノの技術を恒久的に直接脳に埋め込むことができたとしたら？　このように自己改善が忠実性から切り離されたなら、多くの人は恐怖に後ずさりするに違いない。

私は、特に被害者がいない場合の恐怖に引きつけられる。私は、合意のもとの近親相姦や、個人的な国旗の冒涜などといった、害のないタブー違反に対する道徳的反応について研究している。理由は説明できなくても、これらの事柄を大半の人はただ間違っていると感じる（その理由については第9章で説明する）。私の研究では、世界の多くの道徳は、生得的な道徳的直感の小さな集合に導かれ、制約されており、これらの直感の一つに、体は魂の宿る聖域であるというものがあることが示されている[45]。意識的には神や魂を信じていない人たちでさえ、単に快楽を得るという目的で、自分の体を遊び場のように扱う人に対しては、気分を害したり、不快感を抱いたりする。あるシャイな女性が、鼻の整形手術を受け、豊胸手術を受け、ボディーピアスを12個もつけ、進んでプロザックを処方してもらっていると知ったら、多くの人は、神父が自分の教会をオスマン帝国のハーレムのような外観に改築したというのと同じぐらいショックを受けるだろう。

教会の形を変えたなら、何人かの教区民が脳卒中を起こして死んでしまうかもしれないから、他者を傷つける可能性がある。しかしながら、自己改造においては、彼女は「自分自身に忠実ではない」という曖昧な考え以外に、何らかの害を見つけることは困難だ。しかし、この女性が、以前は過敏症で、過度に抑制的な性格であったためにずっと不幸で、しかも心理療法ではほとんど進歩がなかったのだとしたら、なぜ彼女が望まない自己に忠実である必要があるだろうか？　どうして、彼女自身をより良く変えてはいけないのだろうか？　パキシルを服用した時、私の感情スタイルは好転した。私を私ではない何か別のものに変えたが、それは私が長く望んでいたものだった。くよくよ心配せず、世界が脅威ではなく、可能性に満ちたものだと感じることができる人間になれたのだった。パキシルは私の接近システムと回避システムのあいだのバランスを改善した。もし副作用がなかったなら、私は今日でも服用していただろう。

それゆえ、プロザックやそれに類する薬が過剰に処方されているという、一般に流布する見解には疑問がある。良い大脳皮質くじをひいた人にとってみれば、一生懸命に働くことの重要性と化学的な近道の不自然さについて説教するのはたやすい。しかし、自身の過ちではないにもかかわらず、感情スタイルの分布において平均以下である人にとってみれば、プロザックは大脳皮質くじの不公平を埋め合わせる方法の一つだ。さらに、体は聖域であると信じている人にとってみれば、うわべだけの美容精神薬理学が一種の冒涜であると言うことはたやすい。実際に、精神医学者が自分の患者の話を人間のものとして聞いていない時には、もはや何かが失われており、車の修理工が次に調整するつまみはどこかを探すためだけにエンジン音を聴いているような状態になる。しかし、もしプロザックの海馬理論が正しいとすれば、多くの人はまさに機械的な調整を必要としているのである。それはまるでサイドブレーキを半分引いたまま長年運転してきたようなものであり、ブレーキを解除した時に人生に何が起こるかを見るために、5週間の体験をしてみることは価値あるものかもしれない。このように見るならば、「心配性の健常人」に対するプロザックは、単なるうわべに関わるだけのものではない。それは、機能的に問題はないが視力が弱く、その限界に立ち向かう方法を身につけてきた人に対して、コンタクトレンズを与えるようなものだとも言える。

「真の自分」への背信行為であるどころか、コンタクトレンズは適切に機能するための合理的な近道でありうる。

この章の最初の引用は真実だ。人生は私たちの思考の産物であり、人生は私たちの心の創造物である。しかしこれらの主張は、（象使いと象のような）分裂した自己の理論、ネガティビティ・バイアスや感情スタイルについての理解によって補強されない限り、役にたたない。なぜ変化することがそんなに難しいのかがわかれば、自己改善の際に、無理に強制する方法は止めて、心理学的により洗練された方法を採用することができるだろう。仏陀は正確に理解していた。すなわち、心を徐々に変化させるためには、象を飼いならす方法が必要なのである。瞑想と認知療法、プロザックはそうするための三つの効果的な方法である。それぞれの方法は、ある人には効くが他の人には効かない。だから、私は三つすべてが容易に利用でき、広く公表されるべきであると思う。人生それ自体は、あなたの思考の産物以外の何ものでもないが、瞑想、認知療法、プロザックを通じて、自身を作り直すこともまた可能なのである。

第3章 報復の返報性

子貢が尋ねた。「ただの一言で、生涯これを行うべきだというものが、ありましょうか。」師が言われた。「それは、返報性ではないだろうか。自分にしてほしくないことは、他人に対してもしないことだ。」

――孔子『論語』[1]

あなたにとって不愉快なことを同胞にしてはならない。この短いことばが、律法のすべてである。残りのすべてはこの主題の詳述でしかない。

――ラビ・ヒレル『タルムード』紀元前1世紀[2]

もし、賢者が何よりも高尚なことばや原理を一つだけ選ぶとしたら、その勝者はほとんどの場合、「愛」か「返報性（応酬）」であろう。愛については第6章で述べるので、本章では、返報性について述べる。両者は究極的には同じことであり、私たちと他者を結びつける絆である。

映画『ゴッドファーザー』の最初のシーンは、返報性の実際を描写している。ゴッドファーザーであるドン・コルレオーネの娘の結婚式の日のことである。イタリア系移民の葬儀屋であるボナセラが依頼をしにやってきた。彼は、恋人ともう一人の男から殴られた娘の体と名誉のため、殺人による復讐を求めていた。ボナセラは、二人の男たちの暴行や逮捕、裁判について詳しく述べる。裁判官は、彼らに執行猶予を与え、その日のうちに釈放してしまったのである。ボナセラは怒り、屈辱を感じた。彼は正義の完遂を求めて、ドン・コルレオーネの所にやってきた。コルレオーネは、厳密に何をしてほしいのかを尋ねる。ボナセラは、彼の耳に何かささやくが、「彼らを殺してほしい」と言っていることはたやすく想像がつく。コルレオーネは拒否し、ボナセラが今までそれほど親しい友人ではなかったことを指摘する。ボナセラは、自分が「トラブル」に巻き込まれることを恐れていたことを認める。台詞は続く[3]。

コルレオーネ：「わかった。君にはアメリカは天国だ。商売は繁盛、いい生活を送ってきた。警察も守ってくれれば、法廷もある。わしなど必要ともしなかった。だが今『ドン・コルレオーネ、正義を』と言うのか。わしを尊敬するでもなく、友情を示すでもなく、『ゴッドファーザー』と呼ぼうともせずに。わしの娘が結婚しようという日に突然やって来て、金で人殺しをしろだと？」

ボナセラ：「正義が欲しいんです。」

コルレオーネ：「正義じゃないだろう。君の娘はまだ生きている。」

ボナセラ：「だったら、奴らにも娘のように苦しみを。（間）いくらお払いすればいいんです？」

コルレオーネ：「ボナセラ……ボナセラ……そんな情けない男に見られることを何かしたか？　君が友情の

もとに来たんなら……あんたの娘をめちゃめちゃにしたクズどもなどすぐにも処分してやる。あんたみたいな善良な人間の敵はわしの敵だ。彼らはあんたを恐れるだろう……」

ボナセラ：「私の友に――（コルレオーネにひざまずき）――ゴッドファーザー。（コルレオーネの手にキスをする）」

コルレオーネ：「よかろう。（間）いつか、そんな日はこないかもしれんが、いずれ何か頼む時があるかもしれん。だがその日まで――娘の結婚祝いとしてこの裁きを受け入れよう。」

これは非凡なシーンであり、以降この映画を突き動かしている暴力、血縁、道徳といったテーマの一種の序曲となっている。しかし私にとってそれと同じく驚きなのは、私のまったく知らないサブカルチャーにおける複雑な相互関係を、容易に理解することができるという点である。なぜボナセラが男たちを殺してほしいと願い、なぜコルレオーネがそれを拒否したのか、私たちは直感的に理解する。私たちは、正しい人間関係がないのに金の支払いを申し出るボナセラの不器用さにたじろぐが、なぜボナセラが、以前は、正しい人間関係を構築することをためらっていたのかも理解できる。マフィアのドンから「恵み」を受け取ることは、単につながるのではなく、鎖で縛られることであるということを理解する。これらすべてについて何の苦もなく理解できるのは、私たちが返報性のレンズを通じて世界を見ているからである。返報性は根深い本能であり、社会生活の基本通貨と言えるだろう。ボナセラはその通貨を使って復讐を買ったのであり、それ自体が返報性の一つの形態である。コルレオーネは、その通貨を巧みに使ってボナセラを彼のファミリーの一員とした。本章の残りの部分では、私たちがどのようにして返報性を社会的な通貨として用いるようになったのか、また、どのようにすればそれをうまく使うことができるのかについて説明する。

超社会性

空を飛ぶ動物は、物理の法則に反しているように思えるが、それは物理について、少し深く理解するまでのことだ。飛行は、動物界で、少なくとも三回、独立に進化した。昆虫、恐竜（現代の鳥類を含む）、哺乳類（コウモリ）である。どの場合にも、潜在的に空気力学の物理的特徴はすでに備わっていた（たとえば、羽へと伸びていったウロコがそうであり、それによって後に滑空が可能となった）。

大部分の平和な社会に暮らしている動物は、（競争や適者生存のような）進化の法則に反しているように思えるが、それは進化について、少し深く理解するまでのことだ。超社会性[4][訳注4]――数百数千の個体が大規模な分業による恩恵を得て大規模な共同社会で暮らすこと――は、動物界で、少なくとも四回は独立して進化した。膜翅類（アリやミツバチ、カリバチ）、シロアリ、ハダカデバネズミ、人類である。どの場合も、協調性を強化する潜在的な特性はすでに備わっていた。人間以外のすべての超社会的な種において、その特徴とは血縁性利他主義の遺伝的特徴である。動物が、自分の子どもたちの安全のためには自分の生命を危険にさらすことははっきりしている。進化のゲームで「勝ち残る」ための唯一の方法は、自分の遺伝子のコピーを生き残らせることである。しかし、あなたの子どもは、あなたの遺伝子コピーだけを持っているわけではなく、あなたの兄弟姉妹も、ちょうどあなたの子どもと同じだけあなたと近縁だ（遺伝子の50パーセントを共有している）。あなたの甥や姪は、遺伝子の4分の1を共有し、いとこたちとは8分の1を共有している。厳密なダーウィン主義の下での計算では、自分の子どもを一人救うために犠牲にするのと同じだけのコストを、二人の甥や四人のいとこを助けるためにも喜んで支払わねばならない[5]。

協調的な集団で暮らすほとんどすべての動物が近親者の集団で生活しているため、動物界における大半の利他主義は、遺伝子の共有が利益の共有と等しいという原理原則を反映している。しかしその共有率は、家系図の分岐ごとに非常に早く低下してしまうため（またいとこ同士では32分の1しか遺伝子を共有していない）、血縁性利他主義は、数十匹からせいぜい百匹の動物集団が協調作業するという理由の説明にしかならない。数千の群れにもなると、危険を冒す価値があるほど十分に近縁である者の確率は非常に小さい。残りの者は、ダーウィン主義的な意味では競争相手である。ハチやシロアリやハダカデバネズミの場合、その祖先が、多くの種を社会的にした血縁性利他主義の共通したメカニズムを選択し、活用して[6]超社会性を築く基盤とした理由がある。彼らは皆兄弟姉妹なのである。これらの種はそれぞれ、一匹の女王がすべての子どもを産むという繁殖システムを進化させ、ほぼすべての子どもは、不妊である（アリ）か、繁殖能力が抑制されている（ミツバチとハダカデバネズミ）。そのため、これらの動物の巣やコロニーは一つの大きな家族なのである。もし、周囲の皆があなたの兄弟姉妹で、あなたの遺伝子の生存が女王の生存に委ねられているのだとしたら、利己主義は遺伝的な自殺を意味する。これら超社会的な種は、未だに研究者を驚かせ、感嘆させるような水準の協調行動や自己犠牲行動を示す。たとえば、ある種のアリは、自分の腹部を巣全体の食料庫として提供するために、トンネルの一番上にぶらさがって一生を過ごす[7]。

超社会的な動物は、超血縁状態へと進化することで、自動的に（巨大な巣や群れを築き上げ、防御することで）超協調行動が生まれ、さらにそれが壮大な分業化（アリには、兵隊、食料獲得、保育、食物貯蔵袋といった階級がある）を可能とし、ひいては、ミルクや蜜やその他余剰分を貯蔵することが可能な物質であれば何であれ、それらの物質にあふれた巣を作り出した。私たち人類の場合も、子どもが両親の友人をボブおじさんとかサラおばさんと呼ぶよう促されるように、非血縁者に対して血縁者の名前を疑似的に用いて、血縁性利他主義の範囲を広げようとしてきた。実際に、マフィアは「ファミリー」として知られるが、ゴッドファーザーという思想はまさに、本当は血縁ではない人と血縁であるかのようなつながりを築き上げるための試みなのである。人類の心は、血縁というものに強く惹かれることを知っており、血縁性利他主義は確かに通文化的に存在する縁故主義の背景でもある。しかしマフィアでさえ、血縁性利他主義には限度がある。ある時点で、自分とよくて遠縁にしかあたらない人と協力しなければならず、そうするためには別の仕掛けを持っている方が賢明だ。

背中を掻いてくれるなら、私も背中を掻いてあげよう

もし、まったく知らない人からクリスマスカードを受け取ったらあなたはどうするだろうか？　これは、ある心理学者が無作為に選んだ人にクリスマスカードを送るという研究で実際に起こったことである。大多数の人が、カードの返事を送ってきた[8]。アリゾナ州立大学のロバート・チャルディーニは、洞察に富んだ著書、『影響力の武器』[9]の中で、人間が思慮の介在しない返報性の自動的な反射を持っていることの証拠として、この研究やその他の研究を引用している。他の動物と同じように、私たちは環境からあるパ

ターンの入力が呈示されると、一定の行動をとる。セグロカモメの赤ちゃんは、母親のくちばしの赤い点を見ると、自動的にそれをつつき、その見返りとして吐き戻した食物をもらう。カモメの赤ちゃんは、鉛筆の先に塗られた赤い点も同じように熱心につつく。猫は世界中で、低い姿勢でじわじわとネズミに忍び寄り、急襲するという同じテクニックを使う。猫が糸のほつれた毛糸球を襲うのにも同様のテクニックを使うのは、その糸がたまたま猫のネズミの尻尾探知モジュールを活性化してしまうからである。チャルディーニは、人間の返報性も動物行動学的な反射とよく似たものだと考えた。人は、知人から好意を受け取ると、その好意に対してお返しをしたくなる。人は、見ず知らずの人からクリスマスカードを受け取るというような、意味のない好意に対してすらお返しをしてしまう。

しかしながら、動物と人間の例はまったく同等というわけではない。カモメや猫は、視覚刺激に対して特定の身体動作で反応し、それは即座に実行される。人は、状況の意味に対して反応し、その動機はさまざまな身体動作で満たされうるし、数日後に実行されてもかまわない。つまり、人の中に本当に形成されているものは、お返しすること、自分にされたことを他人に行え、という戦略である。もう少し言うと、しっぺ返し戦略は相互作用の第一ラウンドでは親切にするが、それ以降は、前のラウンドでパートナーがあなたに対して行ったことをそのままパートナーに対して行うというものである[10]。しっぺ返し戦略は私たちに血縁性利他主義を超える方法を与え、見知らぬ人との協調的な関係性を形成する可能性を開いてくれる。

動物における相互作用の大半は（近縁関係以外は）、ゼロサムゲームである。ある動物の利得は他の動物の損失だ。しかし人生には、搾取されずに協調する方法さえ見つかれば、協調することで取り分となるパイを拡大することができる状況がしばしばある。狩猟する動物は特に、成功したりしなかったりする変動の影響を受けやすい。一日では食べきれないぐらいの獲物を見つけることがあるかもしれないが、三週間まったく獲物にありつかないこともある。獲物が豊かな日の余剰を、必要となる日のために貸して取引できる動物は、偶然の予期せぬ変化に対して生き残る可能性が高くなる。たとえば、吸血コウモリは、吸血に成功した夜には不成功に終わった遺伝的に無関係な仲間の口に吐き戻して血を分け与える。このような行動は、どのコウモリが過去に自分を助けてくれたかを把握し、彼らに対して優先的にお返しするというのでない限り、ダーウィンの競争原理の精神に反しているように思える[11]。ゴッドファーザーのように、またその他の社会的動物がそうであるように、コウモリはしっぺ返し戦略をとっているが、これは特に、各個体が互いに個体として認識できる比較的小さな安定した集団で生活を営んでいる動物において見られる[12]。

しかしながら、次のラウンドにおける、非協調に対する反応が単なる非協調であるなら、しっぺ返し戦略はせいぜい数百の集団しかまとめることができない。十分に大きな集団では、詐欺師の吸血コウモリは毎晩成功した別のコウモリに食事をねだり、それらのコウモリがお返しをねだりに来た時には、頭を羽ですっぽり覆って寝た振りをすることができる。そうしたら、彼らはその詐欺師コウモリをどうするだろうか？　もし、それがコウモリではなく人間であれば、どうするかわかる。そいつをこっぴどく叩きのめすだろう。復讐と感謝は、しっぺ返し戦略を増幅し強化する、道徳感情なのである。復讐と感謝の感情は、まさに、個体が協調的な関係性を築き上げるのを助け、非ゼロサムゲームから利得を得るために非常に有効なツールであったからこそ、進化してきたのだと思われる[13]。復讐や感謝という反応を備えた種はより大きく協調的な社会集団を支えることができる[14]。というのも、詐欺師の利得は、彼らが敵を作り出すことによって支払わなければならないコストによって減じられる。反対に、誠実であることの利得は、友人を得ることで増加する。

しっぺ返し戦略は、好意には好意、侮辱には侮辱、目には目、歯には歯というように、私たちがお返ししたくなるようにする一連の道徳感情として人間性に組み込まれているようである。最近の理論家の中には[15]、人間の脳の一部が、公正や負債、社会的な貸し借りの記録に特化しているという、脳内の「交換器官」について語る者さえいる。「器官」というのはメタファーである。返報性を強化するためだけに機能している独立した部位を脳組織から見つけられると考えている人などいない。しかし、「器官」の意味を拡大解釈し、特定の仕事をこなすために協調している広範囲に分離した神経組織から構成されている脳の機能システムと見なすなら、実際に交換器官が存在しうるということを最近の研究は示唆している。

公正と貪欲の葛藤を研究するために経済学者が発明した「最後通牒」ゲームをプレイするよう誘われたとしよう[16]。それは、次のように行われる。二人の人が実験室に呼ばれるが、顔を合わせることはない。実験者は、そのうちの一人（あなたではない方の人だとしよう）に20枚の1ドル札を渡し、その人の好きな方法であなたと二人で分けるように求める。そしてその人は、自分の提案を受け入れるか拒否して受け取らないか、という最後通牒をあなたに突きつける。このゲームの要は、もしあなたがノーと答えてその提案を拒否すれば、両者とも1ドルももらえない、という点にある。大半の経済学者が予想するように、もしあなたたち二人が完全に合理的であるならば、その相手は、あなたがぜんぜんもらえないより1ドルでももらえる方がましだと思うのを知っており、かつその考えは正しいので、その人はあなたに1ドル提供し、あなたはその提案を受け入れるはずである。しかし経済学者の予測は、両者どちらについても間違っていた。実際には、1ドルを提供する人はなく、約半数の人は10ドル提供した。しかしもし、相手が7ドル提供してきたとしたら、あなたはどうするだろう？　5ドルだったら？　3ドルでは？　大半の人は7ドルなら受け取るが、3ドルでは受け取らない。ほとんどの人が、その利己的な相手を懲らしめるために7ドルは犠牲にしなかったが、数ドルは喜んで犠牲にしたのだった。

さて今度は、このゲームをfMRIスキャナーの中でプレイしたと考えてみよう。プリンストン大学のアラン・サンフェイ[17]とその同僚は、まさにそれを実施した。研究者たちは、人が不公平な提案をされた時に、脳のどの部位が賦活するかを観察したのである。（不公平な提案と公平な提案の反応を比較した時に）最も違いが見られた三つの領域のうちの一つは、脳の下前頭部の皮質領域である、前島皮質だ。前島皮質は、特に怒りや嫌悪感といった、最もネガティブで不快な情動状態の時に賦活することが知られている。もう一つの領域は、額のちょうど後ろ側にある背外側前頭前皮質で、その領域は計算や推論をしている時に賦活することが知られている。おそらく、サンフェイの研究の最も印象的な発見は、受け入れるか拒否するかという最終的な反応を、選択ボタンを押す一瞬前の脳の状態を見ることによって予測できるということだろう。背外側前頭前皮質よりも前島がより賦活した研究参加者は、総じて不公平な提案を拒否した。その逆のパターンでは、総じて受け入れた。（マーケティング担当者や政策顧問やＣＩＡが、神経イメージングや「ニューロマーケティング」に非常に興味を持つのも無理はない。）

感謝と復讐は、人類を超社会性へと導いた大きな一歩である。そしてそれらが、一枚のコインの表裏であると認識することが重要だ。どちらか一方だけが進化することは困難だっただろう。復讐心を持たず感謝の心だけを持った個体は、たやすく搾取の対象とされるだろうし、復讐心ばかりで感謝の心を持たない個体は、協調的な相手となりうる人を全員たちまちのうちに遠ざけてしまうだろう。感謝と復讐はまた、マフィアを団結させる大きな力の源であり、それは偶然ではない。ゴッドファーザーは、義務と好意という広大な返報性の巣の真ん中に鎮座している。彼は、自分の施した一つ一つの好意から力を蓄積し、自分の命が大切なら、ゴッドファーザーが望む時にそのお返しをしなければならない、ということを知らしめることによって支配している。ほとんどの人にとって復讐はこれほど激しいものではないが、もしあなたが職場やレストラン、店舗で一定期間以上勤めていたことがあるなら、邪魔する人に仕返しをしたり、助けてくれた人を助けたりするための方法がいろいろあることを知っているに違いない。

背中を刺すなら、私も背中を刺してやる

大きな好意に対してお返しをし損ねるような恩知らずは叩きのめされるだろうと述べた時、私はある制約事項に触れなかった。最初の攻撃は、まさしくゴシップだろう。そんな奴の評判を貶めるのだ。ゴシップは、人類がなぜ超社会的となったのかという謎を解くためのもう一つの鍵となるのである。それは私たちが、なぜこんなにも大きな頭を持っているのかについての理由ともなるだろう。

ウディ・アレンはかつて、自分の脳のことを「二番目に好きな器官」と表現したが、私たちみんなにとって、脳はとびぬけて稼働コストが高い器官である。重さは体重の2パーセントであるが、20パーセントものエネルギーを消費する。人類は頭があまりにも大きくなったため、(少なくとも、多少なりとも脳が

自分の肉体を制御する準備ができてから生まれてくる他の哺乳類に比べて）未熟な状態で生まれざるを得ず[18]、それでもギリギリ産道を通ることができるぐらいである。一度子宮から出てしまうと、無力な赤ん坊の体に付随しているこの巨大な脳は、約一〜二年間、誰かに運んでもらう必要がある。人間の脳は、現在のチンパンジーとの最後の共通祖先の時から3倍のサイズになった。このことは、今日まで、両親に途方もない負担を強いてきた。それには、十分な理由があったに違いない。その理由は、狩猟と道具製作であろうと論じる人もあれば、付加された灰白質は、祖先が果物のありかを突き止めるのに役立ったのだろうと示唆する人もいる。しかし、なぜ一般的に動物がある特定の大きさの脳を持っているのかについて説明している唯一の理論は、脳の大きさと社会集団の大きさを関係づけたものである。ロビン・ダンバー[19]は、霊長類、肉食動物、有蹄動物、鳥、爬虫類、または魚、のいずれの脊椎動物のグループ内においても、脳の大きさの対数が、ほぼ完璧にその社会集団のサイズの対数に比例することを示した。言い換えれば、すべての動物界において、脳はより大きな集団を管理するために大きくなったということである。社会的動物は、頭の良い動物である。

ダンバーは、チンパンジーはおよそ30匹の群れで生活し、他のすべての社会的霊長類と同様に、互いの毛づくろいをするのに多大な時間を割いていることを指摘した。人類は、脳の大きさの対数から判断すると、およそ150人の集団で生活するはずである。そして案の定、狩猟採取民族の集団や軍隊編成、都市生活者のアドレス帳の研究によれば、100人から150人ぐらいが、人が顔と名前で直接的に全員を知ることができ、またそれぞれの人が皆とどのように関係しているかについて知ることができる「自然な」集団の大きさであることがわかった。しかし、毛づくろいが霊長類の社会性にどれほど大切であったとしても、（高い捕食リスクを伴う新たな生態学的ニッチを利用するなどという、その他の理由で）私たちの祖先がどんどん大きな集団で生活するようになったとすると、ある時点で、毛づくろいは互いの関係を維持する上でふさわしくない手段となった。

ダンバーは、身体的な毛づくろい行動の代理として言語が進化したのではないかと提言している[20]。言語は、小集団をすばやく結合し、他者の交友関係について簡単に情報交換できるようにする。ダンバーは、実際に言語が主として他人について話すことに使用されると指摘した。誰が誰に何をしているか、誰が誰とつながっているか、誰が誰と喧嘩しているか。さらにダンバーは、私たちのような超社会的な種においては、成功はおしなべて社会的なゲームをうまく戦えるかどうかに依存していると指摘した。あなたが何を知っているかではなく、誰を知っているかが重要なのである。簡単に言うと、ダンバーは、言語はゴシップをするために進化したのだと言う。どのような原始的なコミュニケーション手段であれ、それを使って社会的な情報を共有できる個人は、それをできない個人よりも有利だったのだ。そして、一度人々がゴシップを始めると、人間関係の社会的な操作や人間関係における攻撃、評判の操作などの技術を取得する競争がエスカレートしていった。これらはすべて、より高い知能を必要とした。

言語がどのように進化したのかについては未だ明らかではないが、私は、このダンバーの推測がとても魅力的に思えるので、好んでいろいろな人にこの話をしている。結局のところ、あなたはダンバーを知らないのだから、これは良いゴシップの例とは言えないだろうが、私と同じで、あなたも、何かすごいことや魅惑的なことを知ったなら、それを友人に話したいという衝動に駆られるだろう。この衝動自体がダンバーの指摘を例証している。私たちは、友人に情報を伝えるよう動機づけられている。「内緒にしておけない。誰かに話さなければ」と言ったりさえする。そして、そのおいしいゴシップを誰かに伝えた時、何が起こるだろう？　返報性の反射が作動して、友人はその好意にお返ししなければならないというプレッシャーをわずかにせよ感じてしまう。もし、彼女がその話題になっている人や出来事について何か知っているとしたら、彼女は、「あら本当？　そうね、私は、彼が……だと聞いたわよ」などと、打ち明けてくれる可能性が高い。ゴシップはゴシップを引き出し、私たちは、自分で実際にその善い行為や悪い行為を目撃しなくても、みんなの評判を把握しておくことができる。ゴシップは、互いに情報を与えあうので失うものは何もなく、しかも両者が情報を受け取れるという利得があるので、非ゼロサムゲームの状況を作り出す。

私は、特に道徳生活に関するゴシップの役割について関心があるので、学部の院生ハリー・ホムがゴシップについて研究をしたいと言い出した時、喜んだ。ハリーの研究の一つで[21]、私たちは51人の人に、一週間、少なくとも10分以上続いた会話に参加するたびに、短い質問紙に記入してもらった。それらの記録の中から、会話のトピックが他人に関するものだけを抽出したところ、一人につき、一日一つ程度のゴシップが話されている可能性があった。私たちの主な発見は以下のようなものである。ゴシップは、圧倒的に批判的であり、他者の道徳的、社会的な違反に関するものが主である。（大学生にとって、これはその多くが、友人やルームメイトの性的関心や清潔さ、飲酒習慣に関する会話であることを意味している。）たまに他者の善い行いについて語ることもあるが、そのような話は道徳的違反に関する話の10分の1程度にすぎない。高品質な（「おいしい」）ゴシップを伝えた時、人は自分がより力があるように感じ、何が正しく何が間違っているのかについてより高い共有感を持ち、ゴシップを伝えあった相手とより親密につながっているように感じる。

二つ目の研究では、ほとんど誰もがゴシップをするにもかかわらず、大半の人が、ゴシップやゴシップをする人に対してネガティブな見解を持っていることが明らかとなった。ゴシップに対する人々の態度とゴシップが果たす社会的な機能を比較して、ハリーと私は、ゴシップが過小評価されていると思うようになった。ゴシップのない世界では、殺人者が罪を逃れることこそできないかもしれないが、自分にはわかっている、無礼で自己中心的で反社会的な行為の波紋から逃れることはできるかもしれない。ゴシップは、私たちの道徳の感情ツールキットを拡張する。ゴシップにあふれた世界では、傷つけたり助けてくれたりした人に対して単に復讐や感謝の気持ちを抱くだけではない。かすかにではあるが教訓的な、知りもしない人に対する軽蔑や怒りを一瞬抱くのである。私たちは、たくらみや欲望、私的な失敗が露呈してしまった人の話を聞くと、自分のことのように恥じ入り、困惑する。ゴシップは、警官であり、教師なのだ。それがなくては、世界は混沌と無知に陥るだろう[22]。

数多くの種が返報性で応じるが、人類だけがゴシップをする。ゴシップの大半は、相互的な人間関係におけるパートナーとしての他者の価値に関するものだ。これらのツールを用いて、私たちは、自分たちよりも弱い者につけ込む方法の大半を排除し、好意のお返しをもらう可能性の低い相手をもしばしば助けるという、超社会的な世界を作り上げている。私たちは、カモになることなく、親切な振る舞いから始めるという、しっぺ返し戦略をとりたいのであり、また良いプレイヤーであるという評判を得たいのである。ゴシップや評判は、何が広まり、何が返ってくるかを確実にする。非情な人は、他者が自分に対して非情を返すことに気づくだろうし、親切な人は、他者がお返しに親切にしてくれることに気づくだろう。返報性を伴うゴシップによって、宿縁《カルマ》は来世ではなく、この地球上の現世で今機能する。すべての人が、感謝や復讐、ゴシップによって増強されたしっぺ返し戦略をとる限り、システム全体が見事に機能するのである。しかし実際は、私たちの自己奉仕バイアスや甚だしい偽善のせいで、そうであることはめったにない（第4章を参照）。

ルーク、フォース（力）を使え

人生を導く最もふさわしいことばとして返報性を挙げた点において、孔子は賢明だった。返報性は、社会生活のジャングルをくぐり抜ける道を切り開く、魔法の杖のようなものである。しかし、ハリー・ポッターの本を読んだ人なら誰でも知っているように、魔法の杖はあなたに向かって使われることもある。ロバート・チャルディーニは、社会的影響力の黒魔術について長年研究してきた。彼は、訪問セールスマンや電話販売員として働くために、常日頃から勧誘広告に応募し、彼らのテクニックを学ぶために、トレーニングプログラムを体験した。それから彼は、このような「承諾勧誘のプロ」のトリックに抵抗したい人に向けてのマニュアルを書いた[23]。

チャルディーニは、セールスマンが私たちに対して使う六つの法則について説明しているが、すべてにおいて基本となるのは返報性である。何かを得ようとする人たちは、まず何かを与えようとする。私たちは皆慈善団体から送られてくる、マーケティングコンサルタントの心からの親切心に基づいた返信宛名票や無料はがきを山ほど持っている。このテクニックを完璧なものとしたのがハーレ・クリシュナ[訳注5]だ。

彼らは、花や『バガヴァッド・ギーター』（ヒンズー教の聖典の一つ）の安価なコピーを警戒しない通行者の手に押しつけ、それから寄付を求めた。チャルディーニがシカゴのオヘア空港でクリシュナについて調査していた時、彼らが、定期的にゴミ箱のところに行って、捨てられるとわかっている花を回収し、再利用していることに気づいた。多くの人は花など欲しくなかったのだが、そのテクニックが使われた初期段階では、大半の人が、それをただ受け取ったまま、何のお返しもせずに立ち去ることはできなかった。誰もがクリシュナについて知り、最初からその「贈り物」を受け取らないという方法を見出すまで、クリシュナは人々の返報性の反射につけ込んで大もうけした。

しかし、まだ他にも多くの他人が、あなたを狙っている。スーパーマーケットやアムウェイの販売員は、売り上げを伸ばすために無料サンプルを配る。チップを増やすためのよく知られているテクニックとして、ウェイターやウェイトレスは、ミント飴を勘定書のトレイの上に載せる[24]。5ドルの「クーポン」を調査票と共に入れて郵送すると、調査に答える人の意欲が増し、しばしば、調査に答えてくれた人に50ドルの謝礼を送るよりも効果的である[25]。もしあなたがただで何かをもらったら、あなたのある部分は嬉しく思うかもしれないが、他の部分（自動的なプロセスである象の一部）は、財布に手を伸ばして、なにがしかお返ししようとする。

返報性は、交渉でも同様にうまく機能する。チャルディーニはかつて、見たくもない映画のチケットを買ってくれとボーイスカウトの隊員に求められたことがある。チャルディーニが断ると、隊員は、代わりにもう少し安いチョコレートバーをいくつか買ってほしいと言ってきた。チャルディーニは、欲しくもないチョコレートバー三つを手にして歩き去ったのだった。その隊員が譲歩したため、チャルディーニは、自分自身も譲歩することによって自動的にお返ししてしまったのだ。しかし、チャルディーニは怒るよりもむしろ、データを得た。彼は、その体験の自己版を実行した。彼は、キャンパス内を歩いている学生に、非行青年の一団が動物園に行くのでそれを監視するために、一日ボランティアをしてくれないかと依頼した。承諾したのはたった17パーセントだった。しかしその研究のもう一つのグループには、まず学生に、二年間、毎週二時間、ボランティアとして非行青年と共に働いてくれないかと頼んだ。全員が断ったが、その後で、実験者が、動物園への一日遠足について頼んでみると、50パーセントが承諾した[26]。譲歩が譲歩を引き出す。値引き交渉も同様で、最初極端な値段をつけておき、そこから客の希望との中間あたりに移行する方が、最初から相応の値段をつけて、それを固守するよりもうまくいく[27]。そして、極端な値をつけておいてから値引きするのは、単にあなたにより良い値段だと思わせるだけではなく、あなたをより幸福なパートナー(または犠牲者)にする。その結果に対してより大きな影響力を持っていたと感じるため、その同意をより尊重することになりやすい。まさにそのギブ・アンド・テイクのプロセスが、カモにされた人の中にすら、パートナーシップの感情を作り出すのである。

それゆえに、次回から、セールスマンが無料のプレゼントをくれたり、相談に乗ってくれたり、どんな譲歩をしてくれたとしても、うまくかわすのがよい。返報性のボタンを押させてはならない。チャルディーニは、それを逃れる一番良い方法は、返報性には返報性で戦うことだと助言している。もし、何かについてのセールスマンの挙動が、あなたにつけ込むための努力であると再評価できれば、ただちに、あなたも彼につけ込んでよい権利を得たと思えばよい。贈り物や譲歩を、浅はかな義務感ではなく、つけ込んでくる人につけ込んでやったのだという、勝利感を持って受け取ればよいのである。

返報性は、単にボーイスカウトやたちの悪いセールスマンをあしらうための手段ではない。友人や恋人に対応する手段でもある。人間関係は、初期段階においてはバランスに対してこの上なく敏感で、物事を台無しにしてしまう最大の要因は、与えすぎる（少々必死すぎるように見える）か、または与えなさすぎる（冷たく拒絶的に見える）かのどちらかだ。人間関係は、とりわけプレゼントや好意、気遣い、自己開示の、バランスのとれたギブ・アンド・テイクによって最もよく成長する。最初の三つは明白だろうが、自己開示の程度が恋愛ゲームにおける策略となることに気づいている人は少ない。誰かがあなたに過去の恋愛関係について話したら、あなたも同じことをしなければならないという会話のプレッシャーがかかる。この開示のカードがあまりに早く切られると、あなたは少々ためらいを感じるだろう。返報性の反射によって、あなたは同程度に開示しようと準備するが、一方で、まだよく知らない人と親密な関係に関する詳細を共有することに抵抗を感じる。しかし、そのカードが適切なタイミングで切られたなら、過去の関係性に関する相互開示の会話は、恋愛の道筋における忘れられないターニングポイントとなるかもしれない。

返報性は、関係性における万能薬だ。正しく使えば、社会的な絆を強め、引き伸ばし、活性化してくれる。それがとてもよく効く理由の一つは、象が生来の模倣者であるということである。たとえば、私たちは、誰か好きな人と交流すると、自動的かつ無意識的に、その人の動作を逐一模倣するという傾向がわずかにせよある[28]。もし、相手が足をとんとんと踏み鳴らすと、あなたも足踏みする傾向が高まる。もし、その人が自分の顔に触れると、あなたも自分の顔に触れる傾向が高まる。しかし、単に自分の好きな人の模倣をするだけではない。私たちは、自分の模倣をする人を好む。人は軽く模倣されると、その模倣者や、またそれ以外の人に対しても、より親切で愛想が良くなる[29]。客の模倣をするウェイトレスは、より多くのチップをもらう[30]。

模倣は、ある種の社会的な接着剤であり、「私たちは一つ」と表現する方法である。模倣による一体化の快楽は、人が一つのことを同時に行うラインダンスや応援団、ある種の宗教儀式などの同期的活動において特に明確だ。この本の残りの部分のテーマは、人類は部分的にミツバチのような群れを作る生物でありながら、現代世界においては、ほとんどの時間を群れの外で過ごしているということである。愛と同様、返報性は私たちを他者と再び結合させる。

第4章 他者の過ち

なぜあなたは、隣人の眼のおが屑を見つけることができるのに、自分の眼の中の丸太に気づかないのか？　……偽善者よ、まず自分の眼の中の丸太を取り除きなさい。そうすれば、隣人の眼の中のゴミをもっとはっきり見ることができて、それを取り除いてあげることができるだろう。

——「マタイによる福音書」７章３－５節（口語訳、日本聖書協会）

他人の過失は見やすいけれども、自己の過失は見がたい。ひとは他人の過失を籾殻のように吹き散らす。しかし自分の過失は隠してしまう。狡猾な賭博師が不利なサイの目を隠してしまうように。

——仏陀[1]（『ブッダの真理のことば・感興のことば』岩波文庫）

偽善者を笑いものにするのは楽しい。近年、アメリカ人は笑いものにする偽善者にことかかなかった。保守的なラジオ・ショーのホスト、ラッシュ・リンボーは、合衆国が薬物犯罪において、割合から言って不当に多くの黒人を検挙しているという批判に対し、白人の薬物使用者も捕らえて、「刑務所送り」にすべきだと言ったことがある。２００３年に彼は、「田舎者のヘロイン」としても知られる鎮痛剤、オキシコンチンを多量に不正購入していたことがフロリダ当局によって明らかとなり、前言を翻す羽目になった。私の故郷ヴァージニア州でも、こんな例がある。下院議員エド・シュロックは、ゲイの権利や結婚、軍隊への就役に対してずけずけと反対していた。彼は、そのような共同生活の恐ろしさを語って、「彼らは、あなたと一緒にシャワーにも入るし、食堂にもいるってことなんだ」と言った[2]。２００４年の8月、既婚者であるシュロックがメガメイトというテレホンセックスラインに残していたメッセージの録音テープが公表された。シュロックは、自分が探し求めているタイプの男性の解剖学的な特徴や行為の最中にしてみたいことについて、詳細に説明していた。

道徳ぶった人が、自分が非難していた正にその道徳に失敗して堕落するという皮肉には、特別楽しいものがある。それは、うまいジョークの快感である。ジョークの中には一言ジョークとして面白いものもあるが、たいていの場合は3文程度必要とする。たとえば、３人の男が順にバーに入ってきた……あるいは、神父、司祭、ラビ（ユダヤ教の司祭）が救命ボートに乗り合わせた……[訳注6]。最初の2文でパターンを定め、三番目の文がそのパターンを壊す。偽善者の例では、偽善者の説教が前フリで、偽善的行動がオチだ。スキャンダルは、見返りに何も求められることなく、軽蔑という、道徳的に優れているという道徳感情を味わわせてくれるので、偉大な娯楽となる。軽蔑する時には、（怒りと違って）誤りを正す必要もないし、（恐れや嫌悪感と違って）その状況から逃れる必要もない。そして何より、軽蔑は共有するのにピッタリだ。他者の道徳的な失敗についての話は、最も一般的なゴシップのネタなのである[3]。ラジオトークの定番であり、自分が常識的な道徳観念の持ち主であることを示す、簡単な方法でもある。友人と皮肉な話を語り合い、互いにニヤニヤ笑いながら頭を振ると、さあ、そこには連帯感が生まれている。

だが、ニヤニヤ笑うのは止めた方がよい。私たちは皆偽善者であり、他者の偽善に対する軽蔑は、単に自分自身への軽蔑を加えるにすぎないというのが、文化や時代を通しての普遍的なアドバイスだ。社会心理学者は近年、自身の眼の中の丸太に対して盲目となるメカニズムを分離抽出した。これらの発見が道徳に対して持つ意味合いはいささか困惑させられるもので、実際に、私たちの確固とした道徳的確信を揺るがすものである。しかしその意味するところは、あなたを有害な道徳主義と分裂的な自己正当化から自由にして、解放しうるものでもある。

見せかけを保つ

利他主義と協調の進化に関する研究は、数人（もしくは、コンピュータでシミュレートされた架空の人）でゲームを行う実験に依るところが大きい。このゲームは、ラウンドごとに、プレイヤーが1対1で対戦し、協調する（そうすることで分かち合うパイを拡大する）か、または欲張る（それぞれ、自分のためにできる限り多く取る）かを選択することができる。何ラウンドも対戦した後に、それぞれのプレイヤーが累積何ポイント獲得したかを計算すると、長期的に見てどの戦略が有利であったかがわかる。人生というゲームの簡略モデルを意図しているこのようなゲームにおいて、これまでにしっぺ返し戦略を打ち負かした戦略はない[4]。長期的に見て、またさまざまな環境を通じて、騙される危険性に用心してさえいれば、協調は報いられる。しかし、上記のような単純なゲームは、ある意味、浅薄だ。プレイヤーは各時点で、協調か逃亡かという二択に直面する。プレイヤーはそれぞれ、他のプレイヤーが前のラウンドでとった行動に対して反応する。しかし実生活においては、他の誰かの行動に対して反応しているのではない。他の人がとったとあなたが思っている行動に対して反応しているのであり、その行為と知覚のあいだのギャップは印象操作という技術によって繋がれている。もし、人生は思考によって作られるのだとしたら、あなたが高潔で信頼に足る協力者であると信じるよう他者を説得することに全力を注げばよいのではないだろうか。そういうわけで、その名前が狡猾さや権力の不道徳な使用の代名詞となってしまったニッコロ・マキャベリは、500年前に、「人類の大多数は、それらが事実であるかのように見せかけることに満足しており、しばしば、物事の実態よりも外観に影響される」と記した[5]。政治と同様、自然淘汰は適者生存の原則によって機能し、研究者の中には、人類はマキャベリ的な方法によって人生というゲームをプレイするように進化してきたのではないかと論じている者もいる[6]。たとえば、マキャベリ流のしっぺ返し戦略とは、真実がどうであれ、用心深いが信頼のおけるパートナーであるという評判を得るためにできる限りのことをするということである。

　公正であるという評判を得る一番簡単な方法は本当に公正であることだが、人生や心理学実験においては、実際と見せかけとのあいだで選択を強いられることがある。カンザス大学のダン・バトソンは、人々に選択を強いるための賢い方法を考案したが、そこから得られた知見は美しくないものだった。彼は、学生を実験室に一人ずつ連れてきて実験に参加させたが、学生には、不平等な報酬がチームワークに与える影響についての研究であると思わせた[7]。そしてこのように手順を説明した。二人組の各チームの一人のメンバーは、問題に対する正しい解答の報酬として、懸賞品が当たる抽選券を受け取ることができる。もう一方のメンバーは何ももらえない。研究参加者たちは、また、この実験では付加的に、統制の影響も調べるということが告げられた。「あなたには、どちらが報酬を得て、どちらがもらえないかを決定していただきます。あなたのパートナーはすでにあちらの室にいますが、二人が顔を合わすことはありません。パートナーには、その決定は偶然によって決められたと告げられます。あなたは好きなように決められます。あ、ここにコインがありますね。この実験では、大半の人が、コイン投げが最も公平な決定方法だと思うみたいですよ。」

それから、研究参加者は選択をするために一人で部屋に残される。約半数がコインを用いた。バトソンになぜそれがわかったかというと、そのコインはビニール袋で包装されており、半数の袋が開封されていたからである。コイン投げをしなかった人の90パーセントは、自分たちに有利な選択をした。また、コイン投げをした人では、その確率的法則性は無視され、90パーセントの人たちが自分に有利な選択をした。バトソンは数週間前に、すべての研究参加者（研究参加者は全員、心理学クラスの学生であった）に対して、さまざまな道徳性に関する質問紙を実施していたため、道徳的性格のさまざまな測度が実際の行動をどれほど予測したかについてチェックすることが可能であった。彼の発見はこうである。社会的な責任や他者に対する気遣いに最も関心があると回答した人々は、よりビニール袋を開封する傾向にあったが、より他の人に有利にするという傾向はなかった。言い換えると、自分のことをとりわけ道徳的であると考えている人は、実際にコイン投げをして「正しいことをする」傾向にあったが、コイン投げが自分たちに対して不利な結果となった時、彼らはそれを無視する口実を見つけ出し、自己利益に従ったということである。バトソンは、実際以上に見せかけの道徳性を重視するこの傾向を、「道徳的偽善」と呼んだ。

コイン投げをしたバトソンの研究参加者たちは、（質問紙において）自分たちは倫理的な方法によってその決定を行ったと回答した。最初の実験の後、バトソンは、ひょっとすると人々は、コインの表と裏が何を意味するのかがはっきり書かれていないために、自分をごまかしたのではないかと疑問に思った（「えぇっと、表だ。これは……、そうそう、これは私が良い方を取るって意味だ」）。そこで彼は曖昧さをなくすためにコインの両面にラベルを貼ったが、結果は何も変わらなかった。唯一効果があったのは、部屋の研究参加者の真正面に大きな鏡を設置し、加えて教示において公平性の重要さについて強調することであった。人々は、公平性について考えざるを得ず、自分がいかさまをしていると自覚できた場合に、それを止めた。本章の冒頭の引用でキリストや仏陀が言っているように、私たちの目が外に向いている時には嘘つきを見つけ出すことはたやすいが、内を向いている時には難しい。世界中の民間の知恵も、この考えに同意している。

人の七難より我が十難（日本のことわざ）[8]

雄ヤギは、自分が臭いことに気づかない（ナイジェリアのことわざ）[9]

人は利己主義であり、見つからないとわかっていれば時に不正を行う、ということは、『信じがたいほど明白な事実ジャーナル』という雑誌があれば掲載されてもよいぐらいだ。その一方で、何がさほど明白ではないかというと、こういう研究のほとんどすべてにおいて、人々は自分が何か間違ったことをしているとは考えていないという事実である。それは実生活でも同様だ。高速道路でいつも割り込みをする人から、強制収容所を運営したナチスに至るまで、大半の人たちは自分たちが善良であり、その行為は善良な理由によって動機づけられたものだと考えている。マキャベリ流のしっぺ返し戦略には、悪徳を選択している時ですら自身の徳について断言することも含めて、見せかけに対する執着が必要なのである。そしてそのような主張は、自らを本当に信じ込ませることができた時に最も効果を発揮する。ロバート・ライトが、慧眼の書『モラルアニマル』の中で述べたように、「人類は、道徳を身につけたという点で輝かしく、それを誤用してしまう性向があるという点で悲劇的であり、その誤用に対して生来的に無知であるという点において哀れな種である。」[10]

偽善に対して私たちは「生来的に無知」であるという点でライトが正しいとすれば、せせら笑うのは止めよという賢者の忠告は、うつ病の人に対して元気を出せと言うのと同じぐらい、効き目はなさそうである。自分の心のフィルターを意志の力だけで変化させることはできない。自分の象を調教するためには、瞑想や認知療法といった活動に従事しなければならないのだ。しかしたいてい、うつ病の人は少なくとも自分がうつ状態であることを認める。偽善を治すことをさらに難しくしているのは、問題があるとは思っていないという問題があるからである。私たちは、評判操作というマキャベリ的な世界で戦うために完全武装しており、その最も重要な武器の一つが、自分はそんな戦闘には参加していないという思い込みなのである。私たちはどうすれば、そこから抜け出せるのだろうか?

内なる弁護士を見出せ

第1章に出てきた、姉弟でセックスしたジュリーとマークを覚えているだろうか？ 大半の人は、実害がなかろうと彼らの行為を非難し、たとえお粗末でも、その非難を正当化するためにさまざまな理由を作り上げる。道徳的判断に関する研究の中で、私は、人は自分の直感を支持する理由を見つけ出すことに非常に長けているということを見出した。つまり、象使いは、世論という法廷で発言するために象に雇われた、弁護士のようにふるまう。

人がしばしば弁護士に軽蔑的である理由の一つは、彼らが真実のためではなく、クライアントの利益のために戦うからである。良い弁護士であるためには、巧みな嘘つきであることが役立つことが多い。多くの弁護士は直接的な嘘はつかないだろうが、大半は、時にはそれが真実ではないと知っていたとしても、裁判官や陪審員に対して別の可能性としてもっともらしい話を作り上げ、都合の悪い事実を隠すためにできる限りのことをするだろう。私たちの内なる弁護士もそれと同じように働くが、どういうわけか、私たち自身は彼の作り上げたその作り話を実際に信じ込んでしまう。彼のやり方を理解するためには、彼が行動している最中にそれをとらえなければならない。大きなプレッシャーのある職務と同様に、小さなプレッシャーのある職務を実行している彼の様子をも観察しなければならない。

ある特定の行動計画が認められるものであるかどうかを尋ねるため、弁護士に電話することがあるだろう。プレッシャーは一切なし。単に、これをしてよいかどうかだけ教えてくれ。弁護士は、関連する法律と手続きを調べ、意見をまとめて電話をかけ直してくるだろう。はい、それには法的、規制的に合法とされた前例があります。または、いいえ、あなたの弁護士として、そのような行動計画はとらないよう進言します。良い弁護士は、質問をすべての角度から検討し、すべての影響の可能性について考え、代替となる行動計画を薦めてくるかもしれないが、そのように徹底するかどうかは、いくぶん、彼のクライアント次第でもある。クライアントは、本当にアドバイスを求めているのだろうか？　それとも、単に自分の計画に対して赤信号か青信号を出してほしいだけなのだろうか？

日常生活の推論に関する研究では、私たちの象は探究心旺盛なクライアントではないということがわかっている。たとえば、最低賃金が引き上げられるべきかどうかなど、考えるのが難しい問題が与えられた時、一般的には即座にどちらか一方の意見へと傾く。それから、その見解に対する支持がすぐに得られるかどうかを確かめるために推論を呼び出す。たとえば、最初の直感で最低賃金は引き上げられるべきだと思った人は、それを支持する証拠がないかと周囲を見渡す。もし、最低賃金で働き、それだけでは自分の家族を養っていけないフローおばさんのことを考え付くと、そうだ、やはり最低賃金は引き上げなければならないとなる。一件落着。このような日常生活の推論について研究している認知心理学者のディアナ・クーンは[11]、大半の人が、フローおばさんの逸話のような「疑似的証拠」を容易に持ち出すことを見出した。大半の人は、自分の見解に対する真の証拠は挙げようとせず、自分たちの当初の見解に反する証拠を見つけようとする努力はまったくしない。ハーバード大学の心理学者で、推論の改善にキャリアを捧げてきたデビッド・パーキンスも、同様の発見をした[12]。彼は、思考とは、一般的に「つじつまが合う」と停止するというルールに従っていると述べている。私たちは、ある立場となるとそれを支持する証拠を探し、もしその立場と「つじつまが合う」十分な何らかの証拠が見つかったら、思考を停止してしまう。しかし、少なくとも、このような小さなプレッシャーの状況下においては、もし誰かが他方の立場の理由と証拠を持ち出してくれれば、意見を変えるということもありうる。単に、自分でそのような思考をするという努力をしないだけのことである。

さて、プレッシャー水準を上げてみよう。そのクライアントは、税制上の不正がばれてしまった。彼女は弁護士に電話する。彼女は本当のことは打ち明けず、「これって大丈夫だったよね？」と尋ね、「何とかしてよ」と言う。弁護士は、慌てて行動を開始し、その不利な証拠を査定し、前例や抜け道を調査して、どうすれば個人支出をビジネス経費としてうまく正当化できるかを考え出す。弁護士には、全力で私を弁護せよ、という指令が下されているのだ。「動機づけられた推論」に関する研究によると[13]、ある特定の結論に到達するように動機づけられている人は、先述のクーンやパーキンスの研究結果よりもさらにひどい推論を行うということが示されているが、そのメカニズムは基本的に同様である。自分の立場を支持する証拠だけを検索するのである。社会的知性のテストで点数が良くなかったと伝えられた人は、そのテストが信頼に足るものではないという理由を見つけ出そうと躍起になって考え始める。コーヒーを飲むことといったような、嗜癖の一つが健康に良くないということを示している研究結果を読むように求められた人は、コーヒーを飲まない人なら気づきもしないような不備を、その研究に見つけ出すことに躍起になる。研究結果は、人は自分にとって好ましい信念や行為を支持する理由を掘り起こすために認知的任務を開始するということを繰り返し示している。そして、この任務は多くの場合成功するので、私たちは、客観的であるという勘違いに安住する。自分の立場が合理的で、客観的に正当化されたと、本当に信じてしまうのである。

ベンジャミン・フランクリンは、いつもながら、このようなトリックにも長けていたが、彼は、その行為における自分自身をとらえるという点で並外れた洞察力を示した。彼は、原則的にはベジタリアンであったが、長い航海の途中に、水夫たちが魚を焼いているのを見て、よだれが出てきた。

しばらくは主義と欲望との間を行ったり来たりしていたが、魚がさばかれた時に、胃袋の中から小さな魚が取り出されたのを思い出した。そこで私は考えた。「お前たちがお互いに食い合っているなら、私たちもお前たちを食っていけないというわけはあるまい。」そこで、夢中で腹いっぱい鱈をご馳走になった。その後は、時たま菜食にかえるだけで、世人と同様、魚食を続けることになった。[14]（『フランクリン自伝』岩波文庫）

フランクリンは以下のように結論づけた。「理性のある動物、人間とは、まことに都合のいいものである。したいと思うことなら、何にだって理由を見つけることも、理屈をつけることもできるのだから。」

バラ色の鏡

私は、すべてを弁護士のせいにしたくはない。弁護士とは、結局のところ象使い、つまりあなたの意識的で理性的な自己のことであり、彼は象、つまりあなたの自動的で無意識的な自己からの命令を受けているのである。両者は、マキャベリ流のお返しを行うことで人生ゲームに勝つために共謀しており、しかも共にそれを否認しているのである。

このゲームに勝つためには、他者に対してできる限り最高の自己を呈示しなければならない。あなたは、本当の自分はどうであれ、徳があるように見せかけなければならないし、分相応かどうかは別として、協調による利益を得なければならない。しかし、他のみんなも同じゲームを戦っているのだから、あなたは、防御もしなければならない。つまり、他者の自己呈示や分不相応な要求をするための努力に対して、用心深くならなければならない。それゆえに、社会生活とは常に、社会的比較のゲームなのである。私たちは自分自身と他者、自分の行為と他者の行為を比較しなければならず、このような比較においていくらか自分に有利な方向へと誘導しなければならない。(うつ病では、この誘導が別の方向に向かってしまうことが疾患の一部である。アーロン・ベックの言う認知の三大徴候「私はダメだ。世間はひどい。私の将来は暗い」に向かってしまう。) あなたは自分の主張を誇張するか、または他者の主張をそしることによって、比較を誘導することが可能だ。これまで述べてきたことから推して、私たちはその両方を行うと思うかもしれないが、他者に対する知覚はかなり正確であるという点で、心理学の研究結果は一貫している。歪んでいるのは私たちの自己知覚なのであり、それというのも、私たちは自分の姿をバラ色の鏡に映して見ているからである。

ガリソン・ケイラーの架空の町レイク・ウォベゴンでは、すべての女性は強く、男性はハンサムで、子どもたちも皆平均以上である[訳注7]。しかし、もし、ウォベゴン市民が実在するとしたら、さらに彼らの大半は、自分が平均的なウォベゴン市民よりも強く、ハンサムで、賢いと考えているに違いない。アメリカ人やヨーロッパ人は、徳やスキルや、（知能や運転能力、性的スキルや、倫理観など）その他の望ましい特性について自己採点を求められると、大多数が、自分は平均以上だと答える[15]。（この効果は、東アジアの国々では弱く、日本では存在しないようだ。）[16]

ニック・エプリーとデビッド・ダニングは、すばらしい実験で[17]、その理由を調べた。彼らはコーネル大学の学生に、来るチャリティーイベントにおいて、自分が何本の花を買うか、そして平均的なコーネル大学の学生が何本花を買うかを予測させた。そして、彼らの実際の行動を観察した。すると自身の徳についてはひどく過大評価していたが、他者についての推測はかなり現実に近かった。二回目の実験で、エプリーとダニングは、人々に、お金をかけたゲームで、彼らが利己的にプレイするか協調的にプレイするかを予測するよう求めた。結果は同じだった。84パーセントの人が自分は協調的にプレイするだろうと予測したのに対し、他者については、（平均で）たった64パーセントが協調的にプレイするだろうと予想していた。彼らが実際にゲームを行うと、61パーセントが協調的だった。三回目の実験で、エプリーとダニングは、実験の参加費として研究参加者に5ドル支払い、仮に、実験終了後に慈善事業への寄付を求められたとしたら、そのお金を、彼ら自身と他の人たちはそれぞれどれぐらい寄付するか予測するよう求めた。研究参加者は、（平均で）自分は2・44ドルを寄付するのに対し、他の人たちは1・83ドルしか寄付しないだろうと述べた。しかし、その研究を再度実施し、実際に寄付を求めたところ、平均の寄付額は1・53ドルだった。この巧妙な実験で研究者たちは、新たな研究参加者グループに3回目の研究結果の詳細について説明し、もし彼らが「実際の」状況にいたとしたなら、自分たちはどれぐらいのお金を寄付し、他のコーネル大学生はどれぐらいのお金を寄付するか予測するように求めた。またしても、研究参加者は、自分たちは他の人たちよりもかなり気前が良いと予測した。しかしその後、3回目の研究における実際の研究参加者の寄付金額（平均で1・53ドル）を一人分ずつ研究参加者に見せた。この新しい情報を与えてから、研究参加者に自分たちの見積りを修正する機会が与えられ、実際に彼らは修正した。だが彼らは、他の人たちが寄付するであろう金額の見積りは引き下げたが、自分たちが寄付するであろう金額の見積りは変更しなかった。言い換えれば、研究参加者は、基準相場の情報を適切に用いて他者に対する予測を変更したが、それをバラ色の自己査定に適用することは拒絶したのである。私たちは他者を行動によって判断するが、自分自身については特別な情報を持っていると思っている。つまり、自分の内面が「本当はどのようなものか」ということについて知っていると考える。だから私たちは、こんなにもたやすく自分の利己的な行為について釈明し、他者よりも優れているという幻想に固執するのである。

　曖昧さはその幻想をさらに助長する。リーダーシップのような多くの特性に対して言えば、それを定義するにはあまりに多くの方法があるので、自分を最もよりよく見せるであろう基準を自由に選び出すことができる。もし、私が自信に満ちているなら、リーダーシップを自信があることと定義することができる。私が対人能力に長けていると考えているならば、リーダーシップは人を理解し、影響を及ぼす能力と定義することができる。自分を他者と比較する時の一般的なプロセスはこうである。話題となっている特性が、自分で認識している長所と関連するように（無意識的で自動的に）質問を枠づけし、自分がその長所を持っているという証拠を探しにいく。一度、証拠を少しでも見つけ出し、「つじつまが合う」ストーリーができあがったら、任務完了である。もはや考えることは止め、自尊心を大いに楽しむことができる。だから、100万人のアメリカの高校生を対象とした研究において、70パーセントがリーダーシップ能力において平均以上であると考えていたのに対し、2パーセントだけが平均以下であると考えていたことも不思議ではない。誰でも、リーダーシップに関係すると解釈できそうな何らかの能力は持っているだろうし、誰でも、そのスキルを持っているという何らかの証拠を見つけ出すことができる[18]。（大学教授は、この点において、高校生よりもさらに分別に欠けている。94パーセントが、自分は平均以上の仕事をしていると考えている。）[19]しかし、曖昧さの余地がほとんどない場合、つまり、身長がどれぐらいであるとか、ジャグリングがどれぐらい上手であるかといった場合には、ずっと謙虚であるという傾向がある。

もし、このように蔓延している自尊心膨張のバイアスの影響が、人を良い気分にさせているだけなのであれば、何の問題もない。実際に、自分自身や自分の能力、自分の将来展望に対して広範にポジティブな幻想を持っている人は、そのような幻想を持っていない人に比べて、より精神的に健康で、幸福であり、人に好かれやすいという証拠がある[20]。しかし、そのようなバイアスによって、人は自分がすること以上に報われるべきであると感じるようになると、同じようにもっと報われるべきであると感じている他人との際限のない争いへの舞台が用意されることとなる。

私は、大学の初年度にルームメイトたちと果てしない争いをしてしまった。私は、大いに重宝がられた冷蔵庫を含めて数多くの家具を提供し、また共同スペースを掃除するという仕事の大半を行っていた。しばらくすると、自分の分担以上のことをすることに疲れてしまった。そこで、頑張って片づけるのは止め、他の誰かが代わりに片づけてくれるだろうと、共同スペースが散らかるままにしておいた。誰も何もしなかった。しかし、彼らは私の憤りに気づき、私を嫌うという点で彼らは団結した。翌年、もはや一緒に住まなくなると、私たちは仲の良い友人となった。

最初の年、父が車で私と冷蔵庫を大学まで送ってくれた時、これから私が学ぶ中で最も重要なものは、教室で学ぶものではない、と言った。彼は正しかった。それから何年もルームメイトと一緒に生活してようやく、最初の年に自分がどれほど馬鹿なことをしでかしたのかに気づいた。当然、私は自分の分担以上のことをしていると思っていた。自分がグループのためにしたことについては、どんなに些細なことでも意識していたけれども、他の人の貢献については、ほんの一部しか意識していなかったのである。たとえ、それが私の清算書の中では正しかったとしても、その清算書のカテゴリーは独りよがりに設定されたものだったのである。私は、冷蔵庫を掃除するといったような、自分が気にかけていることを選び出し、そのカテゴリーにおいて自分にAプラスの評価を与えていた。他の類の社会的比較と同様に、曖昧さは、自分たちの都合の良いように比較基準を設定し、自分たちがすばらしい協力者であるという証拠を探し出すのを可能にしてしまう。このような「無意識的な過剰主張」に関する研究では、夫と妻がそれぞれ、自分が行っている家事分担のパーセンテージを見積もると、二人の見積りの合計は120パーセント以上となることが示されている[21]。MBA（経営学修士）の学生がグループワークにおける自分の貢献度について見積ると、その見積りの合計は139パーセントとなる[22]。人が協調的なグループを形成する時には多くの場合、相互利益があるのだが、自己奉仕バイアスによって、グループメンバー間が互いの敵意で満ちてしまうというおそれがある。

私は正しい、あなたが偏っている

もし、配偶者や仲間、ルームメイト同士がそんなにもたやすくいがみ合うのだとしたら、共通した目標や愛着のない人と交渉しなければならない場合、事態はさらに悪くなる。まさにその自己奉仕バイアスが偽善的な憤りを助長するように作用するため、平和的な話し合いが失敗すると、訴訟や労働ストライキ、離婚調停、暴力などに、膨大な社会的資源が費やされることになる。このような強いプレッシャーのもとでは、弁護士（本物であれメタファーであれ）は、一日中フル回転で働き、自分のクライアントの都合が良いようにその事例を歪めてしまう。カーネギーメロン大学のジョージ・ローウェンシュタイン[23]と同僚たちは、そのプロセスを研究する方法を発見した。二人一組の研究参加者たちに実際にあった訴訟事例（テキサスで起こったバイク事故）について読んでもらい、それぞれの研究参加者に被告と原告の役割を割り当てて、実際にお金を与えて交渉させたのである。ペアはそれぞれ、公正な合意に達するように言われ、もし合意に失敗した場合には調停となり、「裁判費用」が資金プールから差し引かれるため、両者にとってより損な結果となってしまうと警告されていた。両方のプレイヤーが最初から自分の役割がどちらであるか知っている場合、それぞれがその事例の資料を異なった解釈で読み、現実の事例で裁判官がどのような調停をしたのかについて異なった予想をし、偏った姿勢で議論した。4分の1以上のペアが合意に達することに失敗した。しかし、その資料すべてを読み終えるまで自分がどちらの役割を演じるのか知らされていなかった場合には、彼らはもっと理性的となり、調停に失敗したのは6パーセントにすぎなかった。

当然ながら読み終わる直前までどちらの交渉人であるかを隠しておくというのは現実の世界ではありえないので、ローウェンシュタインは、どちら側か最初から知っている交渉人のバイアスを正すための他の方法の探索に乗り出した。研究参加者がこのバイアスを修正することができるかどうかを見るために、そのような状況で人々に影響を及ぼす、ある種の自己奉仕バイアスに関する短いエッセイを研究参加者に読ませてみた。ダメだった。研究参加者たちは、その情報を使うことによって自分の対戦相手の行動をより正確に予測したが、自分のバイアスについてはまったく変化させなかった。エプリーとダニングが発見したように、人は実際、他者の行動を予測する情報は受け入れるが、自己査定を修正することは拒絶するのである。また別の研究で、ローウェンシュタインは、結婚セラピストがよく与えるような助言に倣って、それぞれの研究参加者に、まず相手の主張をできるだけ説得的に展開するエッセイを書かせてみた。さらにひどい結果となった。そのような操作は逆効果だった。おそらく、対戦相手の議論について考えることが、自動的に、それを拒絶するための準備として自身のパートについてさらに考える引き金となったのだろう。

一つの操作が有効であった。研究参加者は自己奉仕バイアスに関するエッセイを読んでから、自身の主張の弱点についてエッセイを書くように求められると、以前の独りよがりがぐらついた。この研究の参加者たちは、死の直前に自らのアイデンティティを悟った人と同じぐらい公正だった。しかしながら、偽善を軽減するこのテクニックについて楽観的になるのは早計である。ローウェンシュタインは研究参加者に、彼らの性格ではなく、彼らが議論していた立場に関して、自らの弱点を見つけ出すよう求めていたことに気づかねばならない。彼ら自身のドリアン・グレイの肖像画[訳注8]を見るよう説得されたのであれば、もっと激しく抵抗するだろう。プリンストン大学のエミリー・プロニンとスタンフォード大学のリー・ロスは、このバイアスについて教え、そして次のように質問することによって、人々が自己奉仕バイアスを克服するのを手助けしようとした。「ＯＫ。あなた方はこれらのバイアスについて知りました。さて、今さっき自分自身について述べたことを変更したいと思いますか？」数多くの研究を通じて、結果は同じだった[24]。人々は、さまざまな形態の自己奉仕バイアスについて喜んで大いに学び、他者の反応を予測するためにその新しい知識を適用した。しかし、自己採点には何ら影響しなかった。たとえ、胸ぐらをつかんで揺さぶられ、「よく聞くんだ！　ほとんどの人は自分自身について思い上がった見解を持っている。現実的になれ！」と言われても、人々は拒絶して、「まあ、他の人たちにはバイアスがあるのかもしれないが、私には本当に人並み以上にリーダーシップがあるんだ」とつぶやくだろう。

プロニンとロスはこの種の抵抗が、彼らが「素朴実在論」と呼ぶ現象に基づいていることを突き止めた。私たちは皆、世界を直接あるがままに見ていると考えている。さらに私たちは、物事は私たちが見えているように存在するのであり、他のすべての人たちにも同じように見えていると信じている。したがって、他者は私たちに同意すべきである。もし同意しないのなら、それは、彼らが、それに関連した事実に遭遇したことがなかったか、もしくは彼らの利益やイデオロギーによって盲目となっているかのどちらかである。人は、自身のバックグラウンドが物事の見方を形作っていることは認めるが、そのような経験は、常に自身の見識を深めるものと考えている。たとえば、医者であることによって医療業界の問題に対して特別な見識を持つようになる。しかし、他者のバックグラウンドは、彼らのバイアスや隠された動機を説明するために用いられる。たとえば、医者は、弁護士が医療訴訟に制限を設けることに同意しないのは、弁護士が医療ミスの被害者の側に立って（したがって、彼らの特別な見識を持って）働いているからではなく、弁護士の利益がその考えにバイアスをかけているからだ、と考える。素朴実在論者にとって、誰もがイデオロギーと自己利益に影響されているというのは火を見るよりも明らかなのである。ただし、自分以外は。私だけは、物事をあるがままに見ているのだ。

もし私が、「世界平和と社会調和への最大の障害」に対する候補を一つだけ挙げるとしたら、それは素朴実在論であろう。なぜならそれは、容易に個人レベルからグループレベルへとエスカレートするからである。私のグループは正しい。なぜなら、私たちは物事をあるがままに見ているからだ。同意しない人たちは、彼らの宗教やイデオロギー、自己利益によって、明らかにバイアスがかかっている。素朴実在論では、世界は、善と悪でできており、このことこそ、偽善についての最も困惑させられる賢者の教え、「善も悪も私たちの信念の外には存在しない」が意味するものなのである。

悪魔が満足させてくれるもの

１９９８年のある日、私は同じ町の見知らぬ女性から手書きの手紙を受け取った。そこには、犯罪や麻薬、十代の妊娠がいかに手におえない状況になっているかについて書かれていた。悪魔がその翼を広げ、社会はどんどん悪くなっている。その女性は、自分の教会に来て霊的シェルターを見つけるようにと誘っていた。その手紙を読みながら、私は、悪魔が翼を広げたという点については賛同せざるを得なかったが、それは、平穏なまま私たちの元から飛び去るためだったのだと思った。１９９０年代後半は、黄金時代だった。冷戦が終わり、民主主義と人権が広まりつつあった。南アフリカはアパルトヘイトを廃止し、イスラエルとパレスチナ人はオスロ合意の成果を得、北朝鮮には明るい兆しがあった。ここアメリカ合衆国では、犯罪や失業は急落してきており、株価はかつてなく上昇し、その結果、それに続く繁栄は国債も帳消しにすると約束していた。殺虫剤のコンバットの普及でゴキブリまでもが私たちの町から消え失せていた。だから、彼女は一体全体何を言っていたのだろう？

１９９０年代の道徳史が書かれるとすれば、そのタイトルは『必死の悪魔探し』となるだろう。平和と調和の優勢に伴い、アメリカ人は代わりとなる悪党を探し始めたようだった。まず、麻薬密売人や（しかし、クラック〔高密度コカイン〕の流行は衰退していた）、子ども誘拐犯（たいていの場合は両親のうちの一人だった）に目をつけた。文化的右翼は同性愛者を非難し、左翼は人種差別主義者や同性愛嫌悪者を非難した。古い時代の共産主義や悪魔それ自身などの悪役について考えると、その大半が共通して三つの特性を持っていることに気がつく。まず、目に見えない（見かけだけから悪者を特定することはできない）。次に、邪悪は伝染によって広まるため、感化されやすい若者たちをその感染（たとえば、共産主義者の考えや同性愛の教師、テレビの固定観念など）から守ることが肝要である。そして、悪党は私たち全員が一丸となってはじめて倒すことができる。人は神から使命を受けている、あるいはもっと世俗的な善（動物や胎児、女性の権利など）のために戦っていると信じたいのであり、その使命の多くは、よき仲間とよき敵なくしては持ちえないということが私には明らかだった。

悪の問題は多くの宗教を、その誕生以来悩まし続けてきた。もし、神が全き善であり、全能であるなら、彼が悪の繁栄を許しているか（ということは、彼は全き善ではないということだ）、もしくは、悪と苦闘しているか（ということは、彼は全能ではない）のどちらかだということになる。一般的に、宗教はこのパラドックスに対して、三つの解答の中のどれか一つを選択してきた[25]。一つ目の解答は単純な二元論である。善の力と悪の力が存在し、それらは同等で真反対であり、永遠に戦い続ける。人類はその戦場の一部である。私たちは部分的に善、部分的に悪に創造されており、どちら側につくかを選択しなければならない。この見解は、ゾロアスター教のような、ペルシャやバビロニア発祥の宗教において最も明白だが、マニ教と呼ばれる教義がしぶとく生き残り、キリスト教にも影響を与えた。二つ目の解答は単純な一元論である。唯一神しか存在せず、彼は必要のままにこの世界を創造した。そして邪悪は幻想である。このような見解は、インドで発展した数々の宗教に多く見られる。これらの宗教は、世界全体、少なくとも私たちの感情が支配する世界は幻想であり、悟りとはその幻想から抜け出すことであるとする。三つ目のアプローチは、キリスト教によって採用された一元論と二元論の融合で、全智全能の神と悪魔の存在は究極的に調和するとする。この議論はあまりに複雑で、私には理解できない。また明らかに、ヴァージニアのゴスペルラジオ番組を聴いて判断したところでは、多くのキリスト教信者も理解できておらず、神と悪魔が永遠の戦争を繰り広げているという単純なマニ教の世界観を持っているようである。実際に、異なる宗教間で多様な神学的議論があるにもかかわらず、悪魔やその他の邪悪に関する具体的な描写表現については、場所や時代を超えて驚くほど類似している[26]。

心理学的な観点から言えば、マニ教は完全に筋が通っている。仏陀が言ったように、「人生は、私たちの心の産物」であり、私たちの心はマキャベリ流のお返しを行うように進化してきた。私たちは誰しも、利己的で目先の行為に関与しているが、内なる弁護士は、私たちがそのことで自分や自分の仲間を責めたりしないようにしている。このようにして、自身の徳を確信し、しかし他者のバイアスや強欲、不誠実をすばやく見つけるのである。他者の動機についてはしばしば正しいが、葛藤がエスカレートするにつれて大いに誇張し始め、（自分たち側の）純粋な徳が（相手側の）純粋な悪徳と戦っているというストーリーを織り上げる。

純粋悪の神話

その手紙を受け取ってから数日間というもの、私は悪の必要性について多くのことを考えた。私は、新たな方法で邪悪を理解するために、現代心理学のツールを用いて、この必要性について論文を書こうと決心した。しかし、研究を始めてすぐに、遅すぎたことがわかった。一年遅かった。その前の年に、今日最も創造的な心理学者の一人であるロイ・バウマイスターが、この3000年の疑問に完璧で説得力のある心理学的説明をしていた。バウマイスターは、『邪悪――内なる人間の残酷さと攻撃性』[27]の中で、邪悪を被害者と加害者の両方の観点から考察している。彼は、加害者の観点から見る時、配偶者虐待から大量虐殺に至るまで、邪悪であると考えられる行為をする人は、自分では間違ったことをしているとはあまり考えていないことを発見した。ほとんどの場合、彼らは攻撃や挑発に対して正当な方法で反撃したと考えている。自分たちが被害者だと考えていることもよくある。しかし、あなたはもちろんこの戦術を正しく見抜くことができるだろう。他者が自尊心を守るためにバイアスを用いることについて十分に理解しているからだ。しかし困惑させられるのは、バウマイスターが、被害者としてのバイアスや、被害者の正義の擁護者としてのバイアスの存在を示していることである。バウマイスターが調べた研究文献のほとんどのすべてにおいて、彼は被害者にも何かしらの責めを負うべき点があることを見出した。大半の殺人は、挑発と報復のサイクルのエスカレートによって生じ、死んだ人も容易に殺人者にもなりえた。家庭内の争いの半数では、両サイドが暴力をふるっていた[28]。バウマイスターは、1991年のロサンジェルスで起きた、ビデオテープに撮られ悪名高いロドニー・キング暴行事件のような、明らかな警察の残虐行為ですら、たいていの場合、ニュースで見る以上の物語がそこにはあることを指摘している。（ニュース番組は、悪が大手を振って闊歩していると信じたい人を満足させることによって視聴者を得ている。）

バウマイスターが非凡な社会心理学者であるのは、一つには、政治的正当性を気にかけずに真実を追究するからである。邪悪は、時には青天の霹靂で無実の被害者の頭上に振りかかることもあるが、大半の場合はかなり複雑に入り組んでおり、バウマイスターは、実際に何が起こったのかを理解するためには喜んで「被害者を非難する」というタブーを犯す。ほとんどの場合、暴力をふるう時には何らかの理由があり、その理由にはたいてい不正を感じての報復か、自己防衛が関与している。これは、どちら側にも同じように非があるという意味ではない。加害者は、しばしば（自己奉仕バイアスを用いて）甚だしく過剰反応したり、誤解していたりする。バウマイスターの指摘しているのは、私たちには、暴力や残虐行為を「純粋悪の神話」と彼が呼んでいるものを通じて理解したいという根深い欲求が存在するということである。この神話の数多くの要素の中で最も重要な点は、悪事を働く人は、純粋に邪悪な動機を持っていて（その行為において、サディズムや強欲以外の動機は持ち合わせておらず）、被害者は純粋に被害者であり（その被害を受けるようなことは何もしていない)、邪悪は外からやってきて、私たちのグループを攻撃するグループや軍隊を結成しているということである。さらに、この神話の適用を疑問視する人や道徳的な確かさをあえて濁すような人は誰でも、邪悪な同盟の一員なのである。

純粋悪の神話は、究極の自己奉仕バイアスであり、素朴実在論の究極形態だ。これこそが、大半の長期的な暴力の循環の究極的原因なのである。なぜなら、両サイドが、それを行使することによって自らマニ教的な闘争へとがんじがらめになってしまうからだ。ジョージ・W・ブッシュは、9・11事件のテロリストたちのテロ行為の理由を「私たちの自由への憎悪」だと述べて、驚くべき心理学的な洞察力の欠如を露呈した。9・11事件のハイジャック犯も、オサマ・ビン・ラディンも、アメリカ女性が運転でき、選挙権を持ち、ビキニが着られることに対してとりわけ憤慨しているわけではない。むしろ、多くのイスラム過激派の人たちは、アラブの歴史や現在の出来事を純粋悪の神話を用いて解釈しているために、アメリカ人を殺したいのである。彼らはアメリカを、大いなる悪魔であり、アラブ人とアラブ諸国への西欧諸国による長きにわたる屈辱の歴史劇における現代の悪と見なしている。彼らのテロ行為は、「純粋悪の神話」の歪みを通してみた、アメリカの中東での行為や衝突への反撃なのだ。テロリストが、すべての市民を「敵」というカテゴリーで一括して、無差別に殺してしまうことがどれほど恐ろしいことだとしても、この行為は少なくとも、心理学的には意味が通る。一方、自由に対する憎悪から人を殺すというのは意味をなさない。

もう一つ、私たちを不安にさせる結論として、バウマイスターは、暴力と残虐性には主に四つの原因があることを発見した。最初の二つは明白な悪の属性である。強欲・野心(盗みなどのような、直接的な個人の利益のための暴力）とサディズム（人を傷つけることへの快楽）である。しかし、強欲・野心は、暴力のほんの一部分を説明するに過ぎず、サディズムに至ってはほとんど何も説明していない。子どものアニメやホラー映画以外では、誰かを傷つけて純粋に喜ぶためだけに他者を傷つけることなど、ほぼ絶対にない。残り二つの大きな邪悪の原因は、善だと考えられていることであり、子どもたちにも奨励していることだ（高い自尊心と道徳的理想主義である）。高い自尊心を持つことは直接的な暴力の原因とはならないが、あまりに自尊心が高く非現実的で自己陶酔的である時、それはたやすく現実によって脅かされることとなる。このような脅威に対する反応として、しばしば人、とりわけ若者は、暴力に走る[29]。バウマイスターは、子どもたちが誇りを持てるようなスキルを身につけさせるのではなく、直接的に彼らの自尊心を高めようとする教育プログラムの効果に疑問を呈している。そのような直接的な自尊心の強化は、潜在的に不安定なナルシシズムを育む可能性がある。

自尊心に対する脅威は、個人レベルの暴力に関する説明としては大きな割合を占めるが、集団的な残虐行為へと至るためには、理想主義、つまり自分たちの暴力が道徳的な目的へと至るための手段であるという信念が必要だ。20世紀の主な残虐行為は、ほとんどの場合、自分たちがユートピアを作っていると考えた人たちか、自分たちの故郷や民族を攻撃から守っていると信じている人たちによって行われた[30]。理想主義は、半ば必然的に、目的が手段を正当化するという信念をもたらすため、たやすく危険なものとなりうる。もしあなたが、善や神のために戦っているとしたら、重要なのはその経路ではなく、結果だろう。人々は、規則にはほとんど敬意を払わないが、大半のルールの根底にある道徳的原理には敬意を払う。しかしながら、道徳的な使命と法律的な規則が両立しない場合、通常、私たちは使命の方により強い関心を向ける。心理学者のリンダ・スキッカ[31]は、論議を呼ぶ問題について強い道徳感情を持っている時、つまり、「道徳的指令」を受けている時、人は、裁判の場において手続き上の公正をさほど重要視しないということを発見した。人は、「善人」はどのような手段を使ってでも解放し、「悪人」はどのような手段を使ってでも有罪にしたがる。このようなわけで、行政の超法規的な殺人や、裁判なしの無期限の投獄、囚人の過酷な身体的扱いが合法的なものであり、マニ教的な「テロとの戦争」を戦うための適切な措置であると、ジョージ・W・ブッシュ政権が頑なに言い続けたのも不思議ではない。

偉大なる道の発見

哲学のクラスで、私はよく世界は幻想であるという考え方に遭遇した。それは深い意味があるように聞こえたが、その意味するところは本当にはわかっていなかった。しかし20年間道徳心理学を学んだ末、私はとうとうそれを理解したように思う。人類学者のクリフォード・ギアツは、「人は、自分の紡いだ意味の網目に吊されている動物である」と書いた[32]。つまり、私たちが住む世界は実際には、岩や木、物理的な物体から構成されているのではなく、侮辱や機会、地位の象徴、裏切り、聖人や罪人で構成されているのである。これらはみな人類の創造物であり、それなりに実在するのだが、岩や木が実在するという意味では実在しない。このような人類の創造物は、J・M・バリーの『ピーターパン』の中の妖精のようなものである。それらは、あなたが信じる場合にだけ存在する。それらは「マトリックス」(同名の映画から)であり、合意の上での幻覚なのだ。

内なる弁護士、バラ色の鏡、素朴実在論、そして純粋悪の神話、このようなメカニズムがすべて共謀して意味の網目を紡ぎ出し、その上で天使と悪魔が戦いを繰り広げている。私たちの永遠に裁き続ける心は、自分が天使の側にいるという確信を伴って、絶え間なく一瞬一瞬に承認や不承認を与え続ける。見晴らしの良い位置から見れば、このような道徳主義や正義、偽善はすべて愚かなものと思えてくる。愚か以下である。悲劇だ。なぜなら、人類が永遠に続く平和と調和の状態へと達することはけっしてないということを示唆しているからである。それなら、私たちに何ができるというのだろう?

最初の一歩は、それをゲームとしてとらえ、真剣に考えるのを止めることである。古代インド発祥の偉大な教えによると、私たちが経験する人生は、「サムサラ」と呼ばれるゲームである。そのゲームの中で、それぞれの人は大きな劇の中の役割として、それぞれの「ダルマ」を演じている。サムサラのゲーム中に、何か良いことが起これば、あなたは幸福になり、悪いことが起これば、あなたは悲しんだり怒ったりする。そのようなことが死ぬまで続くのである。それからあなたは生まれ変わり、それを繰り返す。『バガヴァッド・ギーター』のメッセージは、あなたはそのゲームを完全にやめることはできないということだ。あなたには、宇宙が機能する上で遂行するべき役割があり、あなたはその役割を遂行しなければならない。しかしながら、あなたはそれを、自分の行為の結果や「成果」に執着することなく、正しい方法で行わなければならないのである。クリシュナ神は、こう言う。

喜ばず、憎まず、悲しまず、望まず、……敵と味方に対して平等であり、また尊敬と軽蔑に対しても平等であり、寒暑や苦楽に対しても平等であり、執着を離れた人、毀誉褒貶を等しく見て、……いかなるもの

にも満足した人、彼は私にとって愛おしい[33]。(『バガヴァッド・ギーター』岩波文庫)

仏陀はさらに一歩その先へ行く。彼もまた、人生の浮き沈みに対して無関心となるように忠告したが、彼は、ゲームを完全に止めてしまうように勧めた。仏教は、サムサラと永久に続く転生の循環から逃れるための一連の訓練なのである。世界から引きこもってしまうか、関わっていくかについては意見が割れている部分もあるが、絶え間ない判断をやめるためには心のトレーニングが重要であることについては仏教信者はすべての意見が一致している。初期の中国の禅僧である僧燦は、8世紀に詩の中で、「完全無欠の道」へと至るためには、無分別主義となることが前提条件だと主張している。


大いなる道は難しくない。

選り好みをせず、愛することも憎むこともなければ、すべてははっきりと明らかになる。

だがわずかでも分別をすれば、天と地ははるかに隔たる。

真理を実現したければ、賛成や反対の見解を抱いてはならない。

一つを嫌い一つを好むことは、心の病だ[34]。


分別主義は実際に心の病であり、それは怒りや苦悩、葛藤を導く。しかし、それは心の通常の状態でもある。象は、いつも評価して、常に「それは好き」とか「それは好きではない」と言っている。では、どうすれば、この自動的な反応を変化させることができるのだろうか。これまでにあなたは、他者を判断することや偽善を止めることが決心すれば簡単にできるというものではないとわかったであろう。しかし、仏陀が教えたように、象使いは、少しずつ象を飼いならすことを学ぶことができ、瞑想はそうするための一つの方法である。瞑想は人を落ち着かせ、人生における浮き沈みや些細な挑発に対して過剰に反応することがなくなることが示されてきた[35]。瞑想は、哲学的に物事をとらえるために自己を訓練する東洋的な方法なのである。

認知療法もまた有効である。認知療法のポピュラーなガイドブックである『フィーリング・グッド』[36]の中でデビッド・バーンズは、怒りのための認知療法に一章を割いている。彼は、アーロン・ベックが抑うつに対して用いた数多くの技法と同様のものを用いるように助言している。自分の思考を書きとめ、その思考の中の歪みについて認識することを学習し、より適切な思考について考えるのである。バーンズは、私たちがよく使う、「べき」という言明、すなわち、世界はどのようにあるべきか、人は私たちとどのように接するべきかといった考えに焦点を当てた。このようなべきを含む言明に対する違反が怒りや憤りの主な原因である。バーンズは共感的であるようにとも助言している。葛藤の際に、自分と反対者の観点から世界を見てみれば、相手が完全に狂っているわけではないということがわかるだろう。

私は、基本的にバーンズのアプローチに賛成だが、この章で私が概説してきた資料によると、一度怒りが入り込むと、別の観点を理解したり、共感したりすることが非常に難しくなる。より良いスタートとなるのは、キリストが助言したように、自分自身や自分の眼の中の丸太に取り組むことであろう。（バトソンとローウェンシュタインは両者とも、研究参加者が自分たち自身を見つめざるをえない時にのみ、バイアスの修正が起こることを見出した。）そして、その丸太は、あなたが熱心に努力して探してはじめて見つけることができる。早速これを試してみよう。あなたが大切に思っている誰かとの最近の葛藤を考えてみて、その時の自分の行動で模範的だとは言えなかった点を挙げてみよう。（たとえ、それをする権利があったのだとしても）おそらく、何か思いやりのないことをしたり、（たとえ、良かれと思ったのだとしても）傷つけていたり、（たとえ、たやすく正当化できるとしても）あなたの信条と矛盾していることをしていたのではないだろうか。自分自身の過ちを初めてとらえた時には、自分の言い訳をし、他者を責める内なる弁護士の必死の議論を聞くことになるだろうが、それは聞かないようにしよう。あなたには少なくとも一つは、自分の過ちを見出す使命がある。棘を抜いた時、しばらくは痛むだろうが、それからはほっとして、気持ちよくすら感じる。自分自身の過ちを見出した時、しばらくは傷つくだろうが、それでもなお進んでその過ちを認めたならば、あなたは一瞬の気持ちよさとあいまって、奇妙なことに、ちょっとした誇りを感じることができるだろう。それは自身の行動に対して責任を持つことの喜びであり、名誉の感覚である。

自分自身の過ちを見つけることはまた、あまりに数多くの価値ある関係性にダメージを与えてしまう偽善や分別主義を克服するための鍵となる。その争いに自分にも責任の一端があるとわかった途端、たとえそれがわずかなものであっても、怒りが和らぐ。それはたぶん、対立側のいくつかの長所を認めることができるためには十分である。まだ、自分が正しくて他の人が間違っていると信じているかもしれないが、もしあなたが大体において正しく、相手が大体において間違っているというように自分の信念を動かすことができたなら、あなたには効果的な、一方で屈辱的ではない謝罪の準備ができている。同意できなかったある箇所について、「私はXをするべきではありませんでした。なぜあなたがYと感じたかがわかります」と言うことができる。そうすると、返報性の力により、その他者は、「そうです。私は本当にXに対して腹が立ちました。だけど、私はPをするべきではなかったと思います。だから、私はあなたがなぜQと感じたのかがわかります」という強い衝動に駆られるに違いない。あなたが侮辱や敵意のある身ぶりで応対していた時には、自己奉仕バイアスで増幅された返報性によって、二人の溝は深まる一方であったが、あなたはそのプロセスを方向転換することで、葛藤を終わらせ、関係性を救うために返報性を用いることができるのである。

人類の心は、マキャベリ流のしっぺ返し戦略を行うよう進化のプロセスによって形作られてきたのかもしれない。そして、偽善や自己正当化、道徳的葛藤に陥りやすい認知過程を身につけたようである。しかし時には、心の構造や戦略を知ることにより、私たちは、社会的操作という古代からのゲームを抜け出して、自分たちが選択したゲームに参加することができるだろう。自身の眼の中の丸太を見ることでよりバイアスが少なくなり、より教訓的でなくなり、言い争いや葛藤衝突へと向かう傾向を減らすことができる。あなたは受容を通じて導かれる幸福へと至る道、完全無欠の道をたどり始めているのであり、それが次の章の主題である。

第5章 幸福の追求

高尚な人々は、どこにいても、執着することがない。快楽を欲してしゃべることがない。楽しいことに遭っても、苦しいことに遭っても、賢者は動ずる色がない。

——仏陀[1]（『ブッダの真理のことば・感興のことば』岩波文庫）

あなたがそうなってほしいと思うような出来事が起こるように望まず、あるがままに起こるように望みなさい。そうすればあなたの人生はうまくいくだろう。

——エピクテトス[2]

もし、金や権力で幸福を手に入れることができるとすれば、『旧約聖書』にある「伝道の書」の著者は大喜びしたに違いない。その書物はエルサレムの王自身のものとされ、彼は自分の人生や彼が追求した幸福と成就について振り返っている。彼はある時、自分の富の中から幸福を見出すために「快楽に関する思考実験」をしてみた。

私は大きな事業をした。私は自分のために家を建て、ぶどう畑を設け、園と庭をつくり、またすべてなる木をそこに植え、池をつくって、木のおい茂る林に、そこから水を注がせた。私は男女の奴隷を買った。また私の家で生まれた奴隷を持っていた。私はまた、私より先にエルサレムにいただれよりも多くの牛や羊の財産を持っていた。私はまた銀と金を集め、王たちと国々の財宝を集めた。また私は歌うたう男、歌うたう女を得た。また人の子の楽しみとするそばめを多く得た。こうして、私は大いなる者となり、私より先にエルサレムにいたすべての者よりも、大いなる者となった。私の知恵もまた、私を離れなかった。なんでも私の目の好むものは遠慮せず、私の心の喜ぶものは拒まなかった。(「伝道の書」2章4-10節、口語訳、日本聖書協会)

しかし、この中年の危機に関する最も古い報告であろう本書において、著者はこれらすべてが無意味であることを見出す。

そこで、私はわが手のなしたすべての事、およびそれをなすに要した労苦を顧みた時、見よ、皆、空であって、風を捕らえるようなものであった。日の下には益となるものはないのである。(「伝道の書」2章11節、口語訳、日本聖書協会)

著者は、勤勉や学習、ワインなどその他彼が追い求めた数多くの道についても述べているが、満足をもたらしたものは何一つなかった。彼の生が動物の生よりも本質的な価値や目的を有しているとは思えないという感覚を払いのけてくれるものは何もなかったのである。仏陀やストア派の哲学者エピクテトスの視点から言えば、この著者の問題は明白である。それは幸福を追い求めたことである。仏教やストア派は、外的な財を求めて努力することや、自分の望むように世界を合致させようとすることは、常に風を捕まえようとするようなものであると説いている。幸福は、外界の物事に対する執着を打ち破り、受容の姿勢を育むことによって、心の内側からのみ見出すことができる。（ストア派も仏教者も、人間関係や仕事、財産を持つことができるが、それらを失うことに対する動揺を避けるために、それらに対して情動的に執着してはならない。）この考えはもちろん、第2章で触れた、人生は思考によって作られる、あなたの心の状態が人生をどう作るかを決定する、という真理の延長線上にある。しかし、近年の心理学における研究結果から、仏陀やエピクテトスの物事の捉え方は極端すぎた可能性が示唆されている。世の中には、努力して手に入れる価値があるものもあり、どこを探すべきか知っていさえすれば、幸福の一部はあなた自身の外側からも訪れる。

進歩の原理

伝道の書の著者は、無意味さの恐怖と戦っていただけではない。彼は、成功への失望とも戦っていた。欲しいものを手に入れた喜びは、一瞬で過ぎ去ってしまうことが多い。あなたは、昇進することや、一流の学校に合格すること、大きなプロジェクトを完了させることなどを夢見ているだろう。その目標を達成しさえすれば、どんなに幸福だろうかを思い描きながら、起きている時間働きづめかもしれない。そして、あなたが幸運なら、一時間、おそらく一日くらいは幸福感が訪れるだろう。とりわけ、その成功を予想しておらず、突然それを知る瞬間（勝者の名前はこの封筒に。どうぞ……）があった場合には特にそうであるかも知れない。しかし典型的には、幸福感などまったく訪れない。成功が徐々に確実になってきていて、すでに予想していたことを最終局面のイベントで確認するような場合、その感覚はどちらかというと解放感に近い。終了と解放の喜びである。このような状況でまず初めに思うことは、「やった！　すばらしい！」であることはほとんどなく、「よかった。さて、次は何をしよう？」といったものであることが多い。

成功に対して冷淡な見方と思うだろうが、これが通常なのである。進化的な観点から見ると、理にかなってさえいる。動物が、自身の進化的な利益を増し、人生ゲームでコマを進める何らかの行動をとる場合はいつでも、快楽の神経伝達物質であるドーパミンが急激に増加する。食物やセックスは快楽を与え、その快楽はさらなる食物やセックスを見つける努力をするよう動機づける強化子の役割を果たす。しかし、人類の場合、そのゲームはより複雑だ。人は、高い地位を得たり、良い評判を得たり、友情を育んだり、最良の結婚をしたり、財産を蓄えたり、同じゲーム上で子どもが成功するように育てたりすることによって、人生ゲームに勝つ。人は数多くの目標を持っているので、数多くの快楽の源がある。それなら、重要な目標で成功した場合にはいつでも、大量で長時間続くドーパミンを受け取るだろうと考えるかもしれない。しかしここに、強化子の落とし穴がある。それは、その行動後、数分や数時間ではなく、数秒間のうちにもたらされる場合にのみ、よく作用するのである。犬に物を取ってくるように訓練する際、成功するたびに褒美として大きなステーキを10分後に与えてみれば、訓練は失敗するだろう。

象もこれと同じように機能している。正しい方向に一歩進んだ時にはいつも快楽を感じている。象は、快楽（もしくは苦痛）が行動の直後にやってくる場合には常に学習するが、月曜日の行動を金曜日の成功につなげるとなると問題が生じる。感情スタイルと左前頭皮質の接近回路についての知見をもたらした心理学者のリチャード・デビッドソンは、二つのタイプのポジティブな感情について述べている。最初のタイプのものは、目標に向かって前進することに伴って得られる快感情であり、彼は「目標達成前ポジティブ感情」と呼んでいる。二番目のタイプのものは「目標達成後ポジティブ感情」と呼ばれ、欲求していたことを達成した時点で生じるとデビッドソンは述べている[3]。この後者の充足感としての感情は、目標が達成された直後、左前頭皮質の活動が低下した時に、一瞬の解放感としてもたらされる。言い換えると、目標を追求する際に本当に重要であるのは、その道中であって目的地ではない。何でもお望みの目標を設定してみればよい。大半の喜びは、目標へと近づく道中の一歩一歩においてもたらされるだろう。成功という最後の瞬間には、長いハイキングの終わりに重いリュックサックを下ろした時の安堵以上の興奮は感じられないことが多い。その快楽を感じるためだけにハイキングに出かけるのは愚かなことだ。しかし時に人は、まさにこれと同じようなことをする。仕事を一生懸命こなすことで、最後に特別な幸福感を期待する。しかし成功を達成したものの、短期間の、そこそこの喜びしか見出せなかった時、（昔、歌手のペギー・リーが歌ったように）自問する。たったこれだけ？　自分の成し遂げたことを、風を捕まえようとしたかのように、低く評価するのである。

　これは、「進歩の原理」と呼ぶことができるだろう。快楽は、目標を達成することからよりも、目標に向かって前進することによって訪れる。シェイクスピアはそれを完璧に表現している。「勝ったら終わり。

喜びは、その過程にある。（落ちたらそれでおしまい。喜びは口説かれているあいだだけ。という意味で書かれたことば）」[4]

適応の原理

もし、自分に起こりうる一番良いことと一番悪いことを10秒で挙げよと言われれば、あなたは以下のようなことを思いつくかもしれない。2千万ドルの宝くじに当たることと、首から下が麻痺してしまうこと。宝くじに当たれば、どれほど多くの心配事や制約から解放されることだろう。夢を追いかけ、人を助け、快適に暮らすことができるだろうから、一回分のドーパミン以上に長続きする幸福感をもたらしてくれるに違いない。逆に、体の自由を失えば、刑務所暮らし以上に制限されることになるだろう。ほとんどすべての目標や夢をあきらめなければならない。セックスをあきらめるのは当然のこと、食事やトイレも他人の助けに頼らなければならない。多くの人は、下半身不随になるぐらいなら死んだ方がましだと考える。しかし、それは誤りである。

もちろん、首の骨を折るより、宝くじに当たる方が良いに決まっているが、あなたが考えているほどではない。なぜなら、どのようなことが起こっても、おそらくあなたはそのことに適応するだろうが、実際に起こる前には、適応できるとは考えられないからである。私たちは「感情予測」[5]、つまり未来において私たちがどのように感じるかについて予測することが苦手である。私たちは、自分の情動的な反応に対する強度や持続時間をひどく過剰に見積もってしまう。宝くじの当選者も下半身麻痺者も、（平均的には）たいていの場合、一年以内には、自分の幸福の基本水準へと戻っている[6]。宝くじ当選者は新しい家と車を買い、つまらなかった仕事を辞め、よりおいしいものを食べる。以前の生活との対比を大いに楽しむが、数ヶ月以内にその対比は曖昧なものとなり、喜びは消えていく。人間の心は、条件の変化に対しては極端に敏感だが、絶対的な水準に対してはそれほどではない。当選者の喜びは、富が高い水準にあることではなく、その増加によってもたらされるため、数ヶ月後には、その新たな快適な生活は日常生活における新たな基準値となってしまう。当選者は、それらを当然のものと見なすようになってしまい、もはやそれ以上に良くなることはない。むしろ、悪くなっていく。お金は、当選者の人間関係を破壊するかもしれない。友人や親類、詐欺師、涙にむせぶ赤の他人などが、当選者の周りに群がってきて、訴訟を起こしたり、取り入ったり、富の分け前にあずかろうとする。（自己奉仕バイアスの普遍性を思い出そう。誰にでも、何かしら貸しがあるという理由を見つけることができる。）宝くじ当選者は、あまりにも嫌がらせを受けることが多いため、多くの人が引っ越しを余儀なくされ、姿を隠し、人間関係を終わらせ、ついには互いを頼りに自分たちの新たな問題に対処するために、宝くじ当選者を支援する会を結成する[7]。（しかしながら、ほとんどすべての宝くじ当選者は、当選したことに感謝しているという点については留意すべきである。）

それとは正反対に、四肢麻痺患者は、最初甚大な幸福の損失を被る。彼は、自分の人生が終わったと考え、かつて望んでいたことのすべてをあきらめなければならないことに傷つく。しかし、宝くじ当選者と同様に、彼の心は、絶対的な水準よりも変化に対してより敏感であるため、数ヶ月後には彼は自分の新しい状況に適応し始め、より控えめな目標を設定する。彼は、理学療法によって自分の能力を高められることに気づく。状況は良くなっていく以外にないので、その一歩一歩が彼に進歩の原理による喜びを与えてくれる。物理学者のスティーブン・ホーキングは、二十代の初期に、運動ニューロン疾患と診断されて以来、体がまったく動かせなくなってしまった。しかし彼は、宇宙論における主要な問題を解決し続け、数多くの賞を受賞し、科学の本としては史上最大のベストセラーを執筆した。最近のニューヨークタイムズ誌のインタビューの中で、彼がどのようにして頑張り続けていられるのかという質問に対して、彼はこのように答えた。「21歳の時に、私の期待はゼロになったのです。その時以来、すべてのことはボーナスなのです。」[8]

適応の原理は以下のように機能する。現在の自分の状態に関する判断は、自分が慣れている状態よりも良いか悪いかに基づく[9]。適応は、部分的には、単なる神経細胞の性質である。神経細胞は、新しい刺激に対しては活発に反応するが、徐々に「馴化」し、馴れてしまった刺激に対してはほとんど発火しなくなる。生命に関わる重要な情報を含んでいるのは変化であり、安定状態ではない。しかしながら、人間は、認知的な極限に対して適応してしまう。私たちは、単に慣れていくだけではなく、再調整をする。私たちは、自分のために多数の標的を創り出し、その標的の一つに当たるたびに、それを別の標的へと置き換えていく。一連の成功の後には、目標を高くするし、首の骨を折るような大きな挫折の後には、目標を低くする。仏教やストア派のアドバイスにしたがって執着を捨て、出来事が起こるがままにしておく代わりに、私たちは、自らを人生の目標や希望、期待で取り囲み、自分の進捗状況との関係において快楽や苦痛を感じるのである[10]。

適応の原理と、人の幸福の平均水準は遺伝性が高い[11]という発見を結びつけると、私たちは衝撃的な可能性にたどり着く。長期的には、あなたに何が起こるかということはさして重要ではない。幸運であれ不運であれ、あなたは、常に自分の幸福の基準点、つまり幸福におけるあなたの脳の初期水準へと戻ってくる。それはあなたの遺伝子によって決定されるところが大きい。１７５９年、遺伝子というものが知られるはるか昔に、アダム・スミスは同じ結論にたどり着いている。

変化が予想されない永続的な状況下においては、すべての人の心は、遅かれ早かれ、生来の平穏な通常状態へと戻ってくる。繁栄において、ある一定の時間が過ぎると元のその状態へと戻り、逆境において、ある一定の時間が過ぎるとその状態へと戻っていく[12]。

この考え方が正しいとすれば、私たちは皆、「快楽のトレッドミル」と呼ばれてきたものの上に留まっているということになる[13]。運動用のトレッドミルの上では、好きなだけスピードを上げることができるが、同じ場所にとどまったままである。人生においても、好きなだけ一生懸命働き、欲しいだけ富を蓄え、果樹を植え、愛人を囲うことができるが、少しも先に行くことはできない。なぜなら自分の「自然ないつもの平穏状態」を変えることはできないので、蓄えた富は単に期待値を上げるだけで、以前の状態に比べていっそう幸せだということにはならないからである。しかしながら、私たちはその努力が無駄であることに気づくことなく、それが人生ゲームで勝つために役立っている限り、努力し続ける。常に自分が持っている以上のものを欲し続けて、回し車の上のハムスターのように、走って走って走り続けるのである。

古代の幸福仮説

仏陀やエピクテトス、またその他の多くの賢者たちは、こういうネズミのレースの無益さを見て、そんなことは止めるよう勧めた。彼らは、次のような独特の幸福仮説を提言した。幸福とは内面から訪れるものであり、自分の欲望に合致するよう世界を構築することによって見出すことはできない。仏教は、執着は必ず苦悩をもたらすと説き、執着を打ち破る道具立てを提供している。エピクテトスのような古代ギリシアのストア派の哲学者は弟子たちに、自分が完全に制御できるもの、つまり主に自分の思考と反応だけに注意を向けるようにと説いた。良い出来事も悪い出来事も、その他のすべての出来事は外界のものであり、真のストア派哲学者は外界のものに心を動かされることはない。

仏陀もストア派哲学者も、人々に洞窟へ引きこもるよう勧めているわけではない。実際、どちらの教義も長きにわたって人々を魅了し続けたのは、まさに、不安定で絶え間なく変転する実社会に参加しながらも平和と幸福を見出すための手引きを提供したからである。どちらの教義も、外界の財産や目標を手に入れるために努力することから刹那の幸福以上のものがもたらされることはないという幸福仮説に基づいた、経験的な主張である。あなたは、自分の内面的な世界に働きかけなければならない。もし、その仮説が本当だとすれば、それは、私たちがどのように人生を生き、子どもを育て、お金を使うべきかということに対して重大な意味を持っている。しかし、それは本当なのだろうか？　それは私たちの言う外界というものが、どのような類のものであるかによって左右される。

幸福に関する研究において、遺伝子が人の平均的な幸福水準に強い影響力を持つということに次ぐ大きな発見は、大半の環境的、人口統計学的要因は幸福にほとんど影響しないということである。自分が以下のボブかメアリーのどちらかと入れ替わると想像してみよう。ボブは、35歳独身の白人で、魅力的なスポーツマンである。彼は、年収10万ドルで、陽光輝く南カリフォルニアで暮らしている。彼はとても知的であり、余暇は、読書をしたり博物館に行ったりして過ごしている。メアリーは、夫と雪の多いニューヨーク州のバッファローで暮らしており、二人の年収は合わせて4万ドルである。メアリーは65歳の黒人で、太っており、地味な外見だ。彼女はとても社交的で、余暇にはたいてい教会関係の活動をして過ごしている。彼女は腎臓に問題を抱えており、透析を受けている。ボブはすべてを持っているように見えるので、好んでメアリーとその夫の生活を選択する読者はほとんどいないだろう。しかし、もし賭けなければならないとしたら、ボブよりもメアリーの方が幸福であるという方に賭けるべきだ。

メアリーが持っていてボブに欠けているものは、強い絆である。良い結婚は、最も強く一貫して幸福と関連している生活要因の一つである[14]。この明らかな効果は、部分的には幸福が結婚をもたらすという「逆相関」による。幸福な人は、より低い幸福の基準点を持っている人よりも早く結婚し、その結婚は長続きする。なぜなら、彼らはデートをする相手としても魅力的であり、また配偶者としても一緒に生活しやすいからである[15]。しかしながら、この明らかな効果の大部分は、信頼できる親密な関係がもたらすものので、それは基本的欲求の一つでもあり、実質的で恒久的な効果がある。私たちは、親密な関係にもそれが無いことにも、完全に適応することはできない[16]。メアリーはまた、信仰も持っており、信心深い人は平均的に、無宗教である人よりも幸福である[17]。この効果は、自己を超越した何かに結びついているという感覚と同様に、宗教的なコミュニティに参加することによってもたらされる、社会的な結びつきから生じる。

ボブにとって有利なのは、権力や地位、自由、健康、日光などの客観的な利点であり、適応の原理に当てはまるものばかりである。白人のアメリカ人は、黒人のアメリカ人に影響を与えている数多くの面倒事や侮辱を免れているが、平均的には、ほんのわずかに幸福であるにすぎない[18]。男性は、女性より自由で権力を持っているが、平均的に、より幸福であるということはない。（女性はうつに陥りやすいが、強い喜びも経験しやすい）[19]。若者は年寄りよりも将来に対する期待が大きいが、人生の満足度に対する評定値は、実際には65歳まで年齢とともに少しずつ上昇する。65歳をはるかに超えるという研究もある[20]。年寄りの方が多くの健康問題を抱えているにもかかわらず、若者よりも幸福であると聞くと驚くだろうが、人は、メアリーのような大半の慢性的な健康問題に対しては適応するものである[21]。（ただし、慢性的な病気が徐々に進行していくような場合には、幸福感は低下する。また、最近の研究によると、平均的に、身体障害には完全には適応しない）[22]。寒い気候で暮らす人々は、カリフォルニアで暮らす人々は幸福だろうと思うかもしれないが、それは間違いである[23]。人は、魅力的な人は魅力的でない人よりも幸福であろうと考えているが[24]、それもまた間違いである[25]。

ボブが持っている利点の一つとしては財産が挙げられるが、この点は話が複雑である。最も広く知られている結論として、心理学者のエド・ディーナーの調査に基づいたものがあり[26]、どのような国においても、所得規模の最底辺においては、お金で幸福を買うことができる。食事や住まいの支払いについて毎日心配しなければならない人は、それをしなくてもよい人に比べて有意に幸福感が低いと報告されている。

しかしながら、一度、基本的欲求の心配がなくなって中流階級に入ると、財と幸福との関連性は小さなものとなる。平均的には、金持ちの方が中流階級よりも幸福であるが、それはわずかな差であって、このような関係性は部分的に逆相関のためである。幸福な人はより速く富を得られる。なぜなら、結婚市場の場合と同様に、彼らは（上司などの）他人から見てより魅力的であり、また彼らの常に前向きな感情は、勤勉さを促し、プロジェクトや未来への投資への関与を促進する[27]。富そのものは、事実上、快楽のトレッドミルの回転をスピードアップさせてしまうため、幸福に対する直接的影響はわずかなものにすぎない。たとえば、数多くの先進国において富裕度は過去50年間で2倍から3倍となったが、人々の報告によると生活上の幸福度や満足度は変化しておらず、実際には、うつ病はより一般的なものとなった[28]。国内総生産（GDP）の甚だしい増加は、より大きな家や多くの車、テレビ、レストランでの食事、より良い健康、長寿など、生活の快適さにおいて改善をもたらしたが、現在ではこのような改善された生活がもはや通常の環境条件となってしまった。皆それに適応し、当然のものと見なすようになってしまったので、より幸福であるとも満足であるとも感じなくなってしまったのである。

仏陀やエピクテトスが、外界の出来事の喜びに関する説が正しかったと知ったなら、これらの発見を嬉しく思うだろう。彼らの時代と同様、現代の人々も、少しも幸福にはならない目標を追い求めるのに必死であり、その過程で、恒久的な満足感をもたらしうるある種の内面的な成長や精神的な発展を無視してしまっている。古代の賢者が教える最も一貫した教訓の一つは、手放せ、追い求めるな、そして新たな道を選択せよというものである。自己の内面や神と対峙し、世界を自分の意に添うものにしようとすることをいい加減に止めるべきである。『バガヴァッド・ギーター』はヒンズー教の無執着に関する論文であるが、

「阿修羅的な人々」の章において、クリシュナ神は、人間性の下劣な性質と、それに屈している人々を描いている。「彼らは幾百の希望の罠に縛られ、欲望と怒りに没頭し、欲望を享受するために、不正な手段によって富を蓄積しようと望む。」[29] そしてクリシュナは、そのような阿修羅的な考え方を以下のようにパロディ化している。

私は今日のこれを得て満足する。これは私の富であり、時がたてばもっとたくさんの富も私のものになるだろう。彼は敵であったので、私は彼を殺した。もっとたくさんの敵を私は殺すだろう。私は、ここでは主人である。私は欲しいだけの喜びを手に入れる。私は強く、幸福で、成功している。(『バガヴァッド・ギーター』岩波文庫)

「殺す」を「打ち負かす」に置き換えれば、現代西洋の理念、少なくともビジネス界の一角の理念をかなりうまく表現している。そのようなわけで、ボブがメアリーとちょうど同じぐらい幸福であったとしても、もし彼が傲慢に、偉そうな態度で、人々にひどい仕打ちをしていたとすれば、彼の人生は、精神的、感性的にはより劣ったものであるだろう。

幸福の方程式

1990年代に、幸福研究における二つの大きな発見(遺伝との強い関連性と環境との弱い関連性)が、心理学界を震撼させた。なぜならその発見は、幸福だけではなく、大半の性格側面にも当てはまるからである。フロイト以来、心理学者たちは、性格は主に子ども時代の環境によって形成されるという考えを、半ば宗教的な盲信のごとく共通理解としてきた。この原理は鵜呑みにされていたが、その証拠の大半は、両親が何をしたかとその子どもがどうなったかとのあいだの相関関係——たいていは小さな関係——から成り立っており、このような相関関係は遺伝子によって生じていると示唆する人は還元主義者だとして退けられていた。しかしながら、双生児研究によって、遺伝子が恐るべき影響範囲を持ち、その兄弟が共有している家庭環境は比較的重要ではないということが明らかとなると[30]、古代における幸福仮説は以前にも増してもっともなものとなった。サーモスタットが華氏58度（抑うつの人）や華氏75度（幸福な人）に恒常設定されているのと同様に、おそらく、実際に各人の脳には定められた設定点があるのだろう[31]。それゆえに、おそらく、幸福を手に入れる唯一の方法は、その人の環境を変えるのではなく、（たとえば、瞑想やプロザック、認知療法を用いて）内部設定を変える以外にないのではないだろうか？

しかしながら、心理学者がこのような考えに取り組み、生物学者がヒトゲノムの最初の見取り図を解明するにつれて、遺伝と環境についてのもっと洗練された理解のしかたが現れてきた。そう、遺伝子は、誰も想像もできなかったほど私たちについて多くのことを説明してくれるが、遺伝子そのものは、多くの場合、環境要因に対して敏感だということが明らかとなった[32]。そして、確かに人は個人ごとの幸福水準を持っているが、それは今では、設定点というよりは、むしろ可能範囲、もしくは確率分布のようなものと見られている。あなたが自分の可能範囲の高い方と低い方のどちらに設定されるかは、仏陀やエピクテトスが外界と見なした数多くの条件によって決定されるのである。

マーティン・セリグマンが１９９０年代後半にポジティブ心理学を打ち立てた時、彼が最初にしたことの一つは、特定の問題に取り組むための少人数の専門家集団を召集することだった。一つの集団は、幸福を左右する外界の条件を研究するために結成された。ソニア・リュボミルスキー、ケン・シェルドン、デヴィッド・シュケードの三人の心理学者は、入手可能な証拠を再検討した結果、外界の条件には根本的に異なる二つの種類があるということに気がついた。それは生活条件と、行っている自発的活動である[33]。生活条件には、人生で変えることができるもの（財産、配偶者の有無、住んでいる場所など）と、変えることができない事実（人種、性別、年齢、障害など）の両方が含まれる。生活条件は、少なくとも自分の人生のある期間においては一定であるので、それらはあなたが適応するであろう類のものである。一方で、自発的活動は、瞑想やエクササイズ、新たなスキルの学習、休暇をとるなど、あなたが自ら進んで選択するもののことである。そのような活動は選択されなければならず、またその大半は努力や関心を持って行うものなので、生活条件とは異なって、いつの間にか意識から消えてしまうということはありえない。それゆえ、自発的活動は適応の影響を受けずに、幸福の増加をより確実に約束してくれる。

ポジティブ心理学における最も重要な考えの一つは、リュボミルスキー、シェルドン、シュケード、そしてセリグマンが「幸福の方程式」と呼んでいるものである。

$$H = S + C + V$$

実際に経験する幸福の水準（H）は、生物学的な設定点（S）と生活条件（C）と自発的活動（V）によって決定される[34]。ポジティブ心理学の課題は、科学的な手法を用いて、どのような類のCやVが、潜在的な範囲の一番上までHを押し上げることができるかを見出すことである。極端な生物学版の幸福仮説ではH＝Sであり、CやVは何も関係がない。しかし、Vについては仏陀やエピクテトスが元祖であると認めなければなるまい。仏陀は（瞑想やマインドフルネスを含む）「八正道」を定め、エピクテトスは外界に対する無関心（apatheia）を高める思考方法を説いたからである。そのようなわけで、賢者たちの知恵を適切に検証するためには、この仮説、H＝S＋Vを検証しなければならない。ここでVは受容を高め、感情的な執着を弱める自発的な、もしくは意図的な活動である。もし、幸福にとって重要な条件（C）が数多くあり、また執着をなくすこと以外を目的とするさまざまな自発的活動があるならば、仏陀やエピクテトスの幸福仮説は間違いであり、単に内面を見つめよというだけの助言では不十分だということになる。

そして実際に、いくつかの外的条件（C）が重要であるということがわかった。人生においては、変えることが可能であり、完全には適応の原理に従わず、長期的に幸福にしてくれるようないくつかの変化がある。それは、達成するために努力する価値があるものであろう。

騒音：フィラデルフィアに住んでいた時、私は宅地について価値ある教訓を得た。もし、交通量の多い通りに面した家を買わねばならないとしても、信号から30メートル以内の家はやめるべきである。私はさまざまな人のカーステレオの音楽セレクションを42秒間、それに続いてエンジンをふかす音を12秒間、それを95秒ごとに聞かなければならなかった。そしてその15回に1回はいらだつクラクションも聞く羽目になる。私は、けっしてそれに慣れることがなく、妻と一緒にシャーロッツビルで新しい家を探した際には、不動産屋に、万が一、繁華街にあるビクトリア調の豪邸をただであげると言われても、絶対もらわないだろうと話したのだった。人は（たとえば、新しい高速道路が建築されるなどのように）、長期的に続く新たな騒音に対して、完全に適応することはないということが研究によって明らかにされている。また、いくぶんは適応するという見解の研究でも、認知課題の成績が阻害されるという証拠が見出されている。騒音、とりわけ不定期で長く続く騒音は、集中力を阻害し、ストレスを増加させる[35]。騒音は人生において、取り除く努力をする価値がある。

通勤：多くの人が、より大きな家を求めて、職場から遠く離れた場所に引っ越すという選択をする。しかし、人はより広くなったスペースにはすぐに適応してしまうが[36]、より長くなってしまった通勤時間に対しては完全に適応するということがない。特に、渋滞している道路を運転する場合にはそうである[37]。数年通勤し続けた場合でも、渋滞の中を通勤した人は職場に到着した時に、より高いストレスホルモンの水準を示す。（しかしながら、理想的な状態での運転は、楽しく、リラックスできるものである）[38]。通勤の改善は努力する価値があるものだ。

コントロールの欠如：騒音や交通量が人をいらいらさせる理由の一つは、それをコントロールすることができないという点である。ある古典的な研究で、デビッド・グラスとジェローム・シンガーは、人々にランダム・ノイズのバースト音を聞かせた。一つのグループの研究参加者には、ボタンを押せばその音を止めることができるが、本当に必要とならない限りそのボタンは押さないようにと告げた。研究参加者の誰もそのボタンを押さなかったが、何らかのかたちで騒音をコントロールすることができるという信念が、彼らの騒音に対するストレスを軽減した。二つ目の実験で、自分で騒音がコントロールできると思っている研究参加者は、難しいパズルに取り組む際により忍耐強く、コントロールできない研究参加者はたやすくあきらめてしまった[39]。

もう一つの有名な研究で、エレン・ランガーとジュディス・ロディンは、介護施設の二つのフロアの入居者に、部屋に植物を置いたり、週に一度映画を上映したりといった特権を与えた。そのうちの一方のフロアでは、この特権をコントロール感と共に与えた。つまり入居者は、どのような植物を置くかを決めることができ、水やりも彼らの責任であった。またグループで、何曜日を映画の夜にするかも決めることができた。もう一方のフロアにも同様の特権が与えられたが、単に与えられただけだった。看護師が植物を選び、水やりもした。どの曜日を映画の夜にするかも看護師が決定した。この実験操作の小さな違いが、大きな効果を生み出した。コントロール感を与えられたフロアの入居者は、より幸福度が高く、より行動的で敏捷であり（これは単に居住者によってだけではなく、看護師によっても評価された）、この効果は、18ヵ月経ってもまだ顕著であった。さらに驚くべきことに、18ヵ月後の追跡調査では、コントロール感を与えられたフロアの居住者は、より健康的で、死者の割合も半分であった（15パーセントと30パーセント）[40]。ロディンと私はレビュー論文において、労働者や学生、患者、その他の使用者のコントロール感が増加するように施設の環境を変化させることは、彼らの関与に対する感覚や、活動性、幸福感を増加させる上で最も効果的な方法の一つであったと結論づけた[41]。

恥：総合的に見れば、魅力的な人は、魅力的でない人よりも幸福というわけではない。しかし、驚くことに、人の外見を良くすると、幸福感を永続的に高める効果がある[42]。整形手術を受けた人は、（平均的に）その経過に対して高い満足度を報告したばかりでなく、手術後何年にもわたって、生活の質の向上や（抑うつや不安など）精神医学的な徴候の減少を報告した。最も効果が得られたのは、豊胸や乳房縮小などの胸部の手術であったと報告されている。このような外見的・表面的な変化が持続的な効果を持つという点について、私は、それは日常生活における恥の影響によるものではないかと考えている。理想よりも大きすぎたり小さすぎたりする胸を持つ若い女性たちは、自分の体型に対して毎日自意識を感じていると報告している。多くの人が個人的に欠点であると思っている箇所を隠すために姿勢や服装を工夫している。そのような毎日の苦労から解き放たれることが、自信や幸福感の持続的な増加へとつながるのではないだろうか。

人間関係：多くの場合、何よりも重要な条件であるとよく言われるのは、人間関係の強さとその数である[43]。良好な人間関係は人を幸福にし、幸福な人は、不幸な人よりもより多くの良好な人間関係を築く[44]。この影響は、とても重要で興味深いので、次の章をまるごと割いて述べた。ここでは、厄介な同僚やルームメイトがいることや、配偶者とのあいだに長期的な葛藤がある場合など、人間関係における葛藤は、幸福度を確実に低下させる要因の一つであるということだけを述べておこう。人は、対人関係における葛藤に適応することはけっしてない[45]。それは、日々の生活にダメージを与え、その人と会わない日でさえも、その葛藤について考えずにはいられない。

以上の他にも、生活条件、特に人間関係や仕事の条件を正し、ストレス源に対するコントロールの度合いを適切なものとすることで、幸福感を増すことのできる数多くの方法がある。幸福の方程式において、Cは現実であり、外界には重要なものもある。世の中には努力して手に入れる価値があるものがあり、ポジティブ心理学は、それが何であるかを見つけるための手助けとなるだろう。もちろん仏陀は、騒音や交通量、コントロールの欠如、体型的な欠点に対して完全に適応できたのであろうが、生身の人にとって、仏陀のようになることは、古代インドにおいてさえ常に困難なことであった。現代の西洋世界では、何もせず、何も求めないという仏の道に従うことはさらに困難だろう。実際に、幾人かの現代の詩人や作家たちは、そういう道をたどるのをやめて、心の底から行為を受け入れるよう勧めている。「人間に対して静寂に満足せよなどと言うことは無駄である。人間は行為せずにはいられない。するべきことが見つけられなければ、自ら作り上げるであろう。」（シャーロット・ブロンテ、１８４７）[46]

フローの発見

しかしながら、すべての行為が役にたつわけではない。富や名声を追い求めることは通常裏目に出る。お金や名声、美容に最も関心があると答えた人たちは、人生において物質的でないものを目標として追求している人よりも、一貫して幸福度が低く、不健康でさえあることがわかっている[47]。それでは、どういう行為が正しいのだろうか？　幸福の方程式のＶとは、どういったものなのだろうか？

ハンガリー生まれでポジティブ心理学の共同創立者であるミハイ・チクセントミハイによって考案さ

れた「経験標本抽出法」は、心理学者がこの質問に答えるために役だつ道具である。チクセントミハイの研究では[48]、研究参加者はポケットベルを携帯する。それは一日に数回鳴り、そのたびに、研究参加者は小さなノートを取り出して、その瞬間に何をしていて、それをどのぐらい楽しんでいるかを記入する。数千人もの人のポケットベルが数万回鳴らされたこの実験を通じて、チクセントミハイは、何が楽しかったかと記憶していることではなく、人が実際に何をして楽しんでいるのかを見つけ出した。彼は、楽しみには二つの異なったタイプのものがあることを発見した。一つ目は、身体的な、もしくは肉体的な快楽である。食事の時間は、平均的に最も高い水準の幸福度が報告された。人は、本当に食事を楽しんでおり、特に他の人とともに食事をすることを楽しんでいて、食事中や（何より悪いことに）セックスの最中に、電話（や、おそらくチクセントミハイのポケットベル）によって邪魔されるのを非常に嫌う。しかし、身体的な快楽を一日中楽しむことはできない。食事やセックスには、まさにその性質上、満腹してしまう。ある一定の満足水準を超えて食事やセックスをし続けることは、逆に嫌悪感へとつながりうる[49]。

チクセントミハイの大発見は、多くの人がセックスの後のチョコレート以上に価値をおく状態があるということである。それは、その人の能力にほぼ適しているが少し挑戦的な課題に取り組んで、完全に没頭している状態である。よく「のっている」と言われている状態だ。チクセントミハイはこれを「フロー」と名づけた。なぜなら、それは努力のいらない動きのように感じられることが多いからである。フローが起こると、あなたはその流れに身を任せる。フローは、何か身体的な動作をしている時、スキーで滑っている時やカーブの続く田舎道を高速で運転している時、団体競技をしている時などに起こることが多い。フローは音楽や他人の行為によって促進され（たとえば、合唱する、ダンスをする、あるいは、ただ友人との会話に熱中するだけでも)、どの場合も、その人自身の行動に時間的な構造を与える。フローは、絵を描いたり、文章を書いたり、写真を撮ったりといった一人きりの創作活動においても起こりうる。フローの鍵となるものは、注意を完全に注ぐ挑戦があること、その挑戦に見合った能力を有していること、そして、課題解決の各段階において、どの程度できているか、すぐにフィードバックが得られること(進歩の原理)である。うまくターンできたたびに、高音を正しく出せたたびに、思い通りの場所へ筆を入れることができたたびに、ポジティブな感情の波が次から次へと押し寄せてくる。フローを経験しているあいだ、象と象使いは完璧に調和している。象(自動的なプロセス)が滑らかに森の中を走り抜け、大半の仕事をしているあいだ、象使い(意識的な思考)は、問題やチャンスを探し出すことに没頭して、彼が手伝えることをしている。

チクセントミハイの成果を利用して、セリグマンは、快楽と充足の基本的な区別を提案した。快楽とは、食物やセックス、背中のマッサージ、涼しいそよ風などのように、「はっきりとした感覚的要素と強い情動的要素を伴う喜び」である[50]。充足とは、完全に没頭し、自分の強みが生かされ、我を忘れさせてくれるような活動である。充足はフローを導きうる。セリグマンは、V(自発的行動)は主として、快楽と充足の両方を増加させるよう一日を過ごし、環境を整えることに関わると主張した。快楽の可能性を維持するためには、間隔をあけることが重要である。ある午後に大量のアイスクリームを一気に食べたり、新しいCDを立て続けに10回も聞いたりするのは、将来の快楽に対する感受性を鈍らせる、過剰摂取の良い例である。ここで、象使いが大切な役割を果たす。象は快楽に溺れやすいので、象使いは、象が立ち上がって、新たな活動へと移るよう促さねばならない。

快楽は、満喫しつつ変化させなければならない。フランス人は、それをどのように行うか知っている。彼らは、アメリカ人よりも脂っこい料理を食べるが、結局はアメリカ人よりも細身で健康的だ。その理由は、フランス人が食事をゆっくりととり、自分が食している食物に注意を払うことによって、より多くの快楽を引き出しているからである[51]。彼らはゆっくりと味わうので、結局のところ多くは食べない。対照的に、アメリカ人は何か別のことをしながら、脂肪分が高く、炭水化物をたっぷり含んだ膨大な量の食物を次から次へと口に放り込む。またフランス人は、量は少ないが種類の多い料理を食べることで快楽に変化をつけているのに対し、アメリカ人は、大盛りの食事を出すレストランに魅力を感じる。多様性は、本質的に適応とは敵対する関係にあるため、人生のスパイスとなる。一方で、スーパーサイズの食事は、適応を最大化する。感覚的快楽を容認した数少ない古代哲学者のうちの一人であるエピクロスは、賢者は「食事は最も量の多いものではなく、最も味わい深いものを選択する」と述べており、フランス流を支持している[52]。

広く知られているように、感覚的快楽に哲学が警戒する理由の一つは、その効用が長く続かないからである。快楽は、ほんの一瞬良い気分にさせてはくれるが、その感覚的な記憶はすぐさま消え失せてしまう。またその人は、それによって賢くも強くもならない。さらに悪いことに、快楽は人をさらなる快楽へと引き込み、長い目で見ればより良いと思われる活動から人を遠ざけてしまう。しかし充足はそうではない。充足は私たちにより多くのものを求める。充足は私たちに試練を課して、能力を伸ばすことを求める。充足は多くの場合、何かを達成したり、学んだり、改善したりした時にもたらされる。私たちがフローの状態へと入ると、困難な仕事も努力のいらないものとなる。私たちは、自分の能力を発揮し、技能を磨き、強みを使い続けたくなる。セリグマンは、自身の充足を見出す鍵となるのは、自身ならではの強みを知ることであると述べている[53]。ポジティブ心理学の最も大きな成果の一つは、強みの目録を作り上げたことである。www.authentichappiness.org でオンラインテストを受ければ、あなたの強みを見つけ出すことができる。

最近、私は、自分の担当する基礎心理学のクラスの350人の学生に、強みのテストを受けてもらい、その一週間後、数日にわたって四つの活動に従事するように頼んだ。その活動の一つは、昼間にアイスクリーム休憩をとってアイスクリームを味わうという、感覚を甘やかすものであった。この活動は、その瞬間は最も楽しいが、その他の快楽と同様、すぐに消え失せてしまう。他の三つの活動は、充足をもたらす可能性があるものであった。普段行かない講座やクラスに出席する：落ち込んでいる友達に何か一つ親切な行為をする：感謝している人に対して、その理由を書き出した後、その人を訪ねるか電話するかして、あなたの感謝を伝える。この四つの中で最も楽しくない活動は、講義に行くことであった。ただし、その人の強みに好奇心や学習への情熱が含まれている場合は別である。彼らはそこからより多くのものを得る。大きな発見は、人は、自分を甘やかすような活動からよりも、親切や感謝の活動をすることからの方が、長時間にわたる気分の改善を経験したということである。親切をしたり感謝の念を示すことは、彼らにとって社交的な規範から逸脱する必要があり、恥ずかしい思いをするかもしれないので、最も神経質になった活動であったが、いったん実際にそのような活動をすると、その日はずっととても気分が良いと感じた。大半の学生は、その良い気分が次の日まで持ち越したとさえ言っており、これはアイスクリームを食べた学生が誰もそう言わなかったのと対照的である。その上、このような効用は、親切心と感謝が強みである人たちから最もよく聞かれた。

だから、V（自発的活動）は現実的な要因なのであって、単に執着を捨てればよいというだけの問題ではない。あなたは、あなたならではの強みを、特に友人を助けたり、恩人に感謝の気持ちを伝えたりといった人間同士の結びつきを強化する活動に用いることで、幸福感を増加させることができるのである。毎日手当たり次第に親切な行為を行うのでは単調にもなるだろうが、もしあなたが自分の強みを知っており、それらに関わる五つの活動をリストアップすれば、毎日少なくとも一つは確実に充足を得ることができるだろう。毎週任意で何か一つ親切な行為をするか、数週間にわたって、定期的に幸運なことを数えあげることを課した研究では、わずかではあるが持続的な幸福感の増加が見られた[54]。だから、やってみよう！　あなたならではの充足活動を選択し、定期的に（しかし、飽きてしまわない程度に）それらを実施して、幸福度の全体的な水準を上げよう。

誤った追求

人は多かれ少なかれ合理的に自己の利益を追求し、結果として市場がうまく機能するというのが経済学の原理である。アダム・スミスの言う自己利益という「神の見えざる手」だ。しかし、１９８０年代に、数人の経済学者が心理学を学び、この一般に知れわたったモデルを叩きのめした。先頭に立ったのはコーネル大学の経済学者、ロバート・フランクで、彼は、１９８７年の著書『オデュッセウスの鎖』の中で、人の行為の中には、純粋な自己利益という経済学モデルに単純には当てはまらないものがあると分析した。たとえば、家から遠く離れたレストランでチップを渡したり、お金をかけてまで復讐を追い求めたり、もっと良い機会が巡ってきた時でも友人や配偶者に誠実であり続けることなどがそうである。フランクは、このような行動は（愛、恥、復讐や罪悪感などの）道徳感情の産物であるという以外には説明がつかず、このような道徳感情は進化の産物であるという以外には説明がつかないと論じた。進化は時に、自分自身のために「戦略的に不合理な」ことをさせるようなのである。たとえば、人は騙された時、怒り、コストを度外視してでも復讐を求め、評判を得る。そのことは騙そうとする者を牽制する。コスト以上の利益を得ることができる時にだけ復讐を求める人は、多くの状況下で、騙されても何の罰も与えられない結果となるかもしれない。

さらに、フランクは最近の本『贅沢熱』[55]の中で、他のタイプの不合理、すなわち、人が自分自身の幸福とは反対に作用する多くの目標を追求するのに精力的であることについて理解するために、同様のアプローチを用いた。フランクは、なぜ国家の富が上昇しても、国民はちっとも幸福とはならないのかという問題から始め、いったん基本的欲求が満たされてしまうと、お金ではそれ以上の幸福は買うことができないのではないかという可能性について考察した。しかしフランクは、その証拠について注意深くレビューした後で、幸福をお金で買うことはできないと考えている人たちは、単にどこの店に行けばよいか知らないからであると結論づけた。購入品の中には、ほとんど適応の原理の影響を受けないものもある。フランクは、どうして人は、自分たちをさらに持続的に幸福にするようなものよりも、完全に適応してしまうような、贅沢品やその他のものにお金を費やすのに夢中になってしまうのかについて知りたいと考えた。たとえば、休暇をもっとたくさんとり、友人や家族と共に過ごせば、人はより幸福で健康的となれるだろうに、アメリカでは長いあいだ、これとは逆の方向を目指してきた。小さな家に住むことになったとしても、通勤時間を減らせばより幸せになれるだろうに、アメリカでは、より大きな家に住み、通勤時間が長くなる傾向にある。長い休暇をとれば、稼ぎは減ったとしてもより幸せで健康的となれるだろうに、アメリカでは休暇は短縮されてきており、それはヨーロッパでも同様である。必要最低限の機能的な電化製品、自動車、腕時計を買い、残りを将来の消費のために蓄えておけば、より幸せで、長期的にはより裕福となれるはずだが、とりわけアメリカ人は、自分の持っているお金のほとんどすべて、時にはそれ以上を、目先のものに消費してしまう。ブランドや不必要な機能に対するプレミアムに大金を払うことすらよくある。

フランクの説明は、誇示的消費と非誇示的消費は異なった心理学的な規則に従うというシンプルなものである。誇示的消費というのは、他者からも見える物で、その人が相対的に成功していることを指し示すマーカーとなる物のことである。このような物は、軍拡競争になりやすい性質を持ち、その価値は客観的な特性ではなく、それらが発する所有者についてのステートメントによって決定される。皆がタイメックスの腕時計を着けている時に、職場で最初にロレックスの腕時計を買った人は人目を引く。皆がロレックスに格上げすると、もはやロレックスは満足を与える物ではなくなり、高いステータスを保つためには2万ドルのパテックフィリップを付けなければならなくなる。誇示的消費はゼロサムゲームである。各々の格上げが、他者の所有の価値を下げる。さらに言えば、全員が質素な腕時計へと戻ればおしなべて皆が得をするとしても、集団全体やサブカルチャー全体を格下げするよう説得することは困難である。一方で、非誇示的消費とは、それ自体に価値があり、通常より個人的に消費され、ステータスを達成するために買ったりはしない物や活動のことである。少なくともアメリカ人は、最長の休暇をとったり通勤時間が最短であってもそのことで威光を放つことはないので、このような非誇示的消費は軍拡競争とはなりにくい。

　ここで思考実験をしてみよう。あなたはどちらの仕事を選択するだろうか？　一つは、同僚が平均一年に7万ドル稼いでいる中で、9万ドル稼ぐ仕事。もう一つは、同僚が平均一年に15万ドル稼いでいる中で、あなたは10万ドル稼ぐ仕事。多くの人は最初の仕事を選択する。したがって、多くの人にとって相対的な地位は、少なくとも1万ドルの価値があるということになる。次に、こちらはどうだろう。他の従業員が平均して1週間しか休暇がとれないのに対して、あなたは2週間とれる会社。他の従業員は平均して6週間休暇をとれるのに、あなたは4週間しか休暇をとれない会社。あなたはどちらを選ぶだろうか？　大半の人は、絶対的な期間が長い方を選択する[56]。休暇は非誇示的消費なのである。ただし、リフレッシュするためにその時間を使うのではなく、他者を感心させるために膨大なお金を費やすことによって、人は休暇を容易に誇示的消費へと変えてしまう。

　フランクの結論は、「行為と所有」の効用に関する近年の研究によって支持されている。心理学者リーフ・ヴァン・ボーフェンとトム・ギロヴィッチは、自分の幸せや楽しみを増やすために100ドル以上費やした時のことを人々に思い出してもらった。一方の研究参加者グループには、物質的な所有に関するものを選ぶように求め、他方のグループには、経験や活動を選ぶように求めた。そしてその購入対象について記述した後で、両方の研究参加者に、質問紙に回答してもらった。（スキー旅行やコンサート、おいしい食事などのような）経験の購入について記述した人たちは、（洋服や宝石、電子機器などのような）物質的な物品の購入について記述した人に比べて、自分の購入対象について考えた時の幸福度が高く、よりお金を有効に使ったと考えていた[57]。ヴァン・ボーフェンとギロヴィッチはこの実験をさまざまなバリエーションで行い、毎回同様の結果を得た。そして、経験がより多くの幸福感をもたらす理由の一部は、より大きな社会的価値を持つからであると結論づけた。100ドル以上かかる大半の活動は、他の人たちとともに行うものだが、高価な物を購入する理由の一部は、他の人たちを感心させるためであることが多い。活動は他者と私たちを結びつけるが、物はしばしば他者と引き離す。

もう、どこに買いに行けばよいか、おわかりだろう。最新の流行を追うことは止め、誇示的消費にお金を浪費するのは止めるべきである。その第一歩として、勤務時間を減らして、稼ぎを減らし、貯蓄を減らして、家族との時間や休暇、その他の楽しめる活動にもっと「消費」すべきである。中国の賢者、老子は、自分自身で選択し、皆が追い求める有形物を追い求めないよう警告している。

> 競争や狩猟は心を狂わせる。
> 貴重な物は人を惑わせる。
> それゆえ賢者は見るものではなく、感じるものによって導かれるのだ。
> 彼はそれを諦めて手放し、これを選択するのである[58]。

不運にも、象が鼻で「貴重な物」を抱え込み、手放すのを拒んだなら、一つの物を手放してもう一つの物を選ぶことは難しい。象は、自然淘汰によって人生ゲームで勝つように定められており、その戦略の一部分は、他人を感心させ、称賛を集め、相対的に順位を高めることである。象は、幸福ではなく、名声に関心があり[59]、何が栄誉であるかを把握するために絶えず他者に目を配っている。象は、より大きな幸福がどこか別にあるとわかっている時でさえ、その進化的な目標を追求するだろう。もし、すべての人が限られた量しかない同じ名声を追い求めているとすれば、全員がゼロサムゲームや終わりのない軍拡競争、富の増加が幸福感の上昇をもたらさない世界へとはまり込んで抜け出せなくなる。贅沢品を追い求めることは幸福の罠である。贅沢品が幸せにしてくれるという間違った信念に基づいて競争しているならば、そこは袋小路である。

現代社会には、他にも数多くの罠がある。ここでいくつか挙げよう。以下の単語から、最も魅力的なものを一つ選択しなさい。制約、制限、障壁、選択。最初の三つはネガティブな感情の印象を与えるので、あなたは選択を選んだに違いない（好悪計を思い出してほしい）。「選択」と、それとよく一緒に出てくる「自由」ということばは、現代社会では絶対的な善だ。大半の人は、各食品カテゴリーにつき2種類しか置いていない小さな店よりも、10種類も置いてあるスーパーマーケットで買い物をしたいと思うだろう。また大半の人は、4種類のファンドを提供する会社よりも、40種類のファンドを提供している会社に退職後の貯蓄を投資したいと思うはずだ。しかし、実際に多くの選択肢を与えられると、たとえば、6種類ではなく30種類のチョコレートの詰め合わせからどれかを選択するという場合、ほとんどの人は自分で選択しない傾向があり、また、選択をしたとしても、その選択に対してほとんど満足しない[60]。選択肢が多ければ多いほど、人は完璧に合うものが見つかると期待する。と同時に、選択肢が多いほど、一番良いものを選ぶ確率は低くなる。自分の選択に自信が持てず、後悔し、自分が選ばなかった選択肢について考えながら、その店を後にすることになりやすい。もし、自分で選択しないで済むなら、あなたはそうする可能性が高い。心理学者のバリー・シュワルツは、これを「選択のパラドックス」と呼んだ[61]。私たちは、選択がしばしば幸福の低下を招くとしても、選択を重要視して、なるべく選択のできる状況へ身を置こうとする。しかし、シュワルツと彼の同僚は[62]、このパラドックスは、「追求者（マキシマイザー）」と呼ばれる人たちがよく抱えるものであることを発見した。追求者は、習慣的にすべての選択肢を評価して、多くの情報を集め、最良の選択（もしくは経済学者が「効用の最大化」と呼ぶもの）をしようとする。一方、「満足者（サティスファイアー）」は選択に関してより大らかである。そのような人は、ある程度満足がいくものが見つかるまで選択肢を評価したら、後は見るのをやめてしまう。満足者は、過剰な選択肢に悩まされることはない。追求者は（すべての心配や情報収集が功を奏して）、満足者に比べて平均的にわずかに良い選択をするが、その決定にはより満足がいかず、抑うつや不安の傾向もより強い。

ある巧妙な研究で[63]、追求者と満足者が他の研究参加者（実際は共同実験者）と隣同士に座って、アナグラムを解くように求められた。隣の研究参加者は、アナグラムを研究参加者よりも速く解いたり遅く解いたりする。満足者は比較的、そのような経験に動じなかった。自分の能力やその実験をどの程度楽しんだかに関する彼らの評定は、他の研究参加者がどうであったかによってほとんど左右されなかった。しかし追求者は、隣の研究参加者が自分より速いと、面食らってしまった。その後、彼らは自分の能力を低く見積もり、ネガティブな情動が高い水準にあることを報告した。（自分よりも遅い人が隣であった場合には、大きな影響は見られなかった。ネガティブな出来事はポジティブな出来事よりも強いという、もう一つの例である。）ここでのポイントは、追求者は、より社会的比較に巻き込まれやすく、それゆえに誇示的消費に溺れやすいということである。皮肉なことに、追求者が1ドル当たりの消費から得られる快楽はより少ない。

現代社会は罠でいっぱいである。いくつかの罠は象が欲しているものをよく知っている販売業者と広告業者によって仕掛けられたものである。そして象が欲しているものは、幸福ではない。

幸福仮説再考

この本を書き始めた時、私は、仏陀こそが「この3000年間の最も優れた心理学者」賞の最有力候補であろうと考えていた。私には、努力は無益であるという彼の分析は非常に正しいものに思えたし、彼の約束する心の平穏はとても魅力的であった。しかし、この本を書くため調査する間に、仏教は過剰反応に基づいており、誤りでさえあるかもしれないと考えるようになった。伝説によると[64]、仏陀はインド北部の王の息子であった。彼が（ゴータマ・シッダールタとして）生まれた時、王は、息子は宮殿を出て行く運命にあり、王国に背を向けて森に入っていくであろうという予言を聞いた。そこで、少年が大人へと成長する時に、彼の父は、彼を官能的な快楽に縛りつけ、心を乱すようなものはすべて彼から遠ざけようとした。若い王子は美しい姫と結婚し、宮殿の上位階で、その他の美しい娘たちのハーレムに取り囲まれて育てられた。しかし、彼は退屈するようになり（適応の原理）、外の世界に好奇心をそそられた。とうとう彼は、二輪馬車に乗って外出することを許してくれるよう父王を説得した。その外出の朝、王は、すべての老人、病人、身体障害者は屋内に閉じこもっているように命じた。しかし、一人の老人が道端に残っており、王子は彼を見た。王子は、御者にその奇妙な外見をした生き物についての説明を求め、御者は、すべての人は老いていくのだと説明した。呆然として、若い王子は宮殿へと戻っていった。次の日の外遊で彼は、病気のために足を引きずって歩いている病人を見た。さらなる説明を受け、宮殿で塞ぎ込んでしまった。三日目、王子は通りを運ばれていく死体を見た。これが我慢の限界であった。老い、病気、死がすべての人の運命であることを発見して、王子は号泣した。「馬車を引き返せ！　娯楽のため外遊などしている場合ではない。知性のある人間が迫りくる破滅を知りながら、この災難に目を向けずにいることなどできようか？」[65]王子は、予言されたとおり、妻やハーレムや高貴な未来を捨てた。彼は森に入り、悟りへの旅を始めた。悟りを開いて後に、仏陀[66]（覚醒した者）は、人生は苦悩であり、苦悩から逃れる唯一の道は、私たちを快楽や功績、名声、生活へと縛りつける執着心を断つことであると説いた。

しかしもし、若い王子がきらびやかな馬車から実際に降り立ち、それほどにも惨めであると思った人たちと話をしていたなら何が起こっただろうか？　もし、彼が貧乏人や年寄り、身体障害者、病人たちにインタビューをしたらどうなったであろう？　最も大胆な若き心理学者の一人、ロバート・ディーナー（幸福研究のパイオニアであるエド・ディーナーの息子）が、まさにそれを実行した。彼は、世界中を旅して、人々の生活と人々がその生活にどの程度満足しているかについてインタビューしてまわった。グリーンランドからケニアやカリフォルニアまで、どこに行っても、彼は、大半の人（ホームレスの人たちを除いて）が、自分の生活に対して不満足というよりは満足していることを見出した[67]。彼は、貧困のために体を売るしかなく、病気のために将来を奪われたカルカッタのスラム街の娼婦にまでインタビューした。彼女たちは、カルカッタの大学生集団と比較して、実質上満足度が低かったとはいえ、（平均して）生活を12に分けた各側面において、自分の生活は不満足というよりは満足であるか、中間である（満足でも不満足でもない）と評価した。そう、西洋にいる私たちから見ると彼女たちは耐えがたい貧困に苦しんでいるように見えるが、彼女たちも長時間一緒に過ごす親しい友人を持ち、大半の人は家族との接触を保っている。ディーナーは「カルカッタの貧困層の人々は、うらやましがられるような生活は送ってはないが、有意義な生活を送っている。彼女たちは手に入る非物質的な資源を十分に活用して、生活の多くの面で満足を見出している」と結論づけている[68]。若き仏陀が憐れんだ四肢麻痺の人や、老人、その他の階級の人々と同様に、この娼婦たちの生活も、内側から見れば、外側から見るよりはるかに良いものなのである。

仏陀が執着心を捨てるように強調したもう一つの理由は、彼が動乱の時代に生きていたことであろう。王たちや都市国家は戦争へと突き進み、人々の生活や財産は一晩で燃えつきかねない状況であった。生活が予測不能で危険である時に（気まぐれなローマ皇帝の下で生きていたストア派の哲学者たちがそうであったように）、外界を制御することで幸福を追求するのは愚かなことであったろう。しかし、現代は違う。豊かな民主主義世界に生きる人々は、長期的な目標を立て、それを達成することが期待できる。私たちは、病気に対して予防接種を受け、嵐から避難し、火災や泥棒や事故に対して保険をかける。人類史上初めて、（豊かな国々においては）大半の人が70歳を超えるまで生き、自分の子どもたちの死に会うこともない。すべての人が人生の中で突然の不幸な事態に見舞われることもあろうが、それらのほとんどすべてに適応し、切り抜けるだろう。そして、多くの人は、あの時に比べれば暮らし向きは良くなったと思える。だから、すべての執着を断つこと、喪失や敗北の苦痛から逃れるために、努力して感覚的な快楽や勝利を回避すること、これらはいまや、私には、どんな人生にもあるいくばくかの避けられない悩みに対する反応としては、不適切であるように思えるのだ。

多くの西洋の思想家たちは、仏陀と同様に、病気、老化、避けられない死といった苦痛について考え、彼とはまったく異なる結論に達した——人や目標や快楽に対する情熱的な執着を通して、人生は充実したものとなるに違いない。私はかつて、哲学者のロバート・ソロモンの講演を聴いたことがある。彼は、無執着の哲学は人間の本性とはかけ離れたものであるとして真っ向から反対した[69]。数多くのギリシアやローマの哲学者によって唱えられた知性的省察と情動的無関心（冷淡）の生活や、仏陀が説いた平穏な無執着の生活は、情熱を避けるよう設計された生活であるが、情熱のない生活は人生ではない。そう、執着は苦痛をもたらすが、大きな喜びももたらすのであり、哲学者たちが避けようとしていたその変化の中にこそ価値がある。私は数多くの古代哲学を否定する哲学者の話を聞いて呆然としたが、学部時代の哲学の授業からはけっして得られなかった刺激を受けた。私は、人生を受け入れるためにただちに何かをしたいという気持ちになって、その講義ホールを後にした。

ソロモンのメッセージは、哲学の世界では伝統的なものではないが、ロマン派の詩人や小説家、自然作家の作品の中にはよく見られる。「私たちは、人生の4分の1しか生きていない。どうして、溢れ出すままにしないのか？　扉を開き……そして、車輪を動かそうとしないのか？　耳をすまし、感覚を研ぎ澄ませ」（ヘンリー・デイヴィッド・ソロー、1851）[70]

後にアメリカの最高裁――理性に専念する機関――の判事となった男でさえ、以下のような意見を述べている。「人生は行動であり情熱であるから、その時代の情熱や行動を共有することが要請されると私は思う。そうでなければ人生を生きていないと判断される危険性がある。」（オリバー・ウェンデル・ホームズ・ジュニア、1884）[71]

仏陀、老子、そしてその他の東洋の賢者たちは、平和と平穏に続く、あるがままに委ねる道を発見した。

彼らは、瞑想と静謐によってその道に従う方法を説いた。西洋では、何百万人もの人がその道に従い、ほんの一握りであれニルヴァーナへと達したものがいたかどうかはわからないが、多くはある程度の平和と幸福と精神的な成長を見出すことができた。だから私は、現代社会における仏教の適切性や、幸福を見出そうと自らに働きかけることの重要性に疑問を投げかけているわけではない。むしろ、私は幸福仮説に陰陽説を取り入れて拡張することを提案したい。幸福は心の内から訪れ、さらに、幸福は心の外からも訪れる。（第10章で、この仮説をさらに洗練させるつもりだ。）陰と陽を共に生きるためには、案内が必要だ。仏陀は、陰に対して歴史上最も透徹した案内者であった。内面的作業という陰を、穏やかに、常に、思い出させてくれる。しかし私は、行為や勉励、情緒的な執着に対する西洋的理想は、仏教が指摘するような間違ったものではないと思っている。私たちに必要なのはまさに（東洋と）多少ともバランスをとることなのであり、何に向かって励むのかについての（現代心理学からの）なんらかの明確な手引きなのである。

第6章 愛と愛着

自らを孤独だと見なし、すべての物事を自らの有用性の問題であるととらえる人は、誰も幸せに生きることはできない。もし、自分のために生きたいのなら、隣人のために生きなければならない。

——セネカ[1]

誰しも孤島ではなく、一人ですべてなのではない。すべての人は大陸の一部であり、全体の一部分なのである。

——ジョン・ダン[2]

1931年、私の父は4歳の時、ポリオと診断された。彼は、ただちにニューヨークのブルックリンの地域病院の隔離病室に入れられた。当時はポリオに対する治療法もワクチンもなかったため、市民は伝染を恐れながら暮らしていた。数週間、父は、たまに看病のために訪れるマスクをした看護士以外、まったく人と接触をしなかった。彼の母親は、毎日会いに来たが、ドアの窓ガラスを通して手を振り、話しかけようと試みることしかできなかった。父は、母親に大声で叫び、入ってくれるように頼んだことを覚えている。彼女の心は張り裂けてしまったのだろう。ある日、規則を破って部屋に入った。彼女は取り押さえられ、厳しく叱責された。父は、麻痺が残ることなく回復したが、私には、こんなイメージが常に残っている——小さな男の子が一人ぼっちで部屋にいて、窓ガラス越しに母親をじっと見つめている。

父は運悪く、影響力のある三つの思想が合流した時代に生まれた。一つ目は、1840年代にイグナーツ・ゼンメルワイスによって提案された細菌理論であり、それは次の世紀にわたって、徐々に勢力を増しながら病院や療養所へと組み込まれていった。1920年代に児童養護施設や孤児院で統計データを集め始めた時、小児科医は何にもまして細菌が恐怖であることを知ることとなった。記録をさかのぼると、孤児院に捨てられた大半の子どもは一年以内に死んでいることがわかった。1915年、ニューヨークの医師であったヘンリー・チャピンは、アメリカ小児科学会に、彼が調査した10の孤児院のうち、一つを除いたすべての孤児院で、子どもたちは二回目の誕生日を迎える前に全員が死んでいたと報告した[3]。小児科医たちは、幼い子どもたちの施設における生死に関わる問題に真剣に取り組み、細菌撲滅運動を立ち上げるという論理的な方法で対応した。孤児院や病院では、互いに感染するのを防ぐために、子どもたちを清潔で区画化した個室に隔離することが、最優先事項となった。ベッドは分けられ、ベッドとベッドのあいだに仕切りが取り付けられた。看護婦は、マスクと手袋で防備し、母親は隔離の規則を破ると叱責を受けた。

後の二つの思想は、精神分析と行動主義である。これら二つの理論に共通項はほとんどないのだが、乳児の母親に対する愛着は母乳に基づくという見解において共通していた。フロイトは、乳児のリビドー（快楽への欲求）は、まず乳房によって満たされるため、乳児は最初に乳房に対して愛着（心理的要求）

を発達させると考えた。子どもは、徐々にその欲望を乳房を持つ女性へと一般化してゆく。行動主義者は、リビドーには注目しなかったが、彼らも乳房が最初の強化因子、つまり最初の行動（乳首を吸う）に対する最初の報酬（母乳）であると考えた。行動主義の中核を一つだけ取り上げるならば、それは、条件づけである。学習は行動に対して報酬が条件づけられる時に生じるという考えである。抱っこしたり、ほおずりしたり、寄り添ったりという理由のない、無条件的な愛情は、確実に子どもを怠け者で、甘えん坊で、ひ弱にすると考えられた。フロイト派と行動主義の人々は、非常に愛情あふれた母性は、子どもをダメにし、科学的原理こそが子育てをより良いものにするという信念において一丸となった。私の父が入院する三年前（B・F・スキナーよりも数年前）に、アメリカの行動主義の主唱者であったジョン・ワトソンは、『幼児と子どもの心理的ケア』というベストセラーを出版した[4]。ワトソンは、いつの日か赤ちゃんは、間違いの多い両親の影響下から引き離され、赤ちゃん養育場で育てられるだろうという夢を書いている。しかし、その日が訪れるまでは、両親は、行動主義的テクニックを用いて強い子どもを育てるようにと勧めた。つまり、子どもが泣いていても抱き上げず、寄り添ったり甘やかしたりせず、ただ、ひたすら良い行いや悪い行いに対して報酬や罰を与えなさいと説いた。

　どうして科学が、これほどにも間違ってしまったのだろうか？　なぜ、医者や心理学者は、子どもにはミルクと同様に愛情も必要であるとわからなかったのだろうか？　この章では、他者や接触、親密な関係性に対する欲求について述べる。男性も女性も子どもも、誰しも孤島ではない。科学者は、ジョン・ワトソン以来、長い道のりを経てきた。今ではより人間味のある愛の科学がある。この科学の物語は、孤児とアカゲザルから始まり、西洋と東洋において数多くの古代人が抱いていた愛に対する陰欝なイメージへの挑戦に至る。この物語のヒーローは、自分たちが教えられた中心的教義を拒否した、ハリー・ハーロウとジョン・ボウルビィという二人の心理学者である。この二人には、行動主義や精神分析は、それぞれ何か重要なことを見逃しているということがわかっていた。そして、大きな困難をものともせずに彼らの研究領域を変え、子どもたちの扱いをより人間味のあるものにして、科学が古代の知恵を大いに改善することを可能にした。

抱きしめること

ハリー・ハーロウ[5]は1930年、スタンフォード大学で、ラットの赤ちゃんの摂食行動に関する論文を書いて博士号をとった。彼は、ウィスコンシン大学で職を得たが、そこでは教えることに精一杯で、研究資源は何もかも不足していた。実験室はなく、ラットもおらず、発表したいと考えていた実験を行う方法がなかった。失意の中で、ハーロウは、ウィスコンシンのマディソンにある、わずかな数の霊長類がいた小さな動物園に学生たちを連れて行った。ハーロウと彼の最初の大学院生であるエイブ・マズローは、そのような少数の動物では統制された実験を行うことができなかった。しかたがないので、彼らは先入観を持たずに観察し、人類と近縁の関係にある種の動物たちから学ぶことを余儀なくされた。そして、彼らが最初に見つけたものの一つが、好奇心である。類人猿やサルは、パズル（人間が、彼らの身体能力と知性を測るために与えたもの）を解くのが好きであり、それ自体が純粋な楽しみであるかのようにその課題に取り組んだ。それに対して、行動主義者は、動物は、強化された行動をするだけであると唱えていた。

ハーロウは、行動主義の欠点を見つけたと感じたが、地方の動物園での逸話からそれを証明することはできなかった。彼は、ラットではなく霊長類を研究するための研究室が是が非でも欲しくなり、自分で建てた。学生たちの助けを借りて、放棄されていた建物の外郭を使い、文字通り自分で建てたのである。その間に合わせの実験室で、その後の30年間、ハーロウと彼の学生たちは、サルは物事を理解することを好み、好奇心が旺盛な、知的な生物であるということをかつてない精密さで実証し、行動学者たちを激高させた。サルは、人間と同様に、強化の法則にある程度は従うが、行動学者たちの脳で理解できていたことよりもより多くのことが、サルの脳の中では生じていた。たとえば、サルが（いくつかの動く部品からなる機械仕掛けのかんぬきを開けるというような）パズルを解く際、正しいステップごとに報酬としてレーズンを与えることは、実際にはサルの気を散らし、パズル解きの邪魔になった[6]。サルは課題自体を楽しんでいたのである。

実験室が大きくなるにしたがって、ハーロウは恒常的なサル不足に直面した。サルは輸入するのが難しく、届いた時には、しばしば病気にかかっており、実験室に新たな伝染病をもたらした。１９５５年、ハーロウは自分たち自身でアカゲザルの繁殖コロニーを作るという大胆なアイディアを思いついた。寒い気候のウィスコンシンでは言うまでもなく、アメリカで自立したサルの繁殖コロニーを作り上げた人は誰もいなかったが、思いとどまらなかった。彼は、アカゲザルが交尾するに任せ、混雑した実験室での感染から守るために子どもは生まれてから一時間以内に取り上げた。多くの実験の後、彼と彼の学生たちは、栄養と抗生物質が豊富な、赤ちゃんのための人工乳を作り上げた。彼らは、最適な授乳パターンや、昼夜のサイクルや、温度を見つけ出した。赤ちゃんは、伝染病から守るために一匹ずつケージに入れて育てられた。ハーロウはある意味、ワトソンの夢であった赤ちゃん養育場を実現したのであり、その作物は、大きく元気に育っているように見えた。しかしながら、養育場育ちのサルが他の仲間のところに戻された時、彼らは呆然とし、怖気づいた。彼らは、けっして正常な社会スキルや問題解決スキルを身につけることはなく、実験には役立たなかった。ハーロウと学生たちは途方に暮れてしまった。彼らは何を忘れていたのだろうか?

その手がかりは、ありふれた光景の中にあり、それはサルの手の中に握り締められていた。ついに大学院生のビル・メイソンが気づいた。オムツだった。赤ちゃんの養育場のケージには時々、布団として、また冷たい床からの保護材として、古いオムツが敷き詰められていた。サルは、とりわけ恐怖を感じた時に、オムツにしがみき、新しいケージへと運ばれる時には、それを一緒に持って行った。メイソンは、ハーロウにテストを提案した。「何匹かの子猿のケージに、木の束と布の束を置いてみましょう。そして、なんでもよいから何か握るものが必要なだけなのか、それとも布の柔らかさに何か特別なことがあるのかを見てみましょう。」ハーロウはそのアイディアが気に入って、熟考し、さらに大きな疑問を見出した。オムツは、本当に母親の代わりなのか? 抱きしめられ抱きしめることは、サルの生得的な欲求で、それが赤ちゃん養育場に完全に不足していた欲求なのではないだろうか? もしそうだとしたら、それをどうすれば証明できるだろうか? ハーロウの証明は、心理学全体の中で最も有名な実験の一つとなった。

ハーロウは、ミルク仮説を直接的なテストにかけた。彼は、二種類の代理母を作った。どちらも雌のアカゲザルぐらいの大きさの円柱で、目と口のついた木製の頭を持っている。一つは、針金の網でできており、もう一つは、スポンジの層で包んだ後に、柔らかいタオル地で包んである。8匹のアカゲザルが、それぞれ一種類ずつの2匹の代理母と一緒に1匹ずつケージに入れて育てられた。4匹のサルに関しては、ミルクは、針金の母ザルの胸のみからチューブを通して与えられ、後の4匹は、布の母ザルの胸を通したチューブから与えられた。もし、ミルクが愛着の源であるというフロイトとワトソンの説が正しいのであれば、サルたちはミルクを与えてくれる方にしがみついているはずである。だが、そうはならなかった。すべてのサルは、布でできた母親のソフトなひだにしがみつき、よじ登り、体を押しつけて一日のほとんどの時間を過ごした。ハーロウの実験[7]は、非常に洗練されており説得力があるので、結果を理解するために統計を見る必要などない。今ではどの基礎心理学の本にも載っている、赤ちゃんザルが針金の母親から突き出たチューブからミルクを飲むために体を伸ばしながらも、後ろ足で布の母親にしがみついている有名な写真を見るだけで十分だろう。

ハーロウは、幼い哺乳類が母親との身体的な接触を求める「接触の安らぎ」は、基本的欲求であろうと論じている。本物の母親がいない場合には、幼い哺乳類は何か最も母親に近いと感じられるものを探し出す。ハーロウは、注意深くこの用語を選択した。なぜなら、布の母であっても母親は、最も必要とされる時に安らぎを提供し、その安らぎは、たいてい直接触れ合うことでもたらされるからである。

家族愛を見せられると、人はしばしば感動の涙を流すが、デボラ・ブラムによる見事なハーロウの伝記、『グーンパークの愛』[8]には、感動的な家族愛の表現がぎっしり詰まっている。これは、最終的には元気の出る物語であるが、途中には、悲しみや報われない愛が数多く描かれている。たとえば、本の表紙には、ケージの中で一人ぼっちの幼いアカゲザルが、窓ガラス越しに布の「母親」を見つめている写真が載せられている。

愛は恐れを克服する

ジョン・ボウルビィは、結局のところハーロウと同じ発見へとたどり着いたが、それまでにたどった人生はまったく異なっている[9]。ボウルビィは、イギリスの貴族として生まれ、乳母に育てられ、全寮制の学校に入れられた。彼は医学を学び、精神分析家となったが、初期の研修期間中に、その後の彼の経歴を決定づけたボランティアの仕事をした。彼は、二箇所の不適応児のための療養所で働いたのだが、そこでは、ほとんどの子どもが、自分の両親と実際に接触した経験を持っていなかった。打ち解けず、無口な子どもたちや、少しでも彼が関心を払ってくれないかと切望して後をついて回る、どうしようもないほど執拗な子どもたちがいた。第二次世界大戦に従軍した後、ボウルビィはイギリスに戻り、病院で小児診療室を開いた。彼は、両親との分離が子どもにどのような影響を与えるかについて研究し始めた。ヨーロッパは当時、人類史上かつてないほど、両親と子どもの別離を経験していた。戦争は、膨大な数の孤児や難民や安全のために地方へと送り出された疎開児を生み出していた。新たにできた世界保健機関（WHO）が、このような子どもたちに対処する最も良い方法について報告書を書くことをボウルビィに打診してきた。ボウルビィは、病院や孤児院を見てまわり、1951年に報告書を公表した。それは、子どもの分離や孤立は無害であり、栄養摂取などの生物学的欲求が最優先事項であるという、当時、最も一般的であった考えを痛烈に批判するものであった。子どもが正しく発達するためには、愛が必要である。子どもには母親が必要である、と彼は論じた。

彼が反論した（リビドーや乳房についての）理論家であるアンナ・フロイトやメラニー・クラインなどの精神分析家の冷笑にさらされながらも、ボウルビィは1950年代を通して自分の考えを発展させた。彼は幸運にも、当時の動物行動学の第一人者であるロバート・ハインドに出会い、動物の行動に関する新たな研究について学んだ。たとえば、コンラート・ローレンツは、子ガモが、孵化してから10時間から12時間以内に周りで動くカモサイズのものすべてを標的にし、数ヶ月ものあいだついて回るということを実証した[10]。自然の中では、これは必ず母親であるが、ローレンツの実験では、彼が周りで動かしたものなら何でも、彼の履いているブーツに対してさえ、その現象は起こった。この視覚的な「刷り込み（インプリンティング）」のメカニズムは、人に生じているものとはかなり異なるが、ボウルビィが、進化がいかに母親と子どもが一緒にいることを保障するためのメカニズムを作り上げているかということについて考えるきっかけとなり、人間の両親と子どもの関係性についてのまったく新しいアプローチへと通ずる道を切り開いた。絆を形成するためには、ミルクや強化、リビドー、その他の何も必要ない。むしろ、母親と子どもの愛着は、子どもが生き残るためにきわめて重要であるため、母性的養育に依存しているすべての種に、専用のシステムが母親と子どもに組み込まれているのである。ボウルビィは、動物の行動にもっと注目するようになり、サルの赤ちゃんと人間の赤ちゃんの行動に数多くの類似性を見出した。しがみつき、吸い付き、取り残されると泣き、できる限り後を追う。このような行動はどれも、他の霊長類においても子どもを母親の近くに留めておくよう機能しており、それらすべては、手を伸ばして「抱っこして」と合図してくるなど、人間の子どもにも見られる。

1957年、ハインドは、ハーロウの未発表の布の母の研究について知り、それをボウルビィに伝えた。ボウルビィは、ハーロウに手紙を書き、後にウィスコンシンまで会いに行った。この二人は、お互いにとってすばらしい共同研究者かつ協力者となった。優れた理論家であったボウルビィが、親子関係に関するその後の研究を統合したフレームワークを作成し、偉大な実験家であるハーロウがその理論に対して、最初の動かぬ証拠としての実験的実証を提供したのである。

ボウルビィの統合理論は、「愛着（アタッチメント）理論」と呼ばれる[11]。愛着理論は、サイバネティックス科学を取り入れている。サイバネティックスとは、周囲の環境や自身の内部が変化する中で、機械的なシステムや生物学的なシステムがあらかじめ設定された目標値を達成するために、いかに自己を制御するかについての学問である。ボウルビィの最初のメタファーは、気温が設定温度よりも低くなると自動的にヒーターのスイッチが入るサーモスタットという、最も単純なサイバネティックシステムであった。

愛着理論は、安全と探索という二つの基本的な目標が子どもの行動を導くという考えから始まる。安全にとどまる子どもは、生き延びる。よく探索し、遊ぶ子どもは、大人になってからの生活に必要なスキルや知識を発達させる。（だから、すべての哺乳類の赤ちゃんは遊ぶのであり、前頭葉が大きい動物ほど、たくさんの遊びを必要とする）[12]。しかしながら、これら二つの欲求は相反することが多いので、それらは周囲の安全レベルを監視するある種のサーモスタットによって制御されている。安全レベルが適切であれば、子どもは遊び、探索する。だが、安全レベルが低くなりすぎるとすぐにスイッチが入り、突如、安全への欲求が優先事項となる。子どもは遊ぶのをやめ、母親の方に向かう。もし、母親が届かないところにいれば、子どもは次第に絶望感を増しながら泣く。母親が戻ってくると、子どもは母親に触れるなどして、安心の再確認をする。それからシステムはリセットされ、遊びを再開する。これは、私が第2章で論じた

「設計」原理の例である。相反するシステムが互いを押し合って、平衡点へと落ち着く。（父親もまったく同様に愛着の対象として機能するが、ボウルビィは、通常の場合、より早くスタートする母子の愛着に焦点を当てた。）

もし、このシステムが稼働しているところを見たいのであれば、2歳の子どもが遊んでいる時に試してみればよい。もし、あなたが友人の家に行き、その子どもに初めて会うとしたら、慣れるのにものの数分しかかからないであろう。子どもは自分の慣れ親しんだ環境に囲まれて安心し、母親はボウルビィの言うところの「安全基地」としての機能を果たしている。その存在は安全を保障し、恐れを取り除き、それゆえに健康的な発達を促す探索を可能とする。しかし、あなたの友人が、息子を連れて、あなたの家に初めて遊びに来たとしたら、もう少し時間がかかるだろう。あなたは最初、友人の太ももの後ろに隠れている小さな頭を見つけるために、友人の周りをぐるっと回りこまないといけないかもしれない。それから、変な顔を作って彼を笑わせたりして、一緒にゲームで遊ぶところまでこぎつけたとする。彼の母親がキッチンに水を一杯取りに行ってしまった時に何が起こるか、観察してみよう。サーモスタットのスイッチが入って、ゲームは中断し、あなたの対戦相手も、キッチンに向かって走って行ってしまうだろう。ハーロウは、サルもまったく同様の行動をすることを指摘している[13]。おもちゃのたくさん置かれた広い部屋の真ん中に布の母親と一緒に置かれた幼いサルは、そのうち探検のために母親から降りてくるが、母親に触れ、再度つながるために何度も戻っていく。もし、布の母親が部屋から取り出されると、すべての遊びを中止し、続いて気が狂ったように泣き叫ぶ。

子どもが、入院などのように、長期間にわたって愛着対象から分離されると、すぐに受動的で、絶望の状態へと陥ってしまう。（たとえば、つぎつぎ異なる里親や看護婦によって育てられた場合など）永続的で安定した愛着関係が拒否されると、生涯にわたる損傷を受ける可能性があるとボウルビィは述べた。ボウルビィがボランティア活動で見たように、打ち解けない一匹狼となったり、どうしようもないひっつき虫になったりするかもしれない。ボウルビィの理論は、ワトソンとも、二人のフロイト（ジークムントとアンナ）とも、真っ向から対立するものであった。もし、あなたの子どもが健康で独立した人間に育ってほしいと願うのであれば、子どもを包み込み、抱きしめ、寄り添い、愛してあげるべきである。子どもに安全基地を提供すれば、彼らは自ら探索をはじめ、自分で世界を克服するだろう。恐怖を乗り越える愛の力は、『新約聖書』によく表現されている。「愛には恐れがない。完全な愛は恐れをとり除く。」（「ヨハネの第一の手紙」4章18節）

その証拠は別離にある

もしあなたが、その時代で最も一般的とされる知識に対して反論するのであれば、非の打ち所のない証拠を示すべきだろう。ハーロウの研究は、まったく非の打ち所がなかったが、懐疑的な人たちは、それは人類には当てはまらないと主張した。ボウルビィは、より数多くの証拠を必要としていたが、それは、彼が1950年に出していたリサーチアシスタントの募集に偶然応募してきたカナダ女性、メアリー・エインズワースによってもたらされた。彼女は、夫と共にロンドンに引っ越してきて、三年間、ボウルビィと共に入院している子どもに関する初期の研究を行った。夫がウガンダで大学教員の職を得ると、エインズワースは再び彼について行き、その機会を生かして、ウガンダの農村の子どもたちを注意深く観察した。大家族の中で女性たちが共同ですべての子どもの世話をするという文化であったが、エインズワースは、その中でも、子どもとその母親には特別な絆があることに気づいた。母親は、安全基地として、他の女性たちよりも効果的な役割を果たしていた。エインズワースはボルチモアにあるジョンズホプキンス大学へ移り、さらにヴァージニア大学へと移った。そこで彼女は、母親と子どもの関係性に関するボウルビィと彼女自身のアイディアをどのようにしてテストするかについて考えた。

ボウルビィのサイバネティックス理論では、状況の変化の中で行為が生じる。ただ子どもが遊んでいるところを眺めているだけでは、ダメなのだ。状況の変化に応じて、探索や安全の目標がどのように推移するのかを観察しなければならない。それで、エインズワースは、後に、「ストレンジ・シチュエーション」と呼ばれることになる、子どもを主役にした小さなドラマを作り上げた[14]。本質的には、ハーロウが広い部屋に新奇なおもちゃと共にサルを置いた実験を再構成したものであった。

シーン1：母と子どもが、おもちゃがたくさん置かれた、快適な部屋に入ってくる。実験に参加したほとんどの子どもは、すぐにはいはいやよちよち歩きで探索を始める。
シーン2：愛想の良い女性が入ってきて、数分母親と話をし、子どもの遊びに参加する。
シーン3：母親が立ち上がり、子どもとその見知らぬ女性を残して数分間部屋を出て行く。
シーン4：母親が帰ってきて、その見知らぬ女性は出て行く。
シーン5：母親が出て行き、子どもは一人部屋に残される。

シーン6：その見知らぬ女性が帰ってくる。
シーン7：最終的に母親が帰ってくる。

このドラマは、子どもの愛着システムが事態の変化に対してどのように対処するかを見るために、子どもに対するストレスレベルを徐々に上げていくようデザインされている。エインズワースは、その対処法において三つの共通パターンを見出した。

アメリカの子どもの約3分の2は、ボウルビィがあるべき姿と考えたとおりにシステムが働いた。それは、状況が変化すると遊びと安全確保のあいだで円滑にシフトするというものである。このパターンに当てはまる子どもは「安定型」と呼ばれ、母親が立ち去ると、遊びを減らしたりやめたりして不安を表す。この不安は、見知らぬ人によって完全に払拭されることはない。母親が帰ってくる二つのシーンで喜びを示し、多くの場合、母親の方に向かって動いたり母親に触れたりして、安全基地と再度接触しようとする。しかし、彼らはすぐに落ち着いて遊びに戻る。残りの3分の1の子どもは、シーンの変化がもっとギクシャクしている。これらの子どもは、不安定な二つの愛着タイプに分けられる。そのうちの多数派の子どもは、母親が来ても去ってもあまり気にしていないように見える。もっとも、後続の心理学研究によって、実際には別離によって苦痛を感じていることがわかった。これらの子どもたちは、母親に安らぎを求める代わりに、自分自身でそれを処理しようとすることで苦痛を抑制しているように見える。エインズワースは、このパターンを「回避型」と名づけた。アメリカでは12パーセントぐらいいる残りの子どもたちは、実験のあいだ中、不安で執拗であった。彼らは、母親から離されると極端に動揺し、時には母親が帰ってきてあやそうとすることに抵抗した。彼らは、慣れない部屋の中では、完全に落ち着いて遊ぶことはけっしてなかった。エインズワースは、これを「抵抗型」[15]と名づけた。

エインズワースは最初、これらの違いは、完全に育児の善し悪しによって生じると考えた。彼女は、家まで行って母親たちを観察し、温厚で子どもによく反応する母親はたいてい、ストレンジ・シチュエーションにおいて、安定型を示した子どもを持つことに気づいた。これらの子どもたちは、自分の母親が頼れる人だということを学習しているため、最も勇敢で自信に満ちていた。冷淡で反応の鈍い母親は、回避型の子どもを持つことが多い。そういう子どもは、母親からあまり助けや慰めを期待できないと学んでいる。反応が不安定で予測しにくい母親は、抵抗型の子どもを持つことが多い。子どもたちが、安らぎを求める彼らの努力が報われる時と報われない時があることを学んでしまっているからである。

しかし、私は母と子のこの相関関係については、常に懐疑的である。双子研究はほとんど常に、性格特性は育児法よりも遺伝に起因することを示している[16]。もしかすると、単に大脳皮質くじに当たった幸福な女性は温厚で愛情に満ちており、その幸福な遺伝子を子どもに受け渡し、その結果子どもたちは、安定型の愛着行動を示すのかもしれない。もしかしたら、逆方向に相関関係が働いているのかもしれない。子どもたちは、快活だったり不機嫌だったり不安だったりといった安定した気質を生得的に持っており[17]、快活な子どもはただ母親にとって楽しいという理由で、より反応を返してあげたくなるのかもしれない。エインズワース以降のたいていの研究においては、母親の反応性と子どもの愛着行動パターンのあいだに小さな相関関係しか見つけられていないという事実は、私のこの疑惑をさらに強めている[18]。一方、双子研究では、遺伝子が愛着行動の型の決定にはほんの少ししか関与していないということがわかった[19]。いまや私たちの疑問は深まるばかりである。育児方法とも遺伝子とも相関関係が弱いのだとすれば、この特性は、いったいどこからやって来るのだろうか？

ボウルビィのサイバネティックス理論は、従来の生得的か獲得的かといった論争の外に出て考えることを余儀なくさせる。愛着スタイルは、何千回という相互作用の間に徐々に現れてきた性質であると見なさなければならない。ある特定の（遺伝的に影響された）気質を持つ子どもが、保護を求めようとする。そして、ある特定の（遺伝的に影響された）気質を持つ母親は、気分や疲れ具合や読んだ育児書によって、反応したり反応しなかったりする。一つの出来事自体はそれほど重要ではないが、長い時間の積み重ねによって子どもは、自分と母親とその関係性を構築していく。それがボウルビィの言うところの「内的作業モデル」である。そのモデルが、母親はいつでもそばにいると言っている場合には、あなたは遊びや探検に対してより勇敢となるだろう。何度も何度も繰り返していくうちに、その相互作用が予測可能で返報的であるなら、信頼が構築され、関係性が強められる。明朗な気質で、幸福な母親を持つ子どもたちは、ほとんど確実に上手にゲームを楽しみ、安定した愛着スタイルを発達させる。しかし、たとえ母親自身やその子どもがあまり楽しくない気質性質の持ち主だったとしても、献身的な母親であれば、それに打ち勝ち、その関係性において安定した内的作業モデルを育成することができる（ここまで書いてきたことはすべて父親にも当てはまるが、すべての文化において、大半の子どもは、より多くの時間を母親と過ごす）。

子どもだけではない

私が、この章を書き始めた時、愛着理論については一ページか二ページおさらいして、成人が本当に関心を持つ問題へと移るつもりだった。「愛」ということばを聞いた時、私たちは、恋愛における愛のことを考えるだろう。時には親子愛についての歌をラジオのカントリーミュージック番組で聴くこともあるだろうが、それ以外の番組では、愛といえば、はまり込んでいき、つなぎとめようともがく、そんな種類の愛を意味する。しかし、愛について深く掘り下げて研究すればするほど、私は、ハーロウやボウルビィ、エインズワースの研究が、成人の愛を理解するためにも役立つということがわかってきた。あなた自身について考えてみよう。次の文章のうち、あなたの恋愛関係に最も近いと思うのはどれだろうか?

1　他の人と親しくなるのは、比較的簡単だ。頼ったり頼られたりすることは快く感じる。相手に拒否されたり、相手との距離が近すぎたりすることについて悩むことはあまりない。

2　他の人と親しくなることは、若干気詰まりに感じる。完全に信頼したり、頼ったりすることはなかなかできない。親しくなりすぎるといらいらする。恋愛相手は、私が望む以上に親密になりたいと思っているようだ。

3　他の人たちは、私が望むほどは親密な関係を望んでいないと思う。相手は私のことを本当には愛していないのではないかとか、私と一緒にいたくないのではないかと悩むことがよくある。私は、相手と完全に一体化したいと思っているのに、相手はこの欲求を怖れて、遠ざかってしまうことがある[20]。

愛着を研究しているシンディ・ハザンとフィル・シェイバーは、エインズワースの三つのスタイルが、成人になって関係を築く上でもまだ働いているかどうかをテストするために、簡単なテストを開発した。そして、それらは働いていることがわかった。なかには、成長と共にスタイルが変化した人もいたが、大多数の成人は、子どもの時のスタイルに対応した記述を選択した[21]。（上記の三つの選択肢は、それぞれエインズワースの安定型、回避型、抵抗型に対応している）。内的作業モデルはきわめて安定的であり（変化しないというわけではないが）、人生を通して最も重要な人間関係の方向づけをする。そして、安定型の赤ちゃんがより幸福で精神的なバランスがとれているのとまったく同じように、安定型の大人は、より幸福で恋愛関係が長続きし、離婚率も低い[22]。

しかしながら、成人の恋愛は、子どもが母親に愛着を持つのと同じ心理システムから生じるのだろうか？　これを確かめるために、ハザンは子ども時代の愛着が年齢と共にどのように変化するかの経過を追った。ボウルビィは、愛着関係を定義づける四つの特徴を挙げている[23]。

1　密着維持（子どもが、親の近くにいたがる）
2　分離不安（読んで字のごとく）
3　避難所（子どもが、脅えたり不安に感じたりした時に、安心を求めて親のところに来る）
4　安全基地（子どもが親を基地として使い、そこから探検と成長に乗り出す）

ハザンと彼女の同僚[24]は、6歳から82歳までの数百人を対象として、人生の中で誰が、愛着の四つの定義的特徴を満たしてくれたかについて尋ねる調査をした（たとえば、「誰と一緒にいることが一番多いですか？」「動揺した時、あなたは、誰のところに行きますか？」）。もし、赤ちゃんがこの調査を受けたとしたら、すべての質問に母親か父親と答えるだろうが、8歳になるまでには、子どもは、仲間と一緒に過ごしたいと強く思うようになる。（子どもが夕食のために友人と別れて自分の家に帰るのを嫌がるのは、密着維持である）。8歳から14歳のあいだに、お互いを情緒的サポートの対象と考え始めるようになり、それにつれて避難所は、両親から仲間も含むように拡大する。しかし、四つすべての愛着の要素が仲間、とりわけ恋人によって満たされるのは、15歳から17歳の思春期の終わりになってからである。『新約聖書』は、この一般的な愛着の移り変わりをこう記している。「それゆえに、人はその父母を離れ、ふたりの者は一体となるべきである。彼らはもはや、ふたりではなく一体である。」（「マルコによる福音書」10章7-9節）

恋人が、両親のような、本当の愛着対象となることの根拠として、配偶者の死や長い別離に対して人々がどのように対処するかに関する研究のレビューがある[25]。このレビューによって、成人も、ボウルビィが観察した、病院に入れられた子どもと同じ経過をたどることがわかった。最初の不安とパニックに続き、無気力と絶望、そして、無感情を経過して、回復する。さらにこのレビューでは、苦痛を和らげるのに親しい友人との接触があまり役にたたないのに対し、両親との接触を再開することが大変効果的であることがわかった

考えてみれば、恋愛関係と親子関係に類似性があることは明白である。恋人たちは、最初燃え上がる愛

の中で、顔と顔を合わせて見つめあい、抱き合い、寄り添い、キスし、甘くささやくことに際限のない時間を過ごして、母親と赤ちゃんを結びつけるのと同じオキシトシンというホルモンの分泌を半ば中毒のように楽しむ。オキシトシンは、哺乳類の雌の出産準備（子宮の収縮や乳汁の分泌を促す）に必要なものであるが、脳にも影響し、養育行動を促し、母親が子どもに触れている時にストレス感情を軽減する働きをする[26]。

しばしば「養育システム」とも呼ばれる、この母から子に対する強力な愛着は、幼児の愛着システムとは異なる心理学的システムであるが、明らかにこの二つのシステムは並行して進化してきた。子どもの不安信号は、母親の養育本能を呼び起こすからこそ有効なのである。オキシトシンは、双方をつなぐのりの役目を果たす。オキシトシンはこれまで大衆紙であまりに単純化して報じられ、人々（強情な男性でさえ）が突然優しく愛情いっぱいになるホルモンなどと言われたが、最近の研究では、女性へのストレスホルモンにもなりうることがわかってきた[27]。女性がストレス下にある時や、愛着欲求が満たされない時に分泌され、愛するものと接触したいという欲求を生じさせる。一方、二人の人間が肌と肌で触れ合っているあいだにオキシトシンが脳内に（女性でも男性でも）大量に分泌されると、心地よくさせ、落ち着かせるという効果があり、二人のあいだの絆が強められる。成人にとって、出産と授乳以外で最もたくさんのオキシトシンが分泌されるのが、セックスである[28]。抱擁や長い愛撫、オーガズムがある時には特に、親子の絆の形成で用いられるものと同じ多くの回路が活性化される。子ども期の愛着スタイルが成人期まで存続しても不思議ではない。愛着システム全体が持続しているのである。

愛と膨張した頭部

成人の恋愛関係は、それゆえ、連動する古い二つのシステムから成り立っている。子どもを母親と結びつける愛着システムと、母親を子どもに結びつける養育システムである。これらのシステムは、哺乳類の誕生と同じぐらい古い。鳥類も有していることを考えると、もっと古いかもしれない。しかし、なぜセックスが愛に結びつくのかについては、何か別の説明を付け加える必要があるだろう。問題ない。自然は哺乳類や鳥類が誕生するよりもずっと以前から、動物がセックスのため互いを求めるよう動機づけてきた。「交配システム」は、他の二つのシステムとは完全に別のシステムであり、独自の脳領域とホルモンが関与している[29]。ラットのようないくつかの種類の動物においては、交配システムは、交尾するのに必要な期間だけ雄と雌を結びつける。また、象のような他の種では、雄と雌は数日間一緒にいる。これは、繁殖可能期間と同じ長さである。この期間、彼らは互いに優しく世話を焼きあい、楽しく遊び、人間の観察者が互いに夢中であると考えるような数多くのその他のサインを見せる[30]。期間がどれぐらいであれ、(人間以外の)ほとんどの哺乳類では、三つのシステムは密接に結びついているため、完全に予測可能である。まず、雌の排卵期前後のホルモンの変化が、繁殖期であることの告示の引き金となる。たとえば、雌の犬や猫はフェロモンを放出し、雌のチンパンジーやボノボは、赤く肥大した生殖器を誇示する。次に雄が興奮し始め、(いくつかの種では)誰が交配相手を得るかをめぐって競う。雌は、(大半の種で)何かしらの選択をし、そのことで今度は自分の交配システムを起動する。そして数ヶ月後に、出産によって母親の養育システムと子どもの愛着システムが起動する。父親は冷淡に去り、さらにフェロモンの匂いをかぎつけたり、肥大した性器を探したりする。セックスは繁殖のためのものであり、永続的な愛は、母と子のものである。それならば、なぜ人間はこうも違うのだろうか？　どのようにして人間の女性は、排卵のサインをすべて隠して、彼女に恋に落ちる男性を見出し、子どもを得るようになったのだろうか？

それは誰も知る由もない。私見だが一番もっともらしいと思う理論は[31]、第1章と第3章で述べた人間の脳の膨大な拡張がその始まりであるとするものである。初期のホミニド[訳注9]が現在のチンパンジーの祖先と枝分かれした時、脳の大きさはチンパンジーと変わらなかった。この頃の人類の祖先は、基本的にただの二足歩行する類人猿であった。しかしその後、約300万年前に何かが変わった。環境の何か、あるいはおそらくは手先の器用さの増大によって道具使用が可能となったことが、より大きな脳と高い知性を持つことをより適応的にした。しかし脳の成長は、文字通りのボトルネックに遭遇する。産道である。ホミニドの女性が二足歩行するための骨盤を維持したまま出産するためには、頭の大きさに物理的限界があった。少なくともホミニドの一種類、つまり私たちの祖先である種のホミニドは、脳が体を制御できるほど十分に発達するずっと前に赤ちゃんを子宮から出してしまうという奇抜な手段を進化させて、この限界を回避した。他のすべての霊長類では、脳はほとんど完成して稼働できる状態にあるため、脳の成長は出生直後から急激に遅くなる。後は子ども時代に数年間、遊んで学習するという多少の調整を必要とするだけだ。しかし、人類の場合、胎児期における急速な脳の成長率が誕生後も2年ほど続き、さらにその後の20年間、ゆっくりではあるが脳の重量は増加し続ける[32]。人類は、何年ものあいだ、完全に無力で、その後10年以上ものあいだ、極度に大人の世話に依存している、地球上で唯一の生物である。

人間の子どもという大きな重荷を課せられ、女性は、自分一人ではどうにもできなくなった。狩猟採集社会の研究から、幼い子どもの母親は、自分と子どもが生きていくだけの十分な栄養を採集することができなかったということがわかっている[33]。彼女たちは、生産性の最も高い年頃の男性によってもたらされる保護と大量の食物に依存している。（狩猟や採集だけでなく）ゴシップを言うことや社会的操作をするためにとても役立つ大きな脳は、男性が力を貸すようになることではじめて進化することができたのである。しかし、競争の激しい進化のゲームでは、男性にとって自分の子ではない子どもに資源を提供することは、負けの一手である。だから、積極的な父親、男女の絆、男性の性的嫉妬、そして大きな頭の赤ちゃんはすべて、徐々にではあるが、共進化したのである。女性と一緒に過ごしたいと思って彼女の貞節を守り、子育てに貢献する男性は、より父性の弱い他の競争相手より賢い子どもを作ることができた。知性が高度に適応的である環境では（道具を作り始めてからは、人類の環境はすべてそうだったと思われる）、男性の子どもへの投資は、男性自身にとって（つまり、遺伝子にとって）十分報われるものであり、それゆえ世代を重ねるごとに、より一般的なものとなっていったのである。

しかし、女性と男性のあいだの結びつきが存在していなかった時、その進化のもととなったのは、どんな性質だったのだろうか？　進化は何かをゼロから設計することはできない。進化とは、遺伝子によってあらかじめ組み込まれている骨やホルモン、行動パターンが（それらの遺伝子のランダムな変化によって）少しずつ変化し、個体の利益につながる場合にそれが選択されるというプロセスである。すべての男女が子ども時代に母親に愛着するために用いていたシステムを修正し、思春期までには稼働している交配システムと結びつけるのに大した変更はいらない。

確かに、この理論は推論にすぎない（子育てに関与した父親の骨の化石は、無関心だった父親のものと見かけ上何ら変わらない）が、大きな苦痛を伴う出産や、長期にわたる幼児期、大きい脳、高い知性などといった人間の生活における独自の特徴の多くをうまく結びつけている。この理論は、人類の生物学的な特異性を、私たちの種が持つ最も重要な情動的特異性と結びつけている。それは、男性と女性、そして男性と子どもが、強く（たいていは）永続的で情動的な絆を持つということである。男女はその関係において、たくさんの利害の葛藤があるため、進化論では恋愛関係を子育てと調和した協力関係とは見なさない[34]。しかし、人間文化における普遍的な特徴として、男女は、ある意味で性行動を抑制し、子どもや夫婦の結びつきを制度化するような、何年も続くことを意図した関係性（結婚）を築く。

二つの愛、二つの誤り

古い愛着システムの一つに、同量の養育システムを混ぜ合わせて、そこへ改良された交配システムを放り込むと、さあ、恋愛の出来上がり。私には、そこに何かが欠けているような気がする。恋愛は、これらの部分を足し合わせた以上のものではないだろうか。トロイ戦争を引き起こしたり、世界で最高の（もしくは最悪の）音楽や文学を生み出したり、私たちの人生に最良の日々をもたらしたりという究極の心理状態がそこにはある。しかし私は、恋愛というのは広く誤解されていると考える。ここで心理学的な下位の構成要素について見直しておくことは、数々の謎を解き、愛の落とし穴を避けるための手がかりになるだろう。

どこかの大学では、教授たちは学生に、ロマンチックな恋愛とは、騎士道や女性の理想像、貞操に対する強い願望などの物語と共に、12世紀フランスの吟遊詩人たちによって発明された社会的な構成概念であると教えているだろう。社会が彼ら自身の心理現象の理解を作り出すというのは確かに真実であるが、これらの現象の多くは、人々がそれをどのように考えるかとは関係なく生じる（たとえば、死はどの文化でも社会的に概念化されているが、これらの概念に頼らなくとも、肉体は滅びる）。１６６の文化を対象とした民族学の調査では[35]、恋愛は88パーセントの文化に存在するという根拠が明確に見出されている。残りについては、民族学的な記録が乏しすぎて、在るのか無いのか明言することはできない。

吟遊詩人たちが私たちにもたらしたものは、「真実」の愛という独特の神話である。つまり、本当の愛は、輝かしく情熱的に燃え、死に至るまで燃え続け、死後においては天国で恋人たちはまた一つになり、愛の炎をさらに燃やし続ける。この神話が現代では、一連の愛と結婚についての相互に関係する考え方へと成長して広がったようである。私の見るところ、現在の真実の愛についての神話は、次のような信念と関わっている。真実の愛は情熱的な愛であり、永遠に消えることはない。もし、あなたが真実の愛を見つけたら、あなたはその人と結婚すべきだ。もし、愛が終わったなら、それは本当の愛ではないのだから、その人とは別れるべきだ。そして、あなたがふさわしい人を見つけられたなら、あなたは永遠の真実の愛を手に入れたことになる。あなたはこの神話を信じないかもしれない。あなたが30歳を超えているなら、きっと信じないだろう。しかし、西洋のたくさんの若者がこの神話のもとに育てられ、小ばかにしていたとしても無意識にその理想をいだいてしまう。（この神話を演じているのはハリウッドだけではない。インドの映画産業であるボリウッドでは、さらにロマンチックである。）

しかし、もし、真実の愛が永遠の情熱であるとするなら、それは生物学的に不可能である。このことを理解し、愛の尊厳を救うためにはまず、二種類の愛の違いを理解しなければならない。それは情熱愛と友愛である。愛を研究しているエレン・バーシェイドとエレイン・ウォルスターによると、情熱愛とは、「優しさと性的な感情、多幸感と苦痛、不安と安堵、利他と嫉妬などが感情の混乱の中に共存する、激しい情動の状態」である[36]。情熱愛は、恋に落ちるという例に代表される愛である。キューピッドの金の矢があなたの心臓を貫いた瞬間に起こり、たちまち周りの世界が変貌する。あなたは、愛する人と一つになりたいと願う。どういうわけか、互いの中へと入り込んで行きたいような気持ちになるのである。これは、プラトンが『饗宴』で描いた衝動であり、その中でアリストファネスは愛を賛美して、愛の起源に関する神話を語る。人は元来、4本の足と4本の腕と二つの顔を持っていたが、ある日神々は、人間の傲慢さとその力を脅威に感じて、半分に切ってしまった。その日以来、人は自らの残り半分を捜し求めて、世界を彷徨うこととなった(人々の中には、もともと二つの男性の顔や二つの女性の顔を持っていた者がおり、残りは男性と女性の顔を持っていたので、それが性的志向における多様性の説明となっている)。その証拠として、アリストファネスは、抱き合って横たわっている二人の恋人のところに、ヘファエストス(火と鍛冶の神)がやってきて、彼らに対して以下のように言ったと想像するよう求めた。

人間どもよ、実際お前たちはお互いから、何を得たいというのだ?……お前たちの心からの願いは、こんなことではないのか。二人が同じ全体の部分となり、夜も昼もできうる限り近づき、けっして互いに離れずにいるというような。それが本当にお前たちの願いなら、俺は喜んでお前たちを共に溶かし、一体にしてやろう、そうすればお前たちは二人が一人となって、生きている限りはただ一人の人間として生を共にし、死んだなら、後世の冥府（ハデス）でも二人でなしに一人であり、死においてもなお結びついているだろう。さあお前たちの愛を見つめよ、これがお前たちの望みなのか。[37]

アリストファネスは、この申し出を断る恋人はいないだろうと述べている。

バーシェイドとウォルスターは、対照的に友愛とは「私たちの人生と深く結びついている人に対する感情」と定義している[38]。友愛は、恋人たちが愛着システムと養育システムを互いに適用しつつ、互いに頼りあい、気遣い、信頼しあいながら、ゆっくりと何年もかけて育むものである。情熱愛のメタファーが火だとするなら、友愛のメタファーは、成長し、結びつけ、徐々に二人を束ねていく、ブドウの木である。愛の激しさと穏やかさというこの対比は、数多くの文化に見られる。ナミビアの狩猟採集民族の女性は、以下のように言った。「二人の人が一緒になる時、彼らの心は燃え上がり、その情熱は非常に高まる。しばらくすると、火は冷めてきて、その状態が続く。」[39]

情熱愛は麻薬である。その症状は、ヘロイン（幸福の絶頂、時に、性的なことばで表現される）やコカイン（目眩《めまい》と活力とが結びついた陶酔感）と重なっている[40]。それも不思議はない。情熱愛は、ドーパミンの放出に関与する部位を含め、いくつかの脳部位の活動を変えてしまう[41]。強く気分が良くなるような経験はどれもドーパミンを放出するが、ここではドーパミンとの関連が決定的に重要である。なぜなら、ヘロインやコカインがそうであるように、麻薬は人工的にドーパミンの水準を上げるため、中毒となる危険性があるからである。もし、コカインを月に一度摂取したとしたら中毒にはならないが、毎日だと中毒になる。継続的にハイの状態にしてくれる薬物はない。脳は、慢性的なドーパミン過剰に反応し、それを妨害する神経化学的な反応を発達させて、自身の均衡を取り戻そうとする。耐性がついたその時点で薬物を断とうとすると、脳は反対方向へとバランスを崩す。コカインや情熱愛から離脱した後には、苦痛や無気力、絶望などが襲ってくる。

そういうわけで、もし情熱愛が麻薬だとすれば――まさに文字通り麻薬であるが――やがては消え去ってしまう。誰も、ずっとハイな気分のままではいられないのである。（ただし、遠距離恋愛に情熱愛を見出した場合は、コカインを月に一度摂取するのと同じことであり、一服と一服のあいだの苦悩のために効能が維持されうる。）もし、情熱愛が喜びの道を走ることが認められているとすれば、いつかはそれが弱まる日がやってくる。通常、まず恋人のうちの一人がその変化を感じる。それは、共有の夢から目が覚めて、恋人がよだれをたらしながら寝ている姿を見るようなものである。この正気に戻った瞬間に、それまで見えなかった恋人の欠点や問題が見えるのだ。愛する人はその座から転げ落ちる。私たちの心は変化に対して非常に敏感なため、感情の変化を大げさに重要視してしまう。「なんてこと！」と彼女は考えるだろう。「魔法が解けてしまった。私はもはや彼を愛してはいない。」もし、彼女が真実の愛の神話に同意しているならば、彼女は彼と別れることすら考えるだろう。結局のところ、魔法が解けてしまうと、それが真実の愛であり続けることはできない。しかし、彼女が関係を終わらせてしまうのは、間違いかもしれない。

情熱愛は友愛へと変化しない。情熱愛と友愛は二つの別々のプロセスであり、それぞれが異なった時間的経過を有している。それらの分離した道が、二つの危険なポイントを生み出しており、その二箇所で人々は重大な間違いを犯す。図６・１は、ある人の関係の中で情熱愛と友愛の強さが６ヵ月間にどのように変化するかを示したものである。情熱愛は発火し、燃えて、数日もかからずに最高温に達することもある。その狂気の数週間か数ヶ月のあいだ、恋人たちは結婚のことばかり考えてしまい、互いにそのことを話しあったりする。時にはヘファエストスの申し出を受け入れて、婚約してしまうこともある。これは、多くの場合誤りである。情熱愛にのぼせ上がっている時に、まともに考えることができるわけがない。象使いも、象と同様にのぼせ上がっている。酔っ払っている時に契約書にサインすることは認められていないが、私は時々、人が情熱愛にのぼせ上がっている時にも、プロポーズできないようにできれば良いのにと思うことがある。一度結婚のプロポーズが受け入れられてしまうと、家族に報告され、日取りが決定され、列車を止めるのは非常に難しくなってしまう。麻薬の効果は、ストレスの多い結婚式の準備期間のどこかで消え失せることになりがちで、多くのカップルが疑問を抱き、将来の離婚のことを考えながら、バージンロードを歩くことになる。

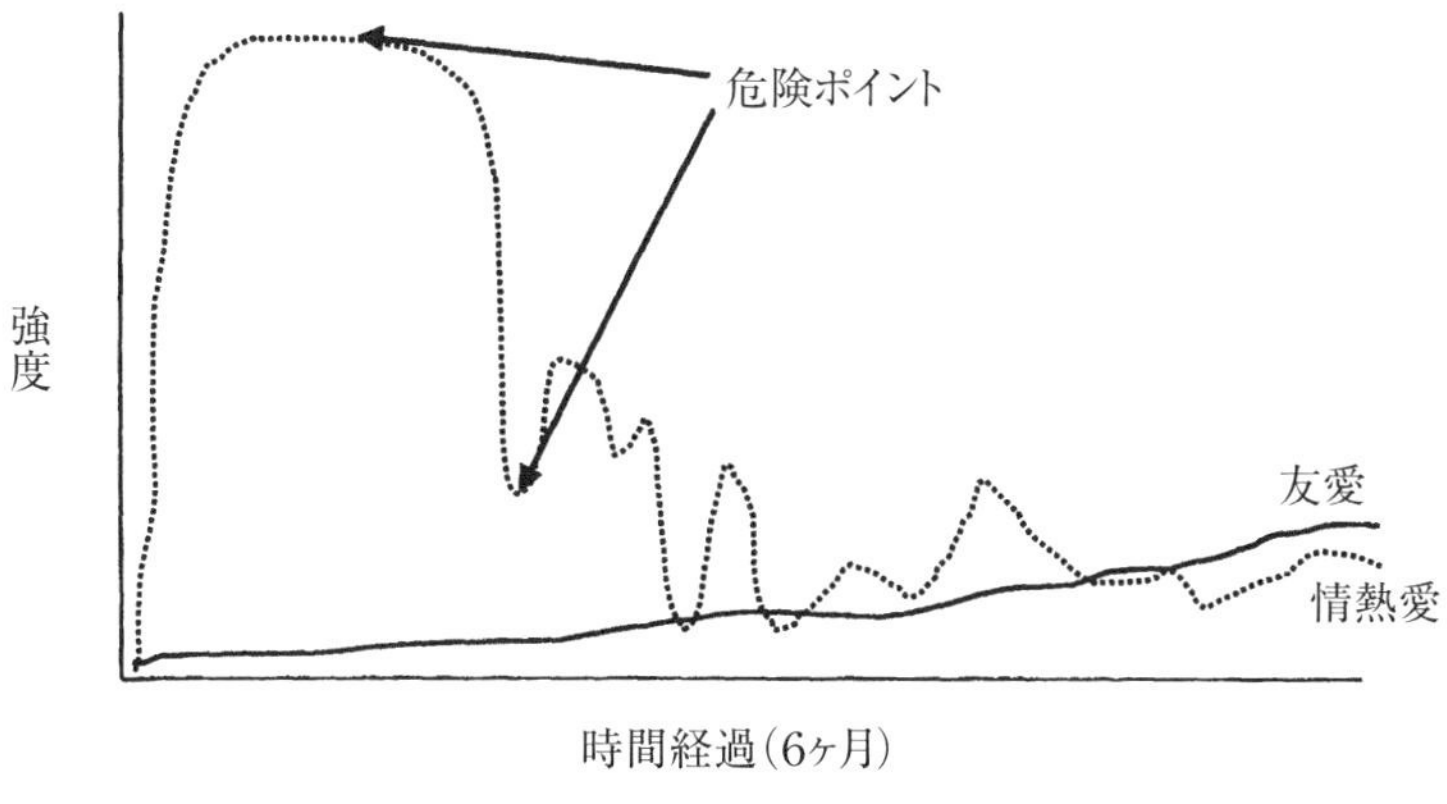

図6-1　2種類の愛の時間経過(短期間)

もう一つの危険ポイントは、麻薬がその支配力を弱めた時である。情熱愛がその日のうちに終わってしまうわけではないが、熱中して取り付かれたような時期は終わってしまう。象使いは意識を取り戻し、はじめて、象がどこに連れて行ったのか判断できるようになる。よくこの時に破局が訪れ、多くのカップルにとってそれは良いことである。キューピッドは、しばしば最も不似合いなカップルを引き合わせて楽しむことから、小鬼のように表現されることがある。だが、破局は時期尚早である場合があり、そこで思いとどまれば、友愛が育む機会が与えられ、真実の愛を見つけることができるかもしれない。

私は、真実の愛は存在すると信じているが、それは永遠に続く情熱ではないし、ありえない。真実の愛とは、結婚を強固に補強するような愛であり、それはちょうど、互いに深く関わりあう二人のあいだの強固な友愛に、少しばかりの情熱を加えたものである[42]。友愛は、先ほどのグラフで見ると、情熱愛の強さに到達することはけっしてないため、弱く見えるかもしれない。しかし、次の図6-2のように時間軸の尺

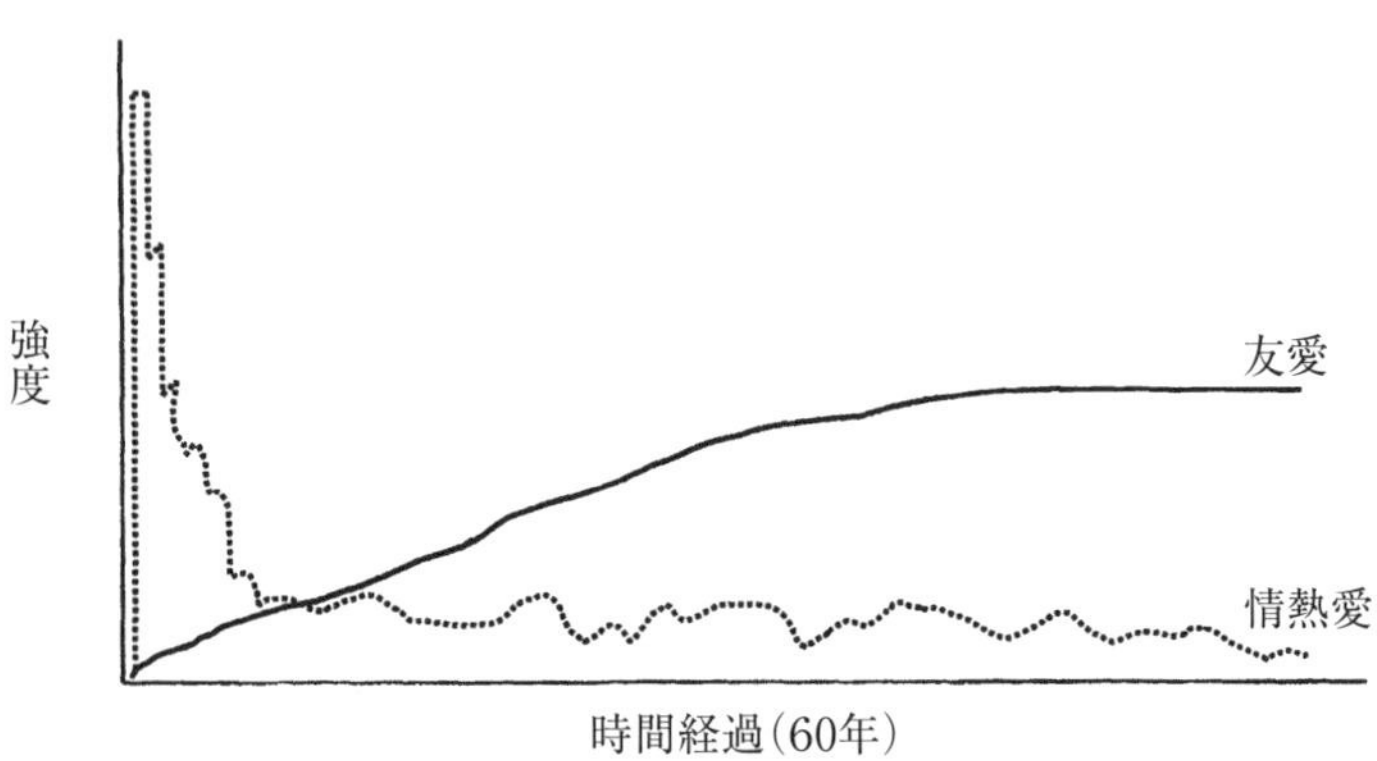

図6-2　2種類の愛の時間経過(長期間)

度を6ヵ月から60年に変えてみると、友愛が一生涯続きうるのに対し、情熱愛は、フライパンの中の火花のように些細なものに見えてくる。私たちが、50周年の愛を祝うカップルを称賛する時、それは、この二種類の愛の混合——その大半は友愛であるが——を称賛しているのである。

なぜ、哲学者は愛を嫌うのか？

もし、あなたが情熱愛の最中にあり、その情熱を讃えたいのであれば、詩や文学を読むべきだ。もし、情熱が落ち着いてきて、その進行している関係について理解したいのなら、心理学書を読むべきだ。しかし、もし、あなたが失恋したばかりで、愛なんか無い方が良いと信じたいのなら、哲学書を読むべきだ。その中には愛の徳を称賛する数多くの作品もあるが、よく見れば、そこに深い矛盾のあることがわかるだろう。神の愛、隣人の愛、真実の愛、美の愛……これらはすべて強く勧められている。しかし、現実の人間の情熱的で、性的な愛は？　もちろん、ノーである！

古代東洋では、愛の問題は明白であった。愛は執着である。愛着、特に感覚的で性的な執着は、精神的な進化を可能とするためには打ち破るべきものである。仏陀は言った。「女性に対する男性の好色な欲望をコントロールしない限り、それがどんなに小さくとも、人の心は自由でなく、母牛を縛りつけられた子牛のようなものである」[43]。若いブラフミンがどのように生きるべきかを説いた古代ヒンズー教の『マヌ法典』では、女性に対してさらに否定的である。「この地球上では、男性を堕落させるのが女性のまさに本性である」[44]。執着を打ち破ることに焦点を当てていなかった孔子ですら、恋愛と性欲を親孝行と年長者に対する忠誠という高次の徳を脅かすものと見ていた。「私は、今まで性愛を愛するのと同じぐらい徳を愛している人に出会ったことはない」[45]。（もちろん、仏教やヒンズー教には多様なものがあり、両者とも時代や場所に応じて変化している。ダライ・ラマのような現代の指導者の中には、恋愛とそれに付随する性欲を人生の重要な一部として認めている人もいる。しかし、古代の宗教書や哲学書の精神は、もっと否定的だ。）[46]

西洋では、話が若干異なる。愛は、ホメロスこのかた、詩人に広く讃えられている。『イリアス』のドラマは愛から始まり、『オデッセイア』は、オデュッセウスが力強くペーネロペーの元に戻ることで終わる。しかし、ギリシアやローマの哲学者が恋愛をとらえる時は、たいていはそれを軽蔑するか、もしくは別の何かへと変えようとするかのどちらかである。たとえば、プラトンの『饗宴』では、すべての対話は愛への称賛に費やされる。しかし、ソクラテスが話すまで、プラトンがどのような見解を持っているのかはわからない。ソクラテスは語りだすと、アリストファネスや他の登場人物がたった今述べた愛への称賛をクズ扱いにしてしまう。彼は、愛がどのようにして、動物のあいだで「病気」を作り出すかを説明する。「動物はまず互いに交配することで病気になり、次に子どもを育てることで病気になる」[47][訳注10]。プラトンにとって、人間の愛が動物の愛に似ている時、それは下品なものだった。女性に対する男性の愛は、生殖を目的としているので、堕落した種類の愛であった。プラトンの描くソクラテスは、より崇高な何かを目的とすることで、愛がどのようにその動物的な起源を超越することができるかを示す。年上の男が年下の男を愛する時、その愛は両者を高めるものとなる。なぜなら年上の男は交流の中で、徳と哲学について若者に教えることができるからである。しかしこの愛すら、一つの足がかりにすぎない。ある男がある美しい肢体を愛する時、ある特定の肢体の美を愛するのではなく一般的な美全体を愛することを学ばなければならない。彼は、人の魂の中に、そして、考えや哲学の中に、美を見出さねばならないのである。最終的に、彼は、美の形態それ自体を知ることになる。

いまやこの広大な美を見つめ、召使いが小さな男の子や一人の人や一つの活動だけを愛でるような、低い、哀れむべき個別の美の奴隷ではなくなる。人は美の大海に向かい、熟視するのである。[48]

二人の人のあいだの愛着という本質的な愛の性質は拒否されている。愛が尊厳を持ちうるのは、一般的な美への感得へと転換した時のみである。

後期のストア派も、自分の幸せの源泉を自分が完全にはコントロールできない他人の手の中に置いてしまう愛の特定性に異議を唱えた。快楽を追求することを哲学の基本にしたエピクロス主義者[訳注11]ですら、友情は重んじるものの、恋愛には反対している。哲学詩『物の本質について』の中でルクレティウスは、残存するあらゆるエピクロス主義哲学の記述をちりばめている。第四部の最後は、「愛に対する抗議」として広く知られているが、その中でルクレティウスは、愛を傷や癌、病気と比べている。エピクロス主義者は、欲望とその満足に関する専門家であったが、情熱的な愛に反対した。それはけっして満たされることがないからである。

彼らが、横たわって互いの四肢をむさぼりあう時、
人生が花開き、肉が喜びの予兆を与える時、

そして美の女神が女性の畑に種を蒔く準備が整った時
彼らは懸命に抱き合い、口の唾液を交えあい、
歯を唇に押しつけながら、深い呼吸をする
すべて空しいことである。なぜなら、何もそのために得ることはない以上、
彼らは全身を以て他の肉体内に浸透することも、とけこむこともできないからである。
彼らが往々達せんと欲し、
争うように見受けられる望み、目的はこれなのである。[49]

キリスト教は、これら古典的な愛への恐怖の多くを前面に押し出した。イエスは、モーゼとまったく同じことばで、神を愛するように弟子たちに説いた（「心をつくし、精神をつくし、思いをつくして、主なるあなたの神を愛せよ。」「マタイによる福音書」22章37節、「旧約聖書：申命記」6章5節からの引用）。イエスの二つ目の戒律は、他者を愛することである。「自分を愛するようにあなたの隣り人を愛せよ」（「マタイによる福音書」22章39節）。しかし、自分を愛するように他者を愛するとはいったいどういう意味なのだろうか？　愛の心理学的な起源は、両親と性的パートナーに対する愛着の中にある。私たちは、自分自身に愛着を持ったりはしないし、安心や満足を自分自身の中に求めたりはしない。イエスが言おうとしたことは、私たちが自分を大切にするのと同じぐらい他者を大切にしなさいということであろう。私たちは、まったく知らない人や、敵にさえも優しく、気前よくあらねばならない。精神の高揚を目的としたこのメッセージは、第3章や第4章で述べた返報性や偽善と関連はしているが、この章で取り上げてきた心理システム

とはほとんど関連がない。むしろキリスト教の愛は、二つのキーワードに焦点を当ててきた。カリタス（caritas）とアガペ（agape）である。カリタス（英語の charity（慈善）の起源）は、ある種の強い善意や博愛心であり、アガペはギリシア語で、特定の他者への執着や性欲のない、ある種の無私の精神的な愛を指している。（もちろんキリスト教は、結婚という範疇で、男と女の愛は認めてはいるが、この愛さえも、キリストが教会を愛するような愛として理想化されている。「エペソ人への手紙」5章25節）。プラトンと同様に、キリスト教の愛も、特定の他者に焦点を当てる本質的な特性は剥ぎ取られてしまっている。愛は、より大きく、無限の対象の部類に対する一般的な態度へと作りかえられている。

カリタスとアガペは美しいが、人間が必要としている種類の愛とはまったくもって関係がない。私は、皆が皆に対する善意で満ちているような世界に住みたいとは思うけれども、少なくとも一人の人が私を特別に愛し、私もその人を愛する世界に生きることを選ぶだろう。ハーロウが二つの条件下で、アカゲザルを育てたと仮定してみよう。一つ目のグループでは、一匹ずつ一つのケージに入れられて育てられるが、毎日ハーロウが、新しい、しかし子煩悩な成体の雌ザルを仲間として入れる。二つ目のグループでは、それぞれが自分の母親と同じケージに入れられて育てられるが、ハーロウが毎日新しく、特に優しくもない他のサルを一匹入れる。最初のグループのサルは、特定のものへと向けられていない博愛精神、カリタスのようなものを得ているわけだが、おそらく、彼らには、情動的なダメージが現れるだろう。愛着関係を形成することなくしては、新しい経験に対して脅えるようになるであろうし、他のサルに気遣いをしたり愛したりすることができなくなってしまう。二番目のグループのサルには、普通のアカゲザルの子どもと似たものが与えられていると考えられ、おそらくは健康で、愛することができるようになるだろう。サルも人間も、特定の他者との親密で長く続く愛着が必要なのである。第9章で、私は、アガペは実在するが、通常は短命であると述べるつもりである。それは、人生を変化させ、豊かにしうるが、愛着に基づいた愛の代理とはなりえないのである。

なぜ、現実の人間の愛が哲学者を不愉快にさせるのかについては、いくつかの理由が挙げられる。第一に、情熱愛は人を非論理的で非理性的にさせることで有名であり、西洋の哲学者たちは、長年、道徳性は理性に基づくと考えてきた（第8章で、私はこの観点に反論する）。愛は、ある種の狂気であり、多くの人が情熱のために正気を失い、自身や他者の人生を台無しにしてきた。したがって、愛に対する数多くの哲学的反論は、賢人から若者への善意から出たアドバイスなのである。セイレーン[訳注12]のまやかしの歌から耳をふさぎなさい。

しかしながら私は、そこにはそれほど慈善的ではない動機が、少なくとも二つは働いていると考えている。一つ目は、年上の世代がよく、「私がしたようにではなく、私が言うとおりにしなさい」と言うように、ある種の偽善的な私欲があるのかもしれない。たとえば、仏陀も、聖アウグスティヌスも、若者だった時には情熱愛を存分に味わっており、性的執着に反対し始めたのはずっと後のことである。道徳律は、社会の秩序を保つように設計されている。それは、私たちの欲望を制限し、割り当てられた役割を果たすように促す。恋愛によって、若者が自分の属する社会の規則やしきたり、カースト制や、キャピュレット家とモンタギュー家[訳注13]の確執などを軽んじてしまうことは有名である。だから、愛を何か気高く、向社会的なものとして再定義しようとする賢者の不断の試みは、若い時にさまざまな情事を楽しんできた両親が、自分たちの娘に結婚するまで貞操を守らなければならない理由を説明しようとする道徳観のように、私には聞こえてしかたがない。

二つ目の動機は、死に対する恐怖である。コロラド大学のジェイミー・ゴールデンバーグ[50]は、人々が自分自身の死について内省するように求められた時、彼らは、性の身体的な側面に対してより嫌悪を示し、人と動物の本質的な類似性について論じたエッセイに対して同意することが少ないことを見出した。ゴールデンバーグと彼女の同僚は、すべての文化において、死に対する恐怖が充満していると考えている。人類は皆、自分たちがいつか死ぬことを知っているからこそ、人間の文化は、人生の尊厳という意味体系を構築し、また、私たちの生にはその辺で死んでいく動物たち以上の意味があるということを説得するために手を尽くしてきたのである。多くの文化でセックスを広く規制し、愛を神と結びつけ、セックスと切り離そうとするのは、死の恐怖に対する精巧な防衛手段の一つなのである[51]。

もし、これが真実で、賢者は述べられていないさまざまな理由によって、情熱愛や数多くの愛着から私たちに遠ざかるよう警告しているのだとしたら、彼らの助言を聞き入れる際にはうまく選択する必要がある。もしかすると、自分の生活をよく見つめる必要があるかもしれない。彼らとはかなり違う世界に住んでいるかもしれない。また、愛着が私たちにとって良いのか悪いのかという証拠も、よく検討すべきだろう。

自由は健康を害するかもしれない

19世紀末、社会学の創始者の一人であるエミール・デュルケームが、学術的な奇跡を成し遂げた。彼は、ヨーロッパ中、そして世界中からデータを集め、自殺率に影響する要因を研究した。彼の発見は、一言でまとめると、束縛である。どのようにデータを解析しても、社会的な束縛や絆や義務が少ない人ほど、より自殺する率が高かった。デュルケームは、「宗教社会との統合度」を調べて、その時代最も宗教的な生活を求めない宗教であったプロテスタント信者は、カトリック信者に比べて自殺する可能性が高いことを見出した。そして最も濃密な社会的、宗教的な義務のネットワークを持つユダヤ教信者は、最も自殺率が低かった。彼は、「家庭社会との統合度」、つまり家族を調べて、同様のことを見出した。一人暮らしの人は、最も自殺する可能性が高く、結婚している人はそれより低く、結婚して子どもがいる人はさらに低い。デュルケームは、人には人生に意味と構造を与えるために、義務と束縛が必要であると結論づけた。「ある人が属している集団との結びつきが弱いほど、彼はそのグループに頼らないため、結果的に自分自身だけに頼ることとなり、自分の個人的に興味があるもの以外の行動の規則を認めることがない。」[52]

100年間のさらなる研究により、デュルケームの診断が正しかったことが証明されている。もし、誰かがどれぐらい幸福で、どれぐらい長生きするかについて予測したければ（そして、あなたがその人の遺伝子や性格について質問することが認められていないとしたら）、その人の社会関係を調べるべきである。強い社会関係を持つことは、免疫システムを強め、（禁煙する以上に）寿命を延ばし、手術からの回復を早め、うつ病や不安障害に対するリスクを軽減してくれる[53]。これは、外向的な人が、生来より幸福で健康であるというだけのことではない。内向的な人がより社交的であることが強いられた場合、彼らは通常それを楽しみ、気分が晴れやかになる[54]。多くの社会的接触を求めてはいないと考えている人たちにすら、利益をもたらす。それは、「皆、誰か頼れる人が必要だ」というだけではない。つまり、社会的サポートを与えることに関する最近の研究によると、他者の世話をすることは、援助を受けるよりも、しばしばより有益であることがわかっている[55]。私たちには、他者と相互作用し、結びつきを持つことや、持ちつ持たれつの関係や、所属することが必要である[56]。極端な個人の自由のイデオロギーは、人が個人的な充実や職業的な充実を求めて、家や仕事、町、結婚生活を捨てることを助長し、またそれゆえに、そのような充実を得るのに最も見込みのある人間関係を壊してしまうという意味で、危険なのである。

セネカは正しかった。「自らを孤独だと見なし、すべての物事を自らの有用性の問題であるととらえる人は、誰も幸せに生きることはできない。」ジョン・ダンは正しかった。「男性も女性も子どもも孤島ではない。」アリストファネスは正しかった。「私たちには自分を完成させてくれる他者が必要である。」私たちは、他者を愛し、仲良くし、助け、分かち合い、さもなければ、自分の生活が他者と絡み合うように見事に調整された情動に充ち満ちた、超社会的な種である。愛着や人間関係は、苦痛をもたらしうる。ジャン゠ポール・サルトルの『出口はない』の中で登場人物が言うように、「地獄とは他の人たちである」[57]。しかし、天国でもある。

第7章 逆境の効用

天が誰かの上に大きな責任を与えようとする時には、心を刺激し、人間性を強くして彼の至らぬ部分を改めさせるため、困難を与え、筋肉や骨に重労働を課し、肉体を飢餓にさらし、貧困を与え、運命の道に障害を置くのである。

――孟子[1]中国、紀元前3世紀

私を殺さないものはすべて、私を強くする

――ニーチェ[2]

多くの伝統の中に、運命や予言や予知という概念がある。ヒンズー教では、誕生日に神がその運命をその子の額に書くという言い伝えがある。あなたの子どもが生まれた日に、二つの贈り物を貰ったとしよう。この予言を読むことができる眼鏡と、それを編集することができる鉛筆である。（さらに、これらは神からの贈り物で、使いたいように使ってよいものとする。）あなたならどうするだろうか？　まずは、リストを読んでみよう。

9歳：親友が癌で死んでしまう
18歳：クラスでトップの成績で高校を卒業する。
20歳：飲酒運転による車の事故で左足を切断する。
24歳：未婚の母親または父親となる。
29歳：結婚する。
32歳：小説を出版し、成功する。
33歳：離婚する。
などなど……

自分の子どもの将来の苦悩について書かれたものを見ることが、どれほど辛いかわかるだろう！　すべてのトラウマを消去し、負わされた傷を修正する衝動を抑えられる親がいるだろうか？

しかし、鉛筆の使い方には注意が必要である。良かれと思ってすることが、さらに悪い結果を引き起こすことにもなりかねない。もし、ニーチェの言うように、あなたを殺さないものはすべて、あなたを強くするというのが正しければ、子どもの将来から大きな逆境をすべて消し去ってしまうことで、子どもを弱く、未発達なままにしておくことになりかねない。この章では、「逆境仮説」とも呼べるものについて述べる。それは、最も高い水準の強みや充実、個人的な発達のためには、逆境や挫折、トラウマさえもが必要であると説く。

ニーチェの格言が、文字通り正しいとは言い切れない。少なくとも、どんな場合でも当てはまるわけではない。死の恐怖に現実的に直面したり、暴力による他者の死を目撃したりした人は、不安や過剰反応などが後遺症となり虚弱状態となる、トラウマ後ストレス障害（PTSD）を引き起こすことがある。PTSDを経験した人は、恒久的に変化してしまう場合もある。後に逆境に直面した時に、パニックを起こしやすくなる。ニーチェのことばを比喩的にとらえたとしても（いずれにせよ、彼はその方を好むであろうが）、50年に及ぶストレス研究で、ストレス要因は一般的に人にとって悪いものであり[3]、うつ病や不安障害、心臓病の原因となることがわかっている。だから、逆境仮説を受け入れるのには注意が必要である。それでは、どんな時に逆境は役にたち、どんな時に有害なのか、科学的な研究を見てみよう。その答えは、「限界を超えない程度の逆境」というだけではない。それよりもずっと興味深い話があり、人はどのように成長するのか、どうすればあなた（やあなたの子ども）が将来に必ず出会う逆境から、最も利益を得られるのかが明らかになる。

トラウマ後成長

1999年4月8日、グレッグの人生は崩壊した。その日、彼の妻と4歳と7歳の子どもが蒸発してしまった。グレッグは、三日かけてようやく、彼らが車の事故によって死んだのではないということを知った。エイミーは、子どもたちを連れて、数週間前にショッピングモールで出会った男と駆け落ちしたのだった。4人はそれから、西海岸の州を点々としながら、国中を車で走り回っていた。グレッグが雇った私立探偵はすぐに、グレッグの人生をぶち壊しにした男が、詐欺師で、つまらない罪を犯して生計を立てていることを突き止めた。なぜこんなことが起こってしまったのだろう? グレッグは、ある日突然、最愛のものをすべて失ったヨブ[訳注14]になったような気分になった。そして、ヨブと同様、彼にも自分がこうなってしまった理由がわからなかった。

私の古い友人であるグレッグ[4]は、彼の妻がどうしてそんな詐欺師の影響を受けてしまったのか、心理学者としての見解を聞きたいと言って私に電話をかけてきた。私に言えたのは、その男が変質者のようだということだけだった。(大半の連続殺人犯や連続レイプ魔は変質者であるが)大半の変質者は暴力的ではない。多くの場合は男性で、道徳感情や愛着システムが欠落し、他者に関心が持てない人たちである[5]。彼らは、恥や羞恥心、罪悪感を持たないため、いとも簡単に人々を騙して金やセックス、信頼をまきあげる。もしその男が本当に変質者だとしたら、彼は愛する能力に欠けているため、すぐにエイミーや子どもたちに愛想を尽かすだろう、と私はグレッグに言った。グレッグは、おそらくすぐに子どもたちに会えることだろう。

二ヵ月後、エイミーは帰ってきた。警察は、子どもたちの親権をグレッグに返した。グレッグのパニックの局面は終わったが、同時に彼の結婚生活も終わり、人生を立て直す長くつらい日々が始まった。彼はいまや、助教の給料で生計を立てるシングルファザーとなり、子どもの親権をめぐるエイミーとの裁判費用に長年直面することとなった。彼は、学術世界でのキャリアを賭けた本を完成させる望みも薄く、子どもたちや自分の精神的健康のことを気にしなければならなかった。彼はどうすればよいのだろう?

私は、その数ヶ月後にグレッグを訪ねた。8月の気候の良い夕方だったので、ポーチに座り、グレッグは、その出来事が彼にどのような影響を与えたかについて話してくれた。彼は、未だ傷ついていたが、数多くの人が彼のことを気にかけ、助けてくれることを学んだ。彼が属する教会の家族が食事を差し入れ、育児を助けてくれた。彼の両親はユタ州の家を売り、育児を手伝うためにシャーロッツビルに引っ越してきた。そしてグレッグはまた、この経験によって彼の人生で何が大切かという物事の見方が百八十度変化したと言った。子どもたちと一緒にいられる限り、仕事上の成功はさほど重要ではなくなった。グレッグは、価値観の変化に伴って、他者に対して異なった接し方をするようになったとも言った。彼は自分が、今までよりも、他者に対して共感し、愛し、許容できるようになったと感じていた。もはや、些細なことで他者に腹を立てることもなくなった。そしてグレッグは、息を飲むほど感動的なことを言った。多くのオペラの重要場面でしばしば歌われる悲しく感動的な独唱を引用して、こう言ったのだ。「これは、僕がアリアを歌うべき時だったんだ。僕は、そんな場面に出会いたくなかった。出会いたくなかったけれど、こうして出会ってしまった。僕に何ができるんだろう？　僕はうまく立ち直れるのだろうか？」

物事をそんな風に言えるのは、彼がすでに立ち直っている証拠である。家族や友人、深い信仰心に助けられて彼は人生を建て直し、本を書き終え、二年後により良い職を見つけた。最近彼と話した時には、彼はまだその出来事に傷ついていると言っていた。しかし、多くの前向きな変化もあり、今では、その事件が起こる前よりも、子どもたちとの日々に多くの喜びを感じているとも語った。

健康心理学は、何十年間もストレスとそのダメージの効果について研究してきた。これらの研究文献における主な関心の対象は、常にレジリエンス（回復力）——人が逆境に対処し、ダメージをはね退け、正常機能へと「回復する」しかた——であった。しかし、研究者たちがレジリエンスを超えて、深刻なストレスの恩恵に焦点を当てるようになったのは、ついこの15年ほどのことである。これらの恩恵は、トラウマ後ストレス障害と直接対比させて、集合的に「トラウマ後成長」と呼ばれることがある[6]。研究者たちはいまや、癌、心臓病、ＨＩＶ、レイプ、殺人、麻痺、不妊、家の焼失、飛行機事故、地震などのような、多くの逆境に直面した人々を研究している。研究者たちは、人々が子どもや配偶者、恋人、両親といった最も強い愛着を持つ人の死にどのように立ち向かっているのかについて研究してきた。大半の研究は、トラウマや危機や悲劇にはさまざまなかたちがあるものの、人々は三つの基本的なやり方でそれらから恩恵を受けることを示している。グレッグが語ったのと同じものである。

一つ目の恩恵は、難題を乗り越えることで、気づいていなかった能力を発見し、この能力によって自己概念が変わることである。私たちは誰も、本当のところ自分が何に耐えられるのかということを知らない。あなたは、「もし、Xを失ったら、死んでしまうに違いない」とか「もし、Yが乗り越えようとしていることが自分に起こったら、生きてはいけないだろう」とか思っているかもしれない。しかし、これらの考えは、象使いのでっち上げにすぎない。もし、本当にXを失ってしまったり、Yと同じ立場になったりしても、あなたの心臓が止まってしまうということはない。あなたは、そこにある世界に反応する。ほとんどの場合、この反応は自動的に行われる。重大な喪失やトラウマの後、無感覚に陥ったとか自動操縦されているようだったと言われることがある。意識はすっかり変わってしまっているのに、体はどういうわけか動き続ける。数週間後には、喪失感と変わってしまった環境を理解しようともがき苦しみながらも、ある程度は正常に戻る。「もし、Yが乗り越えようとしていることが自分に起こったら、生きてはいけないだろう」と考えていたが、あなたを殺さないものは、その定義により、あなたを生存者にする。近親者との死別やトラウマから人が得る最もよくある教訓は、自分は思っていたよりずっと強いということであり、この新しい自己の強さへの認識により、人は将来難題に直面した時に自信が持てるようになる。暗雲が包み込んでいる中での希望の光について話しているだけではない。戦争やレイプ、強制収容所、トラウマの残るような私的な喪失に苦しんだ人は、将来のストレスに対して免疫を持っていることが多いようである[7]。彼らはより早く回復する。それは一部、自分が乗り越えられることを知っているからである。宗教指導者たちはしばしば、苦悩のまさにこの恩恵について指摘する。パウロは、「ローマ人への手紙」(5章3-4節)の中で「艱難は忍耐を生み出し、忍耐は錬達を生み出し、錬達は希望を生み出すことを、知っている」と言っている。もっと最近では、ダライ・ラマが、「困難な経験をたくさんした人の方が、何も困難を経験していない人に比べて、問題により毅然として立ち向かうことができる。そのことを考えると、ある程度の困難は、人生において良い教訓と言える」と言っている[8]。

二つ目の恩恵は、人間関係に関するものだ。逆境は、フィルターとなる。癌と診断された時や夫婦が子どもを失った時、友人や家族の中には、何か役にたったりサポートしたりできないかと立ち上がってくれる人もいる。遠ざかってしまう人もいる。たぶん、なんと言ってよいかわからなかったり、その状況に自分自身がいたたまれなくなったりするのだろう。しかし逆境は、本当の友人を都合の良い友人の中から選別するだけではない。そのことによって関係が強まり、互いに心を開くことになる。私たちはたいてい、気にかけている人に対して愛を育み、必要な時に私たちを気にかけてくれる人に対して愛や感謝を覚えるものである。スタンフォード大学のスーザン・ノーレン-ホークセマと同僚たちは、近親者の死に関する大掛かりな研究を行った。その研究で、愛する者を失うことによる最も一般的な影響の一つは、残された者は、人生においてこれまでよりも他者に対して大きな感謝の心を持つようになり、我慢強くなることであるということがわかった。配偶者を癌で亡くした研究参加者の女性は、以下のように説明した。「(彼の死が)他の人との関係をより強いものにしてくれました。なぜなら私は、時間はとても大事であることと、些細でつまらない出来事や感情にあまりに多くの無駄な労力を使っているということに気づいたからです。」[9]グレッグと同様に、残されたこの女性も、他者との関係が今までよりも愛にあふれていて、つまらないことに左右されないものであることに気づいた。トラウマは、自己宣伝と競争を強調するマキャベリ流のしっぺ返し戦略を実践する意欲をそいでしまうようである。

この変化が、ある意味、三つ目の一般的な恩恵へとつながる。トラウマは、優先事項や哲学を現在(「毎日を精一杯生きる」)、そして他者へと変化させる。権力や金を有する人が、死に直面して道徳感情に変化が起こったという話は誰でも聞いたことがあるだろう。1993年、当時、私が文化と道徳性について学ぶために三ヵ月間滞在していたインドのブバネスワル郊外で、岩に描かれた、とびきり大きなそのような物語の一つを見たことがある。紀元前272年頃、アショーカ王はマウリヤ朝(中央インドの国)の支配権を手中にし、征服によって領地を拡大しようとしていた。彼は、周囲の多くの王国や人々を虐殺し征服に成功した。しかし、現在のブバネスワルの近くにあったカリンガ国の人々に対する血塗られた勝利の後、彼は恐怖と自責の念に駆られた。彼は仏教に改宗し、暴力によるさらなる征服を放棄し、正義とダルマ(仏教とヒンズー教の秩序の法)への敬意を基礎とした王国を作ることにその後の人生を捧げた。彼は、公正な社会の理想像と徳行動に対する規則をすべて書き出し、その勅令を国中の岩壁に彫らせた。彼は、平和と徳、宗教的寛容に関する彼の見解を広めるために、遠くはギリシアにまで使節を送った。アショーカ王の変化は、逆境ではなく、勝利によってもたらされたものであるが、死の恐怖に直面するのと同様に、人を殺すことによってもトラウマに陥ることは、現代の兵士に対する研究からも示されている[10]。トラウマ後成長を経験した数多くの人と同様に、アショーカ王は深遠な変容を経験したのである。勅令の中で彼は、自身が意見の異なる人に対してより寛容で、哀れみ深く、忍耐強くなったと説明している。

大量殺人者から人間味あふれる人への変化を経験する人はあまり多くないだろうが、死に直面した非常に多くの人が、価値観や考え方の変化を経験している。回想録の中で、癌の告知はしばしば、覚醒への目覚めや現実検討のターニングポイントとして描かれる。多くの人が、仕事を変えたり、仕事の時間を減らすことを検討する。目覚めた現実の中で、これまで当たり前のように思っていた人生は贈り物であり、お金よりも大事なものになる。チャールズ・ディケンズの『クリスマス・キャロル』は、死に直面することの影響について深い真実をとらえている。「未来のクリスマス」の幽霊と過ごした数分間で、スクルージは究極の守銭奴から、家族や従業員、通りですれ違う見知らぬ人々からも喜びを見出す寛大な男性へと変わる。

苦悩を称賛したり、それを皆に処方したり、可能な場合にそれを減じることの道徳的責務を減じたりしたいわけではない。私は、癌の告知の一つ一つから、友人関係や親類関係をたどって広がってゆく恐怖がもたらす苦痛を無視したくない。ただ、苦悩というのは、いつでもすべての人に対してすべて悪いというわけではないということを指摘したいだけである。たいてい悪いことの中には何か良いことがあり、それを見つけることができた人は、道徳と精神性の発展の鍵となるような貴重な何かを見出すだろう。シェイクスピアはこう書いている。

逆境ほど身のためになるものはない、
それはあたかもガマ（蝦蟇）のように醜く、毒を含んではいるが、
頭の中には貴重な宝石を宿しているのだ。[11]

苦悩はするべきか？

逆境仮説には、弱いバージョンと強いバージョンがある。弱いバージョンでは、逆境は、上記に説明してきたトラウマ後成長の三つのメカニズムによって、成長や強み、喜び、自己改革を導いてくれる可能性がある。弱いバージョンの仮説は研究によって十分支持されているが、どのように人生を送るべきかということに対するはっきりとした含意はほとんど示されていない。強いバージョンの仮説はもっと困惑するものである。それは、人が成長するためには逆境に耐えることが必要であり、最も高い水準での成長や発達は、大きな逆境に直面し、克服した者にのみ開かれているというものである。もし、強いバージョンの仮説が当てはまるとすると、私たちがどのように生き、社会をどのように構成すべきかに対して重大な含意を持っている。私たちは、より多くの危険を冒し、より多くの失敗を経験すべきであることを意味する。私たちは、子どもに対して危険なほど過保護であり、温室の人生を提供し、あれこれ助言をしすぎている一方で、彼らが強く成長し、深い友情を育むために必要な「決定的な出来事」[12]に出会う機会を奪っていることになる。また、死よりも不名誉を恐れるような英雄的社会や、戦争で皆が苦悩するような社会

の方が、人々の期待が高くなりすぎて「感情を傷つけられた」と訴訟しあうような平和で豊かな社会よりも、より良い人間を作り出すということになる。

しかし、その強いバージョンの仮説は妥当なのだろうか？　人はよく、逆境によって心底変わったと言うが、今のところ、そのような報告以上の逆境による性格変化の証拠はほとんどない。数年間を通じて、その間に大きく変化したと報告している人たちですら、性格検査の得点はほとんど変化しなかった[13]。成長の報告を検証する数少ない研究の一つに、調査対象者の友人に調査対象者について質問したものがある。しかし友人たちは、調査対象者が報告したほどの変化には気づいていなかった[14]。

しかしながら、これらの研究は間違ったところに変化を見出そうとしてきたのかもしれない。心理学者はよく、「ビッグファイブ」（神経症傾向、外向性、新しい経験への開放性、協調性（思いやり／優しさ）、誠実性）のような、基本的特性を測定することで性格を測定しようとする[15]。これらの特性は、象についてのもの、つまり、さまざまな状況に対するその人の自動的な反応についてのものである。これらは、別々に育てられた一卵性双生児のあいだでもかなり類似していることから、生活状況や親になるなどといった役割の変化の影響を受けるものの、部分的には遺伝子が影響していることを示唆している[16]。しかし、心理学者のダン・マクアダムスは、実際には、性格には三つの層があり、これまでは基本的な特性である最下層のみを重要視しすぎてきたと指摘している[17]。第二層目の性格である「性格的適応」は、人が特定の役割や分野で成功するために発達させるものであり、個人的な目標、防衛や対処のメカニズム、価値、信念、（親であることや退職などのような）ライフステージでの関心などを含んでいる。これらの適応は、基本的特性の影響を受ける。たとえば、神経症傾向が高い人は、より多くの防衛メカニズムを有し、外交的な人は、社会関係により大きく依存するだろう。しかしながらこの中間層において、人の基本的特性は、環境やライフステージといった事実と絡み合う。配偶者の喪失などによってそれらの事実が変化すると、性格的適応も変化する。象は、ゆっくりとしか変化しないかもしれないが、象と象使いは協同で、日々を乗り越えていく新たな道を見つけるのである。

第三層目の性格は「ライフストーリー」である。どの文化の人間も物語に魅了される。私たちは可能ならいつでも物語を作り出す。（あそこにある七つの星を見てごらん？　あれは昔七人の姉妹が……）。私たちの人生も同様である。マクアダムスが「再構成された過去と、認識されている現在と、期待している未来が首尾一貫したものとなるように物語を進化させ、人生の神話に息を吹き込む」と述べているように、私たちは物語を作り出さずにはいられないのである[18]。最下層の性格は、その大半が象に関するものであるが、ライフストーリーは主に象使いによって書かれる。自身の行動を自ら解釈し、自分に関する他の人の考えを聞いて、意識的に自分の物語を作り出す。ライフストーリーは、歴史学者の仕事ではない。象使いは、自分の行動についての本当の原因を知ることはできないということを思い出そう。ライフストーリーは、多くの実際の出来事を参照し、脚色と解釈によってつなぎ合わされた歴史小説のようなものであり、それは実際に起こったことの主旨に添っていることもあれば、添っていないこともある。

この三つの層の観点で見ると、なぜ最適な人間発達には逆境が必要かということが明確になる。心理学者のロバート・エモンズの発見によると[19]、人が「性格的適応」の層で追い求める大半の人生の目標は、四つのカテゴリーに分類することができる。仕事と業績、人間関係と親しさ、宗教と精神性、そして、生成力（財産を残すことや社会に何か貢献すること）である。一般的に、目標の追求は有益ではあるが、すべての目標が等しく良いわけではない。エモンズは、業績や富を一番に追い求める人は、他の三つのカテゴリーに焦点を当てて努力をする人に比べると、平均的に幸福度が低いことを見出した[20]。その理由は、第5章で述べたように、幸福の罠と誇示的消費にある。人類は幸福ではなく成功を追い求めるように進化の過程で形成されてきたため、ゼロサム競争の中で名声を勝ち取ることに役立つような目標を必死で追い求めてしまう。このような競争での成功で気分は良くなるだろうが、恒久的な快楽は得られず、将来の成功に対するハードルを上げてしまう。

しかしながら、悲劇にぶち当たるとそのトレッドミルから振り落とされ、決断を迫られる。ひょいと飛び乗り、いつも通りの仕事へと戻るか、何か別のことに挑戦するか。その悲劇の後、数週間から数ヶ月のあいだ、他のことに対してより自由に考えられる期間がある。この期間、業績の目標が色褪せてしまったり、時にはまったく無意味であるように思えたりすることがある。もしあなたが、家族や宗教、人助けなどその他の目標へと向かっていくことになれば、非誇示的消費へと推移することとなり、そこからもたらされる快は、適応（トレッドミル）効果によって完全には支配されない。それゆえに、これらの目標の追求はさらなる幸福をもたらすが、（平均的には）富を減らすことになる。数多くの人が、逆境の目覚めによって目標を変える。仕事を減らし、もっと愛し遊ぼうと決意する。もし、最初の数ヶ月以内に行動へ移して、日常生活を変えるような何かをすれば、その変化は定着するだろう。しかし、もし決意以上の何かをしなかったとすれば（「私は人生に対する、この新しい見方をけっして忘れない」）、すぐに昔の習慣へと戻り、昔の目標を追い求め始めるだろう。象使いは、道の分岐点でいくらかの影響力を行使することはできるが、象は、環境に対して自動的に反応することで、日常生活に対処しているのである。人生の道で突っ走るのを止め、あちこちに分岐している道に気づき、自分が本当に行きたい場所について考えさせてくれるという意味で、逆境は成長にとっておそらくは必要なのである。

三層目の性格において、逆境の必要性はさらに明白である。良い物語を書くためには、面白い素材が必要である。マクアダムスは、物語とは「基本的に時系列で組織化された人の意図の変遷に関するもの」であると述べている[21]。変遷なくして良いライフストーリーはありえない。もしあなたが思いついた一番の苦難が、16歳の誕生日に両親にスポーツカーを買ってもらえなかったことだとしたら、誰もあなたの伝記を読みたいとは思わないだろう。マクアダムスが収集した数千ものライフストーリーの中で、いくつかのジャンルは幸福と結びついたものである。たとえば、「献身物語」では、主人公は協力的な家族背景を持っており、人生初期において他者の苦難に敏感となり、明白で抑えきれない個人的なイデオロギーによって導かれ、そしてある時点で、失敗や過ちや危機をポジティブな成果へと昇華・変換させる。そしてそれがしばしば、他者を助けるために自己を捧げるという新たな目標を立てることになるプロセスとなる。仏陀の人生が古典的な例である。

反対に、情動的にはポジティブな出来事が悪い方向へと進み、すべてを台無しとしてしまうような「汚《けが》れ」の連鎖を示すライフストーリーもある。予想通り、そのような物語を語る人は、おそらくうつ状態にあるだろう[22]。実際、うつ病の病理の一部は、あれこれ思いめぐらしている間に、ベックのネガティブな三大徴候である「私は悪い、世界は悪い、そして私の将来は暗い」というツールを用いて、自分のライフストーリーを書き直してしまうことである。克服していない逆境は、陰うつな暗い物語を作ってしまう可能性もあるが、実質的な逆境は、有意義な物語を構築する上で必要であろう。

マクアダムスの考えは、トラウマ後成長を理解する上で非常に重要である。彼の三層の性格は、私たちに階層間の一貫性について考えさせてくれる。もし三層の性格が一致しなければ、何が起こるのだろうか？　以下のような女性を想像してみよう。基本的特性は温かく社交的であるが、人と密接に関わる機会がほとんどない仕事における成功を追い求めており、彼女のライフストーリーは、両親に実用的な仕事を強いられている芸術家の物語である。彼女は噛み合わない動機と物語の混乱状態にあり、おそらく逆境を乗り越えることによってのみ、階層間に一貫性をもたらすのに必要な根本的な変化を起こすことができるだろう。心理学者のケン・シェルドンとティム・カッサーは、精神的に健康で幸福な人は、目標が「垂直的に一貫している」ことを発見した。つまり、上位階層の（長期間の）目標と下位階層の（短期間の）目標がすべてうまく一致しているため、短期的な目標の追求が、長期的な目標の追求を推し進めるのである[23]。

トラウマは、しばしば信念体系を粉々にして、人から意味の感覚を剥ぎ取ってしまう。そのかけらを元に修復しなければならず、その時に、神やその他の崇高な目的を統一原理として用いることがよくある[24]。ロンドンとシカゴは大火事に見舞われたことで、より壮大で統一性のある街へと再建する機会を得た。人も、そのような機会をつかむことがあり、けっして自発的にはバラバラにできなかった自分の生活やライフストーリーの部品を、見事に組み立て直すのである。人が逆境を乗り越えて成長したと報告する時、自分の内部の新たな統一の感覚について説明しようとすることがある。この統一感は、友人たちにはわからないかもしれないが、内側から湧き上がる成長や強さ、成熟、知恵のように感じられるのである[25]。

意味づける者は幸いである

善人に何か悪いことが起こった時、私たちは困惑する。私たちは、人生は公平ではないということを意識的には知っているが、無意識的には返報性のレンズを通して世界を見ている。（私たちのバイアスのかかった道徳的判断では）悪人が転落していくことは何の問題もない。自業自得である。しかし、被害者が高潔な人である場合、その悲劇を理解するのに苦悩する。直感的なレベルでは、私たちは皆、自分の蒔いた種を自分で刈り取るというヒンズー教の考え、カルマを信じているのだ。心理学者のメル・ラーナーは、私たちは、人は自分にふさわしい報いを受け、報いるにふさわしい価値があると信じるようあまりにも強く動機づけられているため、加害者を罰したり被害者を保障したりすることで正義が達成できない時、悲劇の被害者を責めてしまうということを実証した[26]。

ラーナーの実験において、人は、出来事を意味づけようとするという必死の欲求から、不正確な結論を導いてしまう（たとえば、女性がレイプ犯を「誘惑した」というように）。しかし、一般的には、悲劇を意味づけ、その中に恩恵を見出す能力は、トラウマ後成長への扉を開ける鍵である[27]。トラウマにぶち当たった時、その鍵が説明書とともに自分の首にぶらさがっているのを見つける人がいる。それ以外の人は、自力で何とかしようとするが、結局はどうにもならない。心理学者は、これまでどのような人がトラウマから恩恵を受け、どのような人がダメになってしまうのかについて明らかにするために多大な労力を投じてきた。その答えは、既存の大きな人生の不公平をさらに増すものであった。楽観主義者は悲観主義者よりも恩恵を受けやすい[28]。楽観主義者は、その大部分で、大脳皮質くじに当たった人たちである。彼らは、高い幸福の基準点を持ち、習慣的に物事の明るい側面を見て、たやすく希望の兆しを見つけ出す。人生では、豊かなものがより豊かになり、幸福なものがより幸福になるものだ。

危機にぶち当たった時、人は主に三つの方法で対処する[29]。能動的対処（問題を解決するために直接行動をとる）、再評価（自分自身の思考を正したり、希望の兆しを見つけたりなど、心の内部で努力をする）、回避的対処（その出来事を否定したり、避けたり、または飲酒や薬物、その他で気を紛らわしたりすることで、情動的な反応を鈍らせるようとする）である。楽観的な基本的水準の特性（マクアダムスの第一層目）を持つ人は、能動的対処と再評価の二つの方法のあいだで揺れ動く対処スタイル（マクアダムスの第二層目）を発達させてゆく傾向にある。楽観主義者は、努力が実を結ぶと期待しているので、すぐに問題を解決しようとする。しかし、もしそれに失敗しても、彼らは、たいていの場合、物事はうまくゆくと考えているため、可能な限り何か利点を見つけようとする。そのような利点を見つけ出すと、彼らは絶え間ない克服と成長の物語としてのライフストーリー（マクアダムスの第三層目）に、新たな章を書き加えるのである。対照的に、相対的にネガティブな感情スタイルの人（左前頭葉よりも活発な右前頭葉を備えた人）にとって、世界はより脅威に満ちたものであり、それらを対処することにあまり自信が持てない。彼らは、回避やその他の防衛メカニズムにより大きく依存した対処スタイルを発達させてゆく。問題を解決することよりも苦痛に対処することに注力するために、問題をしばしば悪化させてしまう。世界は不公平で制御不能であり、物事はしょっちゅう最悪の事態に陥るという教訓を導き出して、その教訓を自分のライフストーリーに織り込み、物語全体を汚《けが》してしまう。

もしあなたが悲観主義者であったとしたら、おそらくここで暗い気分になっていることだろう。しかし、絶望してはいけない！　成長するための鍵は、楽観主義そのものにあるのではない。それは、楽観主義者がたやすく見出す意味づけにあるのだ。もし、逆境を意味づける方法を見つけ出し、そこから建設的な教訓を導き出すことができれば、あなたも恩恵を受けることができるはずである。そして、ジミー・ペネベーカーの『オープニングアップ』を読むと、うまく意味づけすることを学ぶことができる[30]。ペネベーカーは、子ども時代に受けた性的虐待などのトラウマとその後の健康問題の関係性について調査研究を開始した。トラウマやストレスはたいていの場合有害であるが、ペネベーカーは、友人やセラピストと話しあうといった自己開示が、心を救うのと同時に身体をも救うのではないかと考えた。彼の初期の仮説の一つは、（性的でない暴行を受けるのとは違って）レイプされることや、（自動車事故ではなく）自殺で配偶者を失うといったような、より恥辱感をもたらすトラウマは、その出来事について他者に話すことが少ないため、より病気になりやすいというものであった。しかし、トラウマの性質そのものは、ほとんど関係がないということが明らかとなった。問題となるのは、人がその後どのように行動したかということであった。友人や支援団体と話をした人たちは、トラウマによる健康被害の影響から大幅に免れていた。

　開示と健康の相関関係が見出されたので、ペネベーカーは科学的なプロセスをさらに一歩進め、人々に秘密を開示してもらうことによって健康的な利点を作り出そうと試みた。ペネベーカーは人々に、できれば今まで人に詳細について話したことのない「人生の中で最も動揺した、またはトラウマになっている経験」について書くように求めた。彼らに何枚もの白紙を渡し、連続4日間、15分ずつ書き続けるよう依頼した。統制グループの研究参加者には、その他の話題（たとえば、自分の家のことや典型的な平日の過ごし方についてなど）について、同じ時間だけ書くよう依頼した。ペネベーカーは、それぞれの調査において、研究参加者から、将来のある時点で、彼らの医療記録を得る許可を得た。それから、彼は一年間待って、二つのグループの人がどれぐらい病気にかかったかを観察した。トラウマについて書いた人たちは次の年、医者や病院にかかった回数が少なかった。私は、初めてこの結果を聞いた時には、それが信じられなかった。一体全体、一時間文章を書くことで、6ヵ月後の風邪を回避できるなんてことがありえるだろうか？　ペネベーカーの結果は、古くさいフロイトのカタルシスという考え、つまり、自分の情動を表現して、「胸のつかえを下ろし」たり、「怒りを解放する」とより健康になるという考えを支持しているように見えた。私はカタルシス仮説の文献をレビューしたことがあり、それには何の根拠もないということを知っていた[31]。怒りを解放することによって冷静になることはなく、怒りが増す。

ペネベーカーの発見は、怒りとは関係なかった。それは意味づけに関わっていたのだった。彼の研究で、文章を書く時間をはけ口として用いた人たちには何の効果も得られなかった。最初の日からその出来事の原因と結果について、深い洞察力を示していた人たちにおいても何の効果も得られなかった。彼らはすでに物事を意味づけていたからである。効果があったのは、4日間で進歩した人たちであり、洞察の深まりを示した人たちであった。そのような人たちは、次の一年を通して健康に改善が見られた。その後の研究でペネベーカーは人々に、自分の情動を表現するために踊ったり歌ったりするよう求めたが、これらの情動表現の行為からは何の健康増進効果も得られなかった[32]。ことばを用いなければならないのであり、ことばはおのずから意味のある物語を作り出すことに寄与する。もし、そのような物語を書くことができれば、その出来事から数年が経過していたとしても、再評価（二つの健康的な正常な対処スタイルのうちの一つ）の効果を得ることができる。未だにあなたの思考に影響を及ぼし、次のより大きな物語へと進むことを妨げている、人生の中で開かれたままとなっていた章を閉じることができるのだ。

つまり、悲観主義者の場合には、象を優しく正しい方向へと導くために、余分にいくつかのステップ、いくぶん意識的な象使い主導のステップを踏まなければならないが、誰でも逆境から恩恵を受けることができる。最初のステップは、逆境にぶち当たる前に、認知スタイルを変化させるためにできることをすることである。もしあなたが悲観主義者なら、瞑想や認知療法、さらにはプロザックをも考慮に入れるべきだろう。これらはすべて、あなたがネガティブに物事を繰り返し考えるという傾向を緩和し、思考をポジティブな方向へと導く助けとなるので、将来の逆境に耐え、その中に意味を見出して、そこから成長することをより可能にする。二つ目のステップは、社会的サポートのネットワークを構築し、大切にすることである。良い愛着関係を一つでも持つことは、子どもだけでなく大人にとっても（そしてアカゲザルにとっても）、脅威に直面した時の助けになる。上手な聞き役となってくれる信頼できる友人は、意味づけを行い、意味を見出すための大きな助けとなるだろう。三つ目に、宗教の信仰や実践は、意味づけを直接的に助けること（宗教は、喪失や難局に対する物語や解釈体系を提供する）と、社会的サポートを増やすこと（信者たちは、宗教コミュニティを通じて人間関係を築いており、多くの人は神との関係も持っている）の両方で成長の助けとなる。また信仰心の利点は、部分的に、多くの宗教で推奨されているように、神や宗教的権威に対して、心の中の葛藤を告白して開示するという点もあるだろう[33]。

そして最後に、困難にぶつかった時、うまく心の準備ができていたとしても、できていなかったとしても、数ヶ月後のある時点で、紙を取り出して書き始めてみよう。ペネベーカーは、数日間、毎日15分、継続的に書くことを勧めている[34]。編集したり、自己検閲したりしてはいけない。文法や構文を気にせず、ただ書き続けよう。何が起こったか、それについてどのように感じるか、そして、なぜそのように感じるのかについて書いてみよう。もし、書くことが嫌いなら、テープレコーダーに向かってしゃべるのでもかまわない。大切なことは、あなたの思考や気持ちを、何も秩序づけようとすることなく表に出すことである。しかし、そのようにすると、数日後、何らかの秩序がひとりでに生まれてくるものである。そして最後の節で結論づける前に必ず、なぜこれが起こったのか、私は何か良いことを得られるだろうか、という二つの質問に答えるために全力を尽くしたか、確認してみよう。

何事にも旬がある

もし逆境仮説が本当で、その恩恵のメカニズムに意味づけとこれら三層の性格の一貫性が関与しているのだとすれば、人生において逆境がより恩恵となる時期とならない時期があるはずだ。もしかすると、強いバージョンの仮説は、人生のある時期においてのみ正しいのではないだろうか。

子どもがとりわけ逆境に弱いと考えるのには、数多くの理由がある。遺伝子は、子どもの時期を通して脳の発達を導くが、発達は環境的な要因にも影響される。その中で、最も影響力のある環境要因の一つは、脅威と安全の総合的な水準である。良い育児は子どもがより冒険心旺盛になるよう愛着システムを調節するのを助ける。さらに、そのような効果以上に、子どもの環境が安全で、すべて制御可能であると感じられるものであれば、子どもは（平均的に）よりポジティブな感情スタイルを発達させ、不安の少ない成人となるであろう[35]。しかし、日常的に制御不能な脅威（略奪やいじめ、無差別の暴力など）にさらされる環境にいると、その子どもの脳は変化し、より信用せず、警戒的であるようにセットされる[36]。楽観主義や接近的な動機が総じて報われる安全な世界に住んでいる現代の西洋の国々の大半では、心理療法において大半の人が緊張を高めるのではなく緩和することが必要であることから見て、子どもにとって、遺伝的に可能な中で最もポジティブな感情スタイル、あるいは最も高い設定範囲（第5章のSのこと）を発達させるのが最も望ましいだろう。大きな逆境は、ほとんど（おそらくはまったく）子どもに対して良い影響はないだろう。（一方で、子どもは、驚くほど回復力を持っているので、一度きりの出来事では、たとえそれが性的虐待であったとしても、多くの人が考えるほど、簡単にダメージを受けない[37]。長期的な条件がずっと重要である。）もちろん、子どもたちが自己制御を学ぶためには節度が必要であり、成功には勤勉さと我慢強さが必要だということを学ぶために、たくさんの失敗を重ねなければならない。子どもたちは守られるべきであるが、甘やかされるべきではない。

十代になると、話は変わってくる。幼い子どもも自分たち自身の物語をある程度知ってはいるが、自分の過去、現在、未来を首尾一貫した物語へとまとめあげようと積極的に長期的に努力をし始めるのは、十代の半ばから後半になってからである[38]。この主張は、「記憶バンプ」と呼ばれる自伝的記憶に関する興味深い事実によって支持されている。30歳を超えた人が、人生の中で最も重要で鮮明な出来事を思い出すように求められると、15歳から25歳のあいだに起こった出来事に偏って思い出す傾向がある[39]。これは、人生が開花する年齢である。初恋、大学と知的成長、自立した生活とおそらくは一人旅。そして、（少なくとも西洋では）若者が、人生を決定づけるような数多くの選択をする時期である。もし、性格形成における特別な臨界期があるとすれば、それは出来事がその後のライフストーリーに多大な影響を及ぼす時期であり、これがその時期である。だから逆境は、特にもし完全に克服された場合には、十代の終わりから二十代の初めに経験するのが、おそらく最も恩恵があるだろう。

さまざまな世代の人にトラウマを起こさせるという実験は倫理的に行うことができないが、ある意味で、人生は、これらの実験を行っている。大恐慌、第二次世界大戦といった20世紀の大きな出来事は、さまざまな世代の人を直撃した。社会学者のグレン・エルダーは、巧みな（同じ人から何数十年間も収集した）縦断的データを分析して、このような逆境が襲った後に、なぜある人は成長し、ある人は崩壊してしまうのかを見出した[40]。エルダーは、かつて、自らの発見を以下のように要約している。「私が行ってきた全仕事を通じて一つの筋書きがある。出来事はそれ自体において意味はない。それらの意味は、人やグループや、経験それ自身のあいだの相互作用から引き出される。非常に困難な状況をくぐり抜けてきた子どもは通常、むしろ成功する」[41]。エルダーは、多くが家族やその人の社会的統合の程度に依存していることを見出した。成人と同様に、危機にさらされた子どもは、強い社会的なグループやネットワークに組み込まれている場合はうまく切り抜けていた。社会的サポートなしに逆境に直面した人に比べて、ずっと強く、精神的に健康であることが多かった。（デュルケームが彼の自殺研究から結論づけたように）社会的なネットワークは苦痛を軽減してくれるだけではなく、意味や目的を見つける手段を提供していた[42]。たとえば、多くの人が逆境を共有した大恐慌は、多くの若者にとって、週にようやく数ドルを稼ぐ職につくことが家族に対する真の貢献となる機会を提供した。第二次世界大戦を戦うため国民が一丸となることが必要となったことで、たとえ、戦争に直接貢献しなくても、（少なくともアメリカでは）それを生き抜いた人たちは責任感が強くなり、公共心が養われた[43]。

しかし、最初の逆境にはタイムリミットがある。エルダーは、二十代後半までに人生は「結晶化」し始めると述べている。かつて、第二次世界大戦に従軍する前には、あまりかんばしくなかった若者が、その後人生を改めるのはよくあることであったが、30歳を超えてから初めて本当の人生の試練（たとえば、そのような戦争での戦闘や大恐慌での破産など）に直面した人は回復力が弱く、経験から成長しにくい。それゆえに、逆境は十代後半から二十代にかけての人に最も恩恵的であると言えるだろう。

エルダーの研究成果は、行為は相互作用の中にあるということをよく思い起こさせてくれる。ある人の独特の性格が、出来事やその社会的な状況の詳細と相互作用することで、特殊でしばしば予想しがたい結果を生み出す。「生涯発達」として知られる研究領域では[44]、「XがYを引き起こす」という形式の単純なルールなどほとんどない。つまり、すべての人にとって恩恵となるような、注意深く計画された逆境による理想的な人生の経路など、誰にも提言できない。しかしながら、多くの人にとって、特に二十代に逆境を乗り越えた人たちにとっては、逆境はそれがなかった場合よりも、彼らをより強く、場合によってはより幸せにしてくれたのだと言うことができる。

誤りと知恵

私も子どもを持ったなら、他の親たちと同じく、彼らの額に書かれた運命を書き換え、すべての逆境を消してしまいたくなるだろう。たとえ、24歳の時に経験したトラウマが娘に重大な教訓を与え、そのことによってより良い人間になるとわかっていたとしても、こう考えるに違いない。なぜ、私が彼女に直接そのような教訓を教えられないのか？　そんな代償を払わなくとも、彼女がその恩恵を受けられるような方法が他にないのだろうか？　しかし、世界中の賢人の共通見解は、人生における最も重要な教訓は、直接教わることはできないというものである。マルセル・プルーストは、こう述べている。

私たちは、知恵を受け取ることはできない。他の誰も代わりとはならない、誰も免れさせることのできない荒野の旅の後に、自分で見つけなければならない。なぜなら知恵とは、ついに達したところの世界に目を向ける際の観点なのだから。[45]

知恵に関する最近の研究で、プルーストが正しいことが証明された。知識は、主に二つの形式でもたらされる。明示的なものと暗黙的なものである。明示的知識とは、あなたが知っていて、意識的に報告できる事実のすべてであり、文脈からは独立している。私がどこにいようが、ブルガリアの首都はソフィアだと知っている。明示的知識は、学校で直接教わる。象使いが集めて、後に推論で用いるためにどこかに保管しておく。しかし、知恵研究の第一人者であるロバート・スタンバーグによると[46]、知恵は「暗黙知」に基づいている。暗黙知とは、手続き的なもの（「それを知っている」というよりは、「どのようにするかを知っている」もの）であり、他者の直接的な援助なしに身につくもので、その人が価値を置いている目標に関係する。暗黙知は、象に備わっているものである。象が、人生経験の中で徐々に身につけていく技能なのである。それは状況に依存する。恋愛関係を終えたり、友人を慰めたり、道徳的な意見の相違を解決したりする上で、普遍的で最善の方法など存在しない。

スタンバーグは、知恵とは、二つの物事のバランスをとるための暗黙知であると言う。まず、賢明な人は、自身の欲求、他者の欲求、そして直接的な相互作用のない人々の欲求や物事（たとえば、制度や環境、後に悪影響を与えかねない人など）のあいだでバランスをとることができる。無知な人は、すべての物事を白か黒かで見たがり、純粋悪の神話に大きく依存し、自身の自己利益に強く影響される。賢明な人は、他者の観点から物事を見ることができる。グレーの部分を正しく評価して、長期的な観点ですべての人にとって物事が最もうまくいく行動指針を選択し、助言することができる。二番目に、賢明な人は、状況に対する三つの反応のあいだでバランスをとることができる。すなわち、適応（環境に適合するよう自己を変化させる）、形成（環境を変化させる）、選択（新たな環境に移動することを選ぶ）である。この二番目のバランスは、大まかに言うと、有名な「ニーバーの祈り」に対応している。「神よ、変えることのできるものについて、それを変えるだけの勇気を我らに与え給え。変えることのできないものについては、それを受け入れるだけの冷静さを与え給え。そして、変えることのできるものと、変えることのできないものとを、識別する知恵を与え給え。」[47]もし、この祈りをすでに知っているなら、あなたの象使いは、それを（明示的に）知っている。もし、この祈りのように生活を送っているなら、象もそれを（暗黙的に）知っており、あなたは賢明である。

スタンバーグの考えは、なぜ両親が子どもに知恵を直接教えられないのかを示している。親にできる最善のことは、子どもが人生のさまざまな領域において暗黙知を獲得していくのを助けるようなさまざまな人生経験を提供してやることである。親はまた、自分自身の人生の中で知恵の手本となり、子どもが状況について考え、異なる観点で眺め、困難な局面でバランスをとれるよう、優しく励ましてやることもできる。幼いあいだは子どもを保護してやるべきであるが、子どもが十代や二十代になっても保護し続けていたら、苦痛だけではなく知恵や成長も締め出してしまうだろう。苦難は、自己と他者とのバランスを見つけ出すのに役立ち、多くの場合、人をさらに思いやりがある人にする。苦難はしばしば、能動的な対処（スタンバーグの言う形成）や再評価による対処（スタンバーグの言う適応）や、計画変更や方向転換（スタンバーグの言う選択）へと導く。それゆえに、トラウマ後成長は、多くの場合、知恵の成長を伴う。

強いバージョンの逆境仮説は、おそらく真実であるが、それは注意書きを加えた時のみである。逆境が最大限に恩恵的であるためには、適切な時期（青年期）に、適切な人（困難に対処して、恩恵を引き出すような社会的、心理学的な資源を持つ人）に、適切な程度（PTSDを引き起こすほど重大でない程度）で生じなければならない。それぞれの人生の経路はあまりにも予測不能なので、長期的に見てある特定の失敗がある特定の人に対して恩恵的であるかどうかはけっして誰にもわからない。しかし、子どもの額に書かれた運命について、どの程度の編集ならば許されるかについては、おそらく十分にわかったであろう。幼い時期のトラウマは消してやるべきである。しかし残りについては、消す前にもう一度考えるか、将来の研究を待つべきである。

第8章 徳の至福

良識を持って、気高く、公正に生きることなく、楽しく生きることはできない。そして、楽しく生きることなく、良識を持って、気高く、公正に生きることはできない。

――エピクロス[1]

人がもしも善いことをしたならば、それを繰り返せ。善いことを心がけよ。善いことが積み重なるのは楽しみである。愚か者は、自分の招いた災難が自分にふりかかってくるまでは幸せである。そして、善人はその善性が開花するまでは苦しむであろう。

――仏陀[2]

賢者や年長者が若者に徳を勧める時、時として、それはあたかもインチキセールスマンの売り口上のようになる。多くの文化の知恵について語った文学は、基本的に、このように言っている。「集まってきなさい。あなたを幸せに、健康に、豊かに、そして賢明にする秘薬がありますよ。あなたを天国へと導き、そこに至る地上の道のりをずっと喜ばしいものにしてくれます。ただ、高潔でありさえすればよいのです！」だが、若者たちは、目を伏せ、耳をふさぐことには非常に長けている。若者の欲求や関心は、大人たちのものとはしばしば食い違う。彼らは自分たちの目標に突き進む手段をすばやく見つけ出し、面倒を引き起こし、そして、それがしばしば人格を形成する冒険となる。ハックルベリー・フィンは、養母のところから逃げ出して、脱走した奴隷とともにミシシッピ川を下った。若き仏陀は父親の宮殿を後にし、森の中で精神性の探求を始めた。ルーク・スカイウォーカーは、故郷の惑星を去り、銀河帝国の反乱軍に参加した。三人とも、壮大な旅に乗り出し、それによって大人になっていき、新たな徳を身につけていった。このように苦労して手に入れた徳はとりわけ、私たち読者にとって羨望の的となる。なぜなら、養育者の徳を単に受け入れただけの従順な子どもには見られない、人格の深みや本物らしさが現れているからである。

この点で、ベンジャミン・フランクリンはとびぬけて見事だ。１７０６年にボストンで生まれ、12歳の時に、印刷屋を営んでいた兄ジェームスの見習いとなった。兄との数多くの対立（そして殴打）の後、彼は自由を熱望するようになったが、ジェームスは彼の見習いに関する法的契約を解除しなかった。そこで、ベンジャミンは17歳の時に法を犯して街を飛び出した。彼は、ニューヨーク行きのボートに乗るが、そこでは職を見つけることができなかったので、そのままフィラデルフィアまで行った。そこで彼は見習いの印刷工としての職を見つけ、技能と勤勉によって、ついには自分の印刷会社を持ち、新聞を発行した。（標語や格言を一覧にした「貧しきリチャードの暦」が当時ヒットした。）彼はビジネスにおいて華々しい成功を続けた。科学の分野では、稲妻が電気であると証明し、避雷針の発明によってそれを制御することを可能にした。政治の世界では、数え切れないほどの彼の名前を冠したオフィスを所有していた。そして外交では、フランスの利益はほとんどないにもかかわらず、イギリスに対するアメリカの植民地戦争に参加するようフランスを説得した。彼は、84歳まで生き、乗馬を楽しんだ。彼は、科学的発見と、公共的創造物を誇りにしていた。彼は、アメリカだけではなくフランスからの寵愛と尊敬にも恵まれて、老人になってからも女性からの注目を楽しんだ。

彼の秘密は何だったのだろうか。それは、徳である。現代人がそのことばから連想するような、堅苦しく、快楽を嫌悪する、ある種の清教徒主義的な徳ではない。古代ギリシアに発する、もっと広義の徳である。ギリシア語のアレテ（*aretē*）は、特に機能的な類の、卓越、徳、善性などを意味している。アレテなナイフは、よく切れるナイフのことだ。アレテな目は、よく見える目である。では、アレテな人は……おそらくそれは、最も古い哲学の問題の一つであろう。その人が良く生きている、または悪く生きていると言う時の、それぞれの人の本当の性質や機能、目標とはいったい何なのだろうか？　格言では、幸せや幸福（*eudaimonia*）とは「卓越や徳と適合状態にある魂の活動」[3]であり、アリストテレスは、貧者に与え、性欲を抑圧することによって幸福がもたらされるなどと言いはしなかった。彼は、良い人生というのは、人が自分の長所を伸ばし、可能性を実現し、生来あるべき姿になることができる人生だと言っている。（アリストテレスは、神がすべての物事を設計したとは信じていなかったが、宇宙のすべての物事は「テロス」、すなわち、向かうべき目的を持つと信じていた。）

多彩なフランクリンの天賦の才能のうちの一つは、可能性を見出し、その可能性を実現することにずばぬけていたことであった。彼は、舗装道路や街灯、ボランティアの消防団、公共図書館に可能性を見出し、これらすべてをフィラデルフィアに作ることを後押しした。まだ若いアメリカ共和国に可能性を見出し、その建国に数多くの役割を果たした。そして、自分自身にこれまでの自分のやり方を改善する可能性を見出し、そのとおりに行った。二十代の後半、若い印刷業を営む実業家であった時代に、彼は、「道徳的完成に到達しようという不敵な、しかも困難な計画」と自らが呼ぶものに着手した[4]。高めたいと思う徳をいくつか挙げ、それに従って生活するように試みた。彼はすぐに、象使いの限界に気づいた。

何かある過ちに陥らぬように用心していると、思いもよらず、他の過ちを犯すことがよくあったし、うっかりしていると習慣がつけ込んで来るし、性癖の方が強くて理性では抑えつけられないこともちょくちょくある始末だった。そこで私はとうとう次のような結論に達した。完全に道徳を守ることは、同時に自分の利益でもあるというような、単に理論上の信念だけでは過失を防ぐことはとうていできない。確実に、不変に、常に正道を踏んで違わぬという自信を少しでもうるためには、まずそれに反する習慣を打破し、良い習慣を作ってこれをしっかり身につけなければならない。[5]

フランクリンは、すばらしく直感的な心理学者であった。彼は、象使いが成功する唯一の方法は、象を訓練する以外にない（こういうことばは使わなかったが）と気づいたので、訓練計画を考え出した。13の徳のリストを書き出し、それぞれに、なすべき、またはなすべきでない特定の行動を結びつけた。（たとえば、「節制：飽くほど食うなかれ」、「節約：自他に益なきことに金銭を費やすなかれ」、「純潔：性交はもっぱら健康ないし子孫のためにのみ行え」など）。彼は7列（一週間の日数）13行（徳の数）から成る表を印刷し、自分がその特定の徳に従って一日生活できなかった日には、対応する枡に黒丸を書き入れた。彼は、一週間に一つの徳のみに焦点を定め、その行が真っ白のままであることを祈った。それ以外の徳には特別注意しなかったが、違反が起これば常にそれらの行にも印をつけた。13週間でその表全体を完成させた。そしてさらにそのプロセスを繰り返したが、繰り返すたびに表の黒丸が少なくなっていった。彼は、自伝に以下のように書いている。完璧にはほど遠いと感じながらも、「努力したおかげで、かような試みを行わなかった場合に比べて、人間が良くなり幸福になった。」彼は続ける。「この物語を書いている数え年で七十九歳になる今日まで私が絶えず幸福にして来られたのは、神の恵みの他に、このささやかな工夫をなしたためであるが、私の子孫たる者はよくこのことをわきまえてほしい。」[6]

徳の表がなかったとしたら、フランクリンはそれほどまでに幸福でなかったのか、成功しなかったのかは知る由もないが、彼の主な心理学的主張を裏付けるその他の証拠を探すことはできる。私が「徳仮説」と呼んでいるこの主張は、本章の最初で紹介したエピクロスや仏陀の引用の主張と同じものである。徳を磨くことはあなたをより幸福にする。徳仮説が疑わしい理由は山ほどある。フランクリンは謙譲の徳を完全に身につけることはできなかったと認めているが、そのように見せかけることを学ぶことによって大きな社会的利益を得た。おそらく、徳仮説は、皮肉にもマキャベリ流である場合においてのみ真実であることがわかるだろう。つまり、あなたの本当の人格がどうであれ、見かけの徳を磨くことは、あなたを成功と幸福へと導くのである。

古代の徳

思想には系譜があり、古い荷物を背負い込んでいる。私たち西洋人が道徳について考える時、何千年も前に生まれた概念を用いるが、それらはここ200年の中で大きく変化した。私たちの道徳に対するアプローチが、他の文化の観点からは奇妙であったり、今では間違いであることが明らかとなっている一連の心理学的仮定に基づいていても、そのことには気づかない。

どの文化も、子どもの道徳的発達に関心を持ち、数ページ以上の書物を残しているすべての文化では、道徳への考え方を示す記述を見出すことができる。特定の規則や禁止事項はさまざまであるが、これらの手引きの大まかなアウトラインには多くの類似点がある。大半の文化は涵養すべき徳について記述しており、その徳の多く（たとえば、誠実さ、公正さ、勇気、博愛心、自制、権威の尊重など）は、大半の文化において重視されてきたものであり、今も重視されている[7]。そして、こうした手引きの大半が、それらの徳の点から、行為の善し悪しについて特定している。大半の手引きは実践的なもので、身につけると恩恵のある徳を人々に叩き込むことを目的としている。

直接的に道徳を説いている最古の作品の一つに、『アメンエムオペトの教訓』があり、これは紀元前1300年頃に書かれたと考えられているエジプトの文書である。この文書は「人生に対する指示」であり、「幸福の案内書」であることを説明するところから始まり、心からその教えを守る者は誰でも、「人生における喜びの家……を発見し、その身は地上で繁栄する」であろうことを約束している。アメンエムオペトはそれから30章にわたって、他者への対処のしかた、自制心の鍛え方、その過程での成功や満足の見つけ方について助言を与えている。たとえば、特に他の農家との境界線を尊重することに誠実であるよう繰り返し述べた後で、書物は以下のように説く。

あなたの土地を耕しなさい、そうすればあなたに必要なものが見つかり、
あなたの脱穀場の床からパンを得ることができるだろう。
神から与えられる1升は、
間違った行いから得られる5000升よりもすばらしい……
幸せな気持ちの詰まったパンは
悩みの詰まった富よりもすばらしい。[8]

もし、この最後の一行があなたの耳に慣れ親しんだものであったら、それは、聖書の箴言がアメンエムオペトから多くを借用しているためである。たとえば、以下の節がある。「少しの物を所有して主を恐れるのは、多くの宝を持って苦労するのにまさる。」(「箴言」15章16節)

さらに共通した特徴としては、これらの古代の文書は、証明や論理よりも格言や模範を多用していることである。格言は、一瞬にして洞察と賛同を生み出すよう注意深く表現されている。模範となる人は、羨望と畏敬の念が引き出されるよう提示される。道徳的な指令が情動の引き金となる時、それは象使いだけではなく、象にも語りかける。たとえば、孔子や仏陀の知恵は、時代を超越した印象深い格言の宝庫とし

て私たちにまで受け継がれてきており、今日でも人々はそれらを楽しみや助言のために読んでおり、「世界的な人生の法」として言及され[9]、その科学的な妥当性についての本が書かれている。

多くの古代文書の三つ目の特徴は、事実的な知識よりも実践や習慣を強調していることである。孔子は、道徳的発達を音楽演奏の習得と比較している[10]。どちらも教科書を学び、模範となる人たちを観察し、「技術」を上達させるために何年もの実践を必要とする。アリストテレスも同様のメタファーを用いている。

> 人は、家を建てることによって建築者となり、ハープを演奏することによってハープ奏者になる。同様に、私たちは、正しい行為の実践によって成長し、自制を遂行することによって自制するようになり、勇敢な行為を成し遂げることによって勇敢となるのである。[11]

仏陀は弟子たちに、実践することで（正しい言葉づかい、正しい行為、正しい生活によって）倫理的な、そして（正しい努力、正しい注意の払い方、正しい精神統一によって）精神的に鍛錬された人となるための一連の活動である「八正道」を説いた。

以上のすべての方法において、古代の人たちは、ベンジャミン・フランクリンと同様、道徳心理学に対する洗練された理解を示している。彼らは皆、徳はよく訓練された象に宿るものであることを知っていた。彼らは皆、訓練には日々の実践と数多くの繰り返しを要することを知っていた。象使いはその訓練に参加しなければならないが、その道徳的教示が、明示的な知識（象使いが述べることができるような事実）だけを与えるのであれば、象には何の効果もないであろうから、それゆえに行動にはほとんど効果がないだろう。道徳教育は、暗黙知を感得させるものでなければならない。社会的知覚や社会的情動の技能がうまく調整されれば、人は、自動的に、状況に応じて何が正しいかを感じ、何をすべきかを知り、そうしたくなる。古代人にとって、道徳とは、ある種の実践的な知恵であった。

西洋はいかにして敗北したか[訳注15]

　道徳に対する西洋の手引きもすばらしいスタートを切った。他の古代文化と同様、徳に焦点を当てていた。『旧約聖書』、『新約聖書』、ホメロス、イソップなど、どれを読んでも、私たちの基盤としている文化は、ことわざや格言、寓話、徳を例示し教える模範を多用していたことがわかる。ギリシア哲学の二大作品であるプラトンの『国家』とアリストテレスの『ニコマコス倫理学』は、基本的には徳とその育成に関する専門書である。快楽が人生の目標であると考えていたエピクロス主義者ですら、快楽を育むためには徳が必要であると信じていた。

　しかし、ギリシア哲学における初期の勝利の陰には、後の誤りの種が含まれていた。第一に、道徳的探求をもたらしたギリシアの精神は、科学的探求のきっかけとなった。その目的は、世界の莫大な数の出来事を説明することのできる最小限の法則の集合を捜し求めることである。科学は倹約を重要視するが、長いリストを持っている徳の理論は、まったく倹約的ではない。他のすべてをそこから導くことのできる一つの徳、原理、規則があれば、科学的精神をどれほどか満足させるだろう。第二に、広くいきわたった哲学の理性崇拝によって、多くの哲学者が徳の基礎を習慣や感情に置くことを不愉快に思うようになった。プラトンは、徳の大半を御者の合理性の中にあるとしたにもかかわらず、徳には正しい情熱が必要であると認めなければならなかった。それゆえに彼は、二頭の馬のうちの一頭はいくらか徳を持ち、もう一方はまったく持たないという複雑なメタファーを思いついたのである。プラトンや後の多くの思想家にとって、合理性は神からの贈り物であり、私たちの動物的欲望を制御するための道具立てであった。合理性が責任を持たなければならなかったのである。

倹約の原理の探求と理性に対する崇拝というこれら二つの種は、ローマ帝国の陥落後、何世紀ものあいだ眠っていたが、18世紀におけるヨーロッパの啓蒙主義の中で芽を出し、開花した。技術と商業の発展によって新たな世界が作り出され始め、社会的・政治的計画を合理的に正しいものにしようと模索する人たちが現れた。17世紀に著書を書いたフランスの哲学者ルネ・デカルトは、倫理システムが神の慈悲のもとにあることに十分満足していたが、啓蒙主義者たちは、神の啓示や執行に依らない倫理の基盤を模索した。それはまるで、誰かが懸賞を提示し、その懸賞につられて初期の飛行士が勇敢にも冒険を引き受けたのと同じであった。理性の力を適用し、善悪をきれいに分離しうる単一の道徳的規則を思いついた最初の哲学者には一万ポンドの純銀が提供される。

もし、そのような懸賞が本当にあったとしたら、それはドイツの哲学者イマヌエル・カントが受け取ったに違いない[12]。プラトンと同様にカントも、人間は、動物的な部分と合理的な部分という二つの性質を持っていると考えていた。私たちの動物的な部分は、ちょうど岩が転がったり、ライオンが獲物を殺したりするのと同様に、自然の法則に従う。自然界に道徳性は存在せず、そこには原因があるだけである。しかし、私たちの合理的な部分は、カントが言うには、ある種の異なる規則に従いうる。行為の規則を尊重することができるため、人は（ライオンとは異なって）、どの程度正しいルールを尊重したかに対する道徳的な判断を受ける。これらの規則とは何なのであろうか？　ここで、カントは、すべての道徳哲学において最も巧妙なトリックを考案した。道徳的規則が法（則）であるためには、普遍的に適用できるものでなければならない、と彼は推論した。もし、重力が男性と女性、またはイタリア人とエジプト人にそれぞれ異なって働くのであれば、それを法則と呼ぶことはできない。しかしカントはむしろ、すべての人が実際に同意する規則を探索する（これは困難な課題である。平凡な一般性をわずかに生み出すだけという可能性が高い）よりも、問題を変えて、人は自身の行為を導いている規則を普遍的な法則として正当に提案できるかどうかを考えるべきであると論じた。もし、都合が悪くなってしまい約束を破ろうと考えているとしたら、あなたは、人は都合が悪くなったら約束を破るべきであると主張する普遍的規則を提案することが本当にできるだろうか？　そのような規則を認めるなら、すべての約束を無意味にしてしまう。または、あなたは、詐欺、嘘、盗み、またはその他の方法で他の人の権利や財産を奪うことを常に望めるだろうか？

そのような悪は必ず自分に返ってくる。カントが「定言命法」と呼ぶこの単純なテストは、並外れて強力であった。それは、倫理を応用論理学の一部にすることを提案し、それゆえ、世俗的倫理が、宗教書に頼ることなしには常に捉えどころがなかったのに対して、ある種の確実性を与えたのである。

その後の数十年に、イギリスの哲学者であるジェレミー・ベンサムがその（仮説的）懸賞に対してカントに挑戦した。ベンサムは、１７６７年に弁護士となり、イギリスの法律が複雑で非効率であることに愕然とした。彼は、典型的な啓蒙主義の勇敢さを持って、明白な目標について言明し、その目標を達成するための最も合理的な手段を提案することによって、法律と立法システム全体を新たに構想した。すべての立法における最終的な目標は、人々の役にたつことである、と彼は結論づけた。役にたてばたつほど良い。ベンサムは、功利主義の父であり、その信条は、（法律であれ、個人的なものであれ）すべての意思決定において、その目標は、全体としての利益（効用）の最大化であるべきであるというものであるが、その利益を誰が得るかについてはほとんど関心を払わない[13]。

以来、カントとベンサムのあいだの議論はずっと続いている。カントの後継者たち（ギリシア語で義務という意味の deon から deontologist（義務論者）として知られている）は、ある行為が悪い結果をもたらす時にも、倫理的な人であるならば尊重すべき義務や責務の詳細を明らかにしようとしてきた（たとえば、何百人の命を救うためであったとしても、一人たりと無実の人間を殺してはならない）。ベンサムの後継者たち（結果のみから行為を評価することから「帰結主義者」として知られている）は、他の倫理的原則を侵してでも最大の利益をもたらす規則や政策を作り出そうとしてきた（多数の命を救うためなら、その一人を殺すべきである、ただし、それが悪い前例となって後に問題を引き起こすことがないのであれば、と彼らは主張する）。

しかしながら、多くの違いにもかかわらず、この二つの陣営は重要な点については同意している。両者とも倹約の原理を信じている。意思決定は、究極的には、定言命法か効用の最大化というたった一つの原理に基づいてなされるべきである。両者とも、道徳的な意思決定には論理的思考や、時には数学的な計算さえもが必要であるため、象使いだけがそのような意思決定をすることができると主張する。どちらも洞察や直感に不信感を抱いており、良い推論の妨げになると考えていた。どちらも抽象を好み、個別性を回避する。そこに関与した人たちやその人たちの信念、文化的な風習についての豊富で詳細な記述の必要はない。（もし、あなたが功利主義者であるならば）必要なのはいくつかの事実と彼らの好き嫌いについて順位づけしたリストだけである。あなたがどの国に、いつの時代に属しているかには重要ではない。そこに関与する人たちが友人であるか、敵であるか、それともまったく他人なのかについても重要ではない。道徳律は、物理法則と同様に、いつでもすべての人に対して同様に機能する。

これら二つの哲学的なアプローチは、法や政治の理論や実践に対して多大な貢献をした。実際に、人々の利益に対して効率的に機能しながらも（ベンサム）、個人の権利を尊重する社会を作り出す（カント）のに役だった。しかし、これらの考え方が、西洋文化においてさらに一般的に浸透したため、いくつかの意図せざる結果をもたらした。哲学者のエドモンド・ピンコフス[14]は、帰結主義者と義務論者はあいまって、道徳性とは道徳の板ばさみやジレンマについての研究であると、20世紀の西洋人に信じ込ませたと論じた。ギリシア人が人の人格に焦点を当て、どのような人になることを目指すべきかを問いかけたのに対して、現代の倫理は行為に焦点を当て、ある特定の行為がどんな時正しく、どんな時に間違っているのかを問いかける。哲学者は生と死のジレンマと格闘している。5人を救うために1人を殺すのは正しいか？　堕胎した胎児を幹細胞の資源として用いることは許されるか？　15年間、意識の無い女性の栄養補給チューブを外すかどうか？　哲学者ではない人たちは、さらに小さな板ばさみと格闘している。他の人たちがごまかしている時に、自分は税金を払うかどうか？　麻薬の売人のものであることが明らかな、お金がぎっしり詰まった財布を警察に届けるかどうか？　自分の配偶者に、浮気について告白するべきか？

この人格の倫理から板ばさみの倫理への転換により、道徳教育は、徳から離れて、道徳的推論へと変わってしまった。もし、道徳性がジレンマに関わるとすれば、道徳教育とは、問題解決の訓練である。子どもたちは、道徳的問題について考える方法、特に、自分の生来の利己主義を克服し、他者の欲求も計算に入れる方法を教わらなければならない。１９７０年代と１９８０年代に、アメリカ合衆国では民族的多様化が進み、教育の権威主義的な方法にさらなる逆風が吹くようになると、特定の道徳的な事実や価値観を教えるという考え方は流行遅れとなった。その代わりに、両親や教師は合理主義者の遺産である板ばさみの倫理を支持するようになった。彼らは、最近の育児書の次の一句を熱烈に是認するだろう。「私のアプローチは、子どもたちにして良いことと、してはいけないこと、そしてそれはなぜなのかについて教えることではなく、むしろ、彼らが自分でして良いことと、してはいけないこと、そしてそれはなぜなのかについて考えることができるよう、考え方を教えることである。」[15]

私は、この人格から板ばさみの倫理への変更は、深刻な誤りであると考えている。まず、それは道徳性を弱体化させ、その範囲を限定してしまう。古代の人は、徳や人格は人の行動のすべての面で作用していると考えていたが、現代の概念では、道徳性とは、各人が週に数回程度しか出会わない、自己利益と他者の利益とが矛盾するような状況に限定されている。私たちの薄っぺらで制限された現代の概念では、道徳的な人とは、慈善的な施しを与え、他者を助け、規則に従って行動し、全般的に自己利益を他人の利益よりも優先しすぎない人のことである。したがって、人生における大半の活動や意思決定は、道徳的な懸念から分離される。しかしながら、道徳性が自己利益の反対へと縮小される時、徳仮説は逆説的なものとなる。つまり現代の用語では、徳仮説は、自己利益に反して行動することは自己利益のうちだと述べている。これが真実であると説得するのは困難だし、おそらく、すべての状況において真実であることもありえないだろう。ベンジャミン・フランクリンが、彼の時代において徳仮説を称賛することはもっと簡単だったろう。古代の人々と同様に、彼は、人が他人へのさらなる影響力や魅力を育成する卓越の庭として、もっと豊かで厚みのある徳についての観念を持っていた。このように見れば、徳は、明らかに、おのずから報酬となる。フランクリンの例は、彼と同時代の人々や彼の後継者に対して、暗黙的に以下の疑問を投げかけている。あなたは、後の幸せのために、今、自ら進んで働くのか？　それとも、怠惰で先見の明がないために、その努力を惜しむのか？

道徳的推論への転換に伴う二つ目の問題点は、悪しき心理学に依存しているという点である。１９７０年代以降、多くの道徳教育は、象使いを象から降ろして、象使いだけで問題解決できるように訓練しようとしてきた。何時間もの事例研究や道徳的なジレンマに関するクラス討論、ジレンマに直面して正しい選択をした人たちのビデオを見せられた後、子どもたちは（何をではなく）どのように考えるかを学ぶ。授業が終わると、象使いはまた象の背中にまたがる。休憩時間になれば何も変わらない。上手に推論することを教えることによって子どもたちに倫理的にふるまうようにしようとするのは、尻尾を振って犬を喜ばせようとするようなものである。因果関係が逆なのだ。

ペンシルベニア大学の大学院の最初の年、私は自分自身の中に道徳的推論の弱点を発見した。私は、プリンストン大学の哲学者ピーター・シンガーの『実践の倫理』というすばらしい本を読んだ[16]。シンガーは、人道的帰結主義者であり、日常生活における多くの倫理的問題を解決するのに、他人の幸せに対する一貫した関心をどのように適用しうるかを示していた。動物殺害の倫理に対するシンガーのアプローチは、私の食物の選択に関する考え方を永遠に変えてしまった。シンガーは、いくつかの指針となる原理を提案して正当化している。第一に、感覚を有するいかなる生物に対しても痛みや苦痛を与えるのは間違っており、それゆえに、現代の工場式農場は非倫理的である。第二に、いくらかのアイデンティティや愛着の感覚を持つ感覚的生物から命を奪うことは間違っており、それゆえに、大きな脳を持ち、高度な社会的生活を発達させた動物（霊長類や大半の哺乳類）を殺すことは間違っている。彼らが楽しめる環境の中で育てられ、痛みなく殺されたとしてもである。シンガーの明白で説得力のある論理に私はすぐさま説得され、その日以来、すべての形態の工場式農場には倫理的に反対してきた。そう、倫理的に反対してきたが、行動的には反対してこなかった。私は、肉が好きだし、シンガーを読んだ半年後までに変わった唯一のことと言えば、ハンバーガーを注文するたびに自分の偽善について考えたということだった。

しかしその後、大学院の二年目に私は嫌悪の情動について研究を始め、摂食行動に関する心理学の第一人者の一人であるポール・ロジンと共同研究した。ロジンと私は、計画していた実験のために嫌悪感を生起させるようなビデオクリップを探し出そうとした。ある朝、研究助手が探してきたいくつかのビデオを見るために集まった。その中の一つに、『ジャンク／死と惨劇』という、人が殺されている現実場面と作り物の場面を編集したビデオ映像があった。（これらの場面はあまりにも気分の悪くなるものだったので、私たちは倫理的にそれを使うことはできなかった。）自殺や処刑の録画と共に、食肉処理場の内部を映した長時間の場面があった。私は恐怖と共に、牛が血をしたたらせて解体ラインを流れていき、撲殺され、吊り下げられ、薄切りにされていくのを見つめた。その後、ロジンと私はそのプロジェクトについて話をするため昼食に出かけた。二人ともベジタリアン料理を注文した。その後数日間、赤い肉を見ると吐き気がした。この内臓的な感覚は、シンガーが与えてくれた信念といまや合致した。象はその時、象使いに合意し、私はベジタリアンとなった。三週間後、徐々にその嫌悪感は薄れていき、魚とチキンが私の食卓に戻ってきた。それから赤身の肉も戻ってきたが、18年経った今でも、私は未だに赤身の肉を以前ほどは食べず、手に入る限り工場式農場産ではない肉を選んでいる。

その経験は私に重要な教訓を教えてくれた。私は、自分ではかなり合理的な人間だと思っている。私は、シンガーの議論を説得力があるものだと思った。しかし、メディアの嘆き（第1章参照）を言い換えると、私には正しい道が見え、それがわかっているのに、情動が力を貸してくれるまで、間違った方に従ってしまったのである。

ポジティブ心理学の徳

進むべき道を見失ってしまったという嘆きは、どこの国でもいつの時代でもどこかから聞こえてくるものだが、1960年代の社会的混乱と1970年代の経済停滞と犯罪の増加以降、アメリカでは特に顕著となった。政治的保守派、とりわけ宗教的に強い信念を持つ人たちは、道徳教育に対する「価値判断に基づかない」アプローチと、子どもたちに考えるべき事実や価値を教えるのではなく、自分自身で考えるように「力をつけさせる」ことに憤慨した。1980年代、保守派の人たちは、学校で人格教育プログラムを強く推奨したり、自分の子どもたちを在宅学習させたりすることによって、既成の教育に挑戦した。

1980年代にはまた、幾人かの哲学者が徳の理論の復活に手を貸した。その中でも、アラスデア・マッキンタイアは『徳なき時代』において[17]、普遍的で文脈自由な道徳を作り出そうとする「啓蒙計画」

は、最初から失敗する運命にあったと論じた。共通の価値観と豊かな伝統を持つ文化は必ず、人々が互いを重視し、評価するフレームワークを生み出す。人は、紀元前4世紀のアテネにおける僧や兵士、母親、商人の徳についてたやすく話すことができる。しかしながら、アイデンティティや背景をすべて剥ぎ取ってしまったなら、つかみどころがなくなってしまう。特定の性別や年齢、職業、文化を持たない、空中をふわふわと漂っているような一般化されたホモ・サピエンスの徳について、どれほどのことが言えるだろうか？　倫理が特殊性を無視するという現代の要件は、私たちの道徳を弱体化させた。その道徳は、どこにでも適用できるが、どこにも当てはまらない。マッキンタイアは、特定の伝統に根ざした徳という言語の喪失によって、人生の意味や調和、目的を見出すことが難しくなってしまったと言う[18]。

近年では、心理学までもがそれに加担してきた。1998年、マーティン・セリグマンは、心理学は道を見失ってしまっていると主張して、ポジティブ心理学を創設した。心理学は、病理や人の性質の暗い側面ばかりを気にかけて、人の良い側面や優れた側面は見ないまま終始してきた。心理学者は、考えうるすべての精神疾患や問題行動を診断するために、『DSM』(*Diagnostic and Statistical Manual of Mental Disorders*：『精神障害の診断と統計の手引き』）として知られる膨大なマニュアルを作成してきたが、人の健康や才能、可能性などの達成部分については、語る言語さえ持っていないとセリグマンは指摘した。セリグマンがポジティブ心理学の創設に乗り出した時、彼の第一の目標の一つは、強みや徳の診断マニュアルを作成することであった。彼ともう一人の心理学者、ミシガン大学のクリス・ピーターソンは、どのような文化においても妥当だと考えられる、強みと徳のリストの構築に着手した。私は、そのリストがすべての文化において妥当である必要はないのであり、大規模な産業社会だけに焦点を当てるべきではないかと彼らと議論した。幾人かの人類学者は、彼らに、普遍的なリストなどけっして作成できるはずがないと言った。しかしながら、彼らは幸運にも初志を貫いた。

最初のステップとして、ピーターソンとセリグマンは、主要な宗教の聖典からボーイスカウトの宣誓書（誠実である、忠節を尽くす、人の力になる、親切である……）に至るまで、手に入る限りの徳のリストをすべて調査した。彼らは、大きな徳の表を作成し、リストの中で共通しているものを見つけ出そうとした。すべてのリストに登場する特定の徳はなかったが、知恵、勇気、人間性、正義、節制、超越性（自己よりも大きな何かとのつながりを形成する能力）という六つの大きな徳、ないしそれに関連している一群の徳が、ほとんどすべてのリストに登場していた。これらの徳が広く採用されていたのは、それらが抽象的であるためである。すなわち知恵や、勇気や、人間性を示すためには数多くの方法があり、これらの徳についていずれの形態をもすべて否定している文化を見つけることなど不可能である。（自分の子どもに馬鹿で、臆病で、残酷に育ってほしいと両親が願うような文化を想像することができるだろうか？）しかし、この六つのリストの本当の価値は、さらに特化した人格の強みを組織化するフレームワークとして機能する点にある。ピーターソンとセリグマンは、徳を示し実践し育成する特定のしかたとして人格の強みを定義している。どの徳にもいくつかの道がある。それぞれの道にどの程度価値を置くかは、文化と同様に、人によってそれぞれ異なる。これが、この分類の本当の力である。いずれか一つの方法があらゆる時代のあらゆる人にとって不可欠であると主張することなく、広く重要視されている目標に向かって成長するための特定の手段を指し示している。この分類は、人の多様な強みを診断し、その長所を伸ばす方法を見つける手助けをしてくれる道具なのである。

ピーターソンとセリグマンは、24の主要な人格の強みがあり、それぞれが上位レベルの六つの徳のうちの一つに通じていると指摘した[19]。以下のリストを見ながら、強みのテストをして自己診断することができる。または、ウェブ上の強みテストを受けてみるとよい（www.authentichappiness.org）。

1　知恵
・好奇心
・向学心
・判断力
・独創性
・情動知能（社会的知性）
・見通し（大局観）

2　勇気
・勇敢さ
・粘り強さ、忍耐力
・高潔さ

3　人間性
・親切心
・愛情

4　正義
・社会参加
・公平さ
・リーダーシップ

5　節制
・自己制御、自制心
・慎重さ
・謙虚さ

6　超越性
・審美眼（美や優れたものに対する鑑賞能力）
・感謝
・希望
・精神性
・寛容さ
・ユーモア
・熱意

おそらく、六つの徳リストには何の問題もないだろうが、強みの長いリストには異議があるのではないだろうか。なぜユーモアが超越性の手段なのか？　なぜ、リーダーシップはリストに載っているのに、追随者や部下としての徳である、義務や尊敬、服従はリストに載っていないのか？　どんどん議論すればよい。ピーターソンとセリグマンの分類の天才的なところは、会話をスタートさせ、特定の強みと徳のリストを提案し、そして、その詳細に関しては科学や治療のコミュニティに任せたことである。ちょうどDSMが10年から15年ごとに全面的に改訂されているのと同様に、（ポジティブ心理学者のあいだでは、「非DSM」として知られている）強みや徳の分類も数年ごとに見直され、改訂されることだろう。ピーターソンとセリグマンは、あえて具体的に、あえて間違うことで、独創性とリーダーシップ、そして希望を示したのである。

この分類はすでに刺激的な研究や自由な発想を生み出している。私が一番気に入っているのは、弱みではなく、強みに対して取り組もうという考え方である。新年に、自分の欠点を直すぞとどれほど誓ったことだろう？　そして、こういう誓いを、どれほど毎年続けてしてきたことだろう？　純粋な意志の力だけでは、どのような性格の側面も変えることは困難だ。また、自分の弱みに取り組む選択をしたなら、そのプロセスはおそらくあまり楽しいものではないだろう。その中に快や強化因子を見つけられなければ、ベンジャミン・フランクリンのような意志の力を持っているのでない限り、すぐにあきらめてしまうだろう。しかし、すべての点で優れている必要はない。人生には、ある道具の代わりにもう一つの異なる道具を使用する機会が数多くあり、自分の弱みを回避するために、強みを使えることがよくあるのだ。

私がヴァージニア大学で教えているポジティブ心理学のクラスの仕上げのプロジェクトは、心理学のあらゆる道具立てを用いて自分自身をより良い人間にし、その達成を証明することである。毎年、約半分の学生が成功し、その中で最も成功した人たちは、多くの場合、自分自身に対して認知療法を適用したか（それは本当に効果がある！）、もしくは強みを用いたか、またはその両方であった。たとえば、ある学生は自分は許すことができない、と嘆いていた。彼女の精神生活は、自分の最も親しい人たちがいかに彼女を傷つけてきたかという考えを反芻してしまうことに支配されていた。彼女はプロジェクトで、自分の強みである愛情を利用した。被害者意識の思考スパイラルに陥った時にはいつも、問題となっている人物についてのポジティブな記憶を呼び起こし、そのことがかすかな愛情を引き起こす引き金となった。そのたび彼女の怒りは静まり、一時的にではあるが、反芻から自由になった。そのうち、最初は努力を要したこの心理プロセスが習慣となり、彼女はより寛容になった（彼女は、進歩を記録するために毎日記入したレポートでそれを立証した）。象使いは、一歩ごとに報酬を与えながら象を調教したのである。

もう一つの卓越したプロジェクトは、脳の癌の手術を受けたばかりの女性によるものだった。21歳のジュリアは、生存率が半分以下という事態に直面した。恐怖に対処するために、彼女は強みの一つである熱意を生かした。彼女は、大学で行っている活動や近くにあるブルー・リッジ山脈の美しいハイキングコースや公園のリストを作成した。彼女は、これらのリストを他のクラスメイトと共有し、学業の合間を縫って友人やクラスメイトを誘ってこれらのハイキングへと出かけた。人はよく逆境によって一日一日を精一杯生きたいと願うようになるというが、ジュリアが意識的に自分の生来の強みである熱意を生かそうとした時、本当にそのとおりになったのである（そして、彼女は今も熱意に満ち溢れている）。

徳というと、何かしら努力しなければならないように聞こえるし、実際にそうであることが多い。しかし、徳とは人格のいくつかの強みを実践することによって達成される長所であり、これらの強みの実践は本来、報酬的なものであるととらえ直せば、その作業は突然、チクセントミハイの言うフローのように感じられ、労苦ではなくなる。それは、満足に対するセリグマンの説明のように、全身全霊を傾け、強みを引き出し、自己意識を失って、没頭することができる作業となる。徳仮説は未だ健在であり、ポジティブ心理学の中にしっかり根づいていることに、フランクリンはきっと喜ぶだろう。

難しい問題と簡単な回答

徳はそれ自体が報酬となりうるが、それが明らかなのは、徳が報酬的であるとわかる場合だけである。あなたの強みに好奇心や向学心が含まれているなら、旅行をしたり、博物館に行ったり、公開講座に出席することで知恵を養うことを楽しむだろう。あなたの強みに、感謝や審美眼が含まれているとしたら、グランドキャニオンを眺めることによって得られる超越の感覚があなたに喜びを与えるだろう。しかし、正しいことをすれば常に良い気分になれると考えるのは浅はかというものだ。徳仮説を真に検証するためには、道徳を利他的なものであるとする現代の限定的な理解の中でもそれが真実であるかどうかについて、見てみることである。成長と卓越についてはすべて忘れてしまおう。自己利益に反して他者の利益のために行動することは、自分の意に反している時でも、自分にとって良いことなのだろうか？　賢者や道徳論者は無条件にイエスと答えるだろうが、彼らの答えの有用性は時と場合によって一様ではない。科学の挑戦とは限定することである。それはいつ正しく、なぜ正しいのだろう？

宗教も科学も、最初は安易で不十分な回答から始まるが、さらに精妙で興味深い説明へと変化していく。

宗教的な賢者にとって、その安易な方法とは、来世における神の返報性を思い起こさせることである。善を行え。神は悪徳には罰を与え、徳には報酬を与えるであろう。キリスト教徒には天国と地獄がある。ヒンズー教徒には、カルマという非人格的な作用がある。宇宙は、来世で人をより高次なもの、もしくはより低次なものとして生まれ変わらせることで報いを与え、それは現世の徳によって決まる。

私は、神や天国、来世が存在するかどうかについて語る立場にはないが、心理学者として、死後の正義の信念が二つの原始的な道徳的思考の徴候を示しているという点について指摘する資格はあるだろう。1920年代、偉大な発達心理学者ジャン・ピアジェは[20]、ひざまずいて子どもたちと一緒におはじきやジャックス[訳注16]で遊び、その過程で、どのように道徳性が発達するかを明らかにした。彼は、子どもたちが正誤に対して次第に高度な理解を発達させるのと同時に、数多くの規則が、ある種の神聖さや不変性といった性質を帯びているととらえる段階を通ることを見出した。この段階において、子どもたちは、「内在的な正義」、つまり行為そのものに正義が備わっていると信じている。そして、彼らは、たとえうっかりであったとしても規則を破ったなら、そのことを誰も知らなかったとしても、自分に何か悪いことが起こるだろうと考える。内在的な正義は、特に、病気や深刻な災難の説明をする際には、成人にも現れる。病気の原因に対する信念の文化間比較の調査では[21]、生物医学的な説明（病気の身体的な原因についての言及）と人間関係によるもの（嫉妬や葛藤に関連する魔術によって引き起こされる病気）、そして道徳によるもの（その人自身の過去の行為、特に食や性に関するタブーの違反によって引き起こされる病気）の三つが主要な説明であることが示されている。大半の西洋人は、意識的には生物医学的な説明を受け入れ、他の二つについては拒否するが、それでも病気に見舞われると、西洋人も「なぜ私が？」と自問し、自分の過去の過ちの中に答えを探し出そうとする場合がしばしばある。神や運命が善悪の行動に対して報酬や罰を与えるという信念は、一見して子ども時代における内在的な正義の信念の延長線上にあるように思える。そして、それ自体が返報性に対する私たちの強迫観念の一部なのである。

死後の正義における二つ目の問題は、純粋悪の神話に依存していることである[22]。私たちは誰しも、たやすく世界を善と悪とに二分することができるが、おそらく神は、私たちをそうさせるような数多くのバイアスやマキャベリ流の動機づけによって悩むことはないだろう。道徳的動機（正義、名誉、忠誠、愛国心）は、テロリズムや戦争を含む、大半の暴力行為に関与している。大半の人は、自分の行為が道徳的に正当化されると信じている。数少ない悪の化身だけが地獄行きの候補者として目立つが、その他の全員もほとんどは、辺獄[訳注17]に行くのがオチである。大半の人生は、悪いものであったか良いものであったかを厳密に振り分けることはできないから、神を道徳会計士として60億人の明細記録をつけているサンタクロースに変えたとしても、うまくはいかない。

この疑問に対する科学的なアプローチも、安易で不十分な回答から始まる。徳は、ある状況下において、あなたの遺伝子に役だつ。「適者生存」が「適した遺伝子の生存」を意味する場合、適者の遺伝子が以下の二つのシナリオで親切で協力的な行動をとるように動機づけられるであろうということを理解するのはたやすい。その遺伝子のコピー（血縁者）を産む者に利益をもたらす場合か、もしくは、しっぺ返し戦略を用いて非ゼロサムゲームで余剰を手に入れるのに役立つことによって直接的に遺伝子の産出者に利益をもたらす場合のいずれかである。これら血縁性利他主義と互恵的利他主義という二つの過程は、実際に、人類以外の生物におけるほぼすべての利他的行為と、人類の利他的行為の大部分を説明できる。しかしながら、この回答は不十分なものである。なぜならば、遺伝子とはある程度まで、（婚外情事や幸福を犠牲にしてもたらされる名声などのように）遺伝子のためには役立つが、私たち自身のためにはならないようなことをしたくなるように動機づける人形遣いだからである。遺伝子の自己利益が、徳のある幸福な生活へと導くと考えることはできない。さらに、互恵的利他主義を、（単なる原因ではなく）利他性に対する正当化として受け入れるならば、どう選ぶかは自由だということになる。あなたを助けてくれる可能性がある人には親切にするが、そうでない人のために時間やお金を無駄にするようなことはしない（たとえば、二度と来ないレストランでチップは渡さない）。だから、利他主義は利他主義者に報いるという考えを評価するためには、賢者や科学者にさらに問い詰めなければならない。もし、死後の審判や返報性の報酬がなかった場合においても、それは報われるのだろうか？

難しい問題と難しい回答

聖パウロは、キリストが、「受けるよりは与える方が、さいわいである」（「使徒行伝」20章35節）と述べたのを引用している。「幸い」の一つの意味は、「幸福や繁栄をその人にもたらすこと」である[23]。他者を助けることは、本当に助ける者に幸福や繁栄をもたらすのであろうか？　利他主義者がその利他性からお金を得るということを示している証拠について私は知らないが、しばしば幸福を得る場合があるということを示唆する証拠はある。ボランティアに携わる人は、携わらない人よりもより幸福で健康である。しかし、いつものように、逆相関の問題を検討しなければならない。つまり、単に先天的に幸福な人は、より親切であるためボランティアを始めるのだから[24]、ボランティアの仕事は彼らの幸福の結果であり、原因ではないかもしれない。幸福起因説を直接的に支持する証拠に、心理学者のアリス・アイセンの研究がある。彼女は、フィラデルフィアの公衆電話に10セントコインを残してまわった。それらの電話を使用してコインを見つけた人は、コイン返却口が空っぽだった電話を使用した人に比べて、書類の束を落とした人を助ける傾向にあった（電話を使用した人がちょうど出てくるタイミングに注意深く合わせて行われた）[25]。アイセンは、他の心理学者よりもさらに無差別な親切行為も行った。クッキーやキャンディーの袋、文房具セットを配ったり、テレビゲームで（相手が勝つように）結果を操作したり、幸せな写真を見せたりした。結果は常に同じであった。幸福な人は、統制群の人たちに比べて、より親切でより人を助けようとした。

しかしながら、私たちが見出さなければならないのは、利他的行為が直接に幸福や他の長期的な恩恵をもたらすという逆向きの影響である。アメリカ赤十字社の「献血して下さい。必ず良い気分になれます」という奨励文は真実なのだろうか？　心理学者のジェーン・ピリアビンがわかった。ピリアビン[26]は、献血ドナーを詳しく調査して、献血は実際に人の気分を良くし、自信を与えることがわかった。ピリアビン[26]は、あらゆる種類のボランティア活動に関する膨大な文献をレビューして、人助けは自己を助けるが、それは複雑なかたちでその人のライフステージに依っているという結論に達した。（主に）高校生がボランティア活動に参加し、そのコースの一環として自分たちの行っていることについてグループで振り返って考えるという「奉仕学習」に関する研究では、一般的に肯定的な結果が得られている。非行や問題行動が減少し、市民活動への参加が増加し、ポジティブな社会的価値への関与が増加した。しかしながら、これらのプログラムでは、参加した青年の自尊心や幸福感にはあまり影響があるようには見えなかった。成人については、話は若干異なってくる。長年にわたり、数千人に及ぶ人々のボランティアの幸福感について追跡した縦断的研究では、人はボランティア活動がその人の生活の一部である限りにおいて、人はボランティア活動を増やすと、その後（平均的に）幸福感や満足感がすべての測度において増加した。老人は因果効果を示すことができた[27]。ボランティア活動を増やすと、その後（平均的に）幸福感や満足感がすべての測度において増加した。老人は他の成人よりもさらに効果があり、特にボランティアが、人対人による直接的な人助けに関連していたり、宗教団体を通じて行われたりする場合には顕著であった。老人にとって、ボランティア活動の利点はとても大きく、健康状態の改善や寿命の増加さえ示されている。ミシガン大学のステファニー・ブラウンと彼女の同僚が、結婚している老夫婦について縦断的で大規模な調査からのデータを検証したところ、そのような驚くべき効果の証拠が見出された[28]。配偶者や友人、親戚をより援助し、サポートしていると報告した人たちは、そうでない人たちよりも（研究の開始時期での健康状態などの要因を統制した後でさえ）長生きしていることがわかった。一方で、どれぐらい人から援助されているかの報告と寿命とは何の関係性も示されなかった。ブラウンの発見は、少なくとも年をとった人たちにとって、受けるより与える方が実際に幸いであるということを直接的に示している。

この年齢的変化のパターンは、ボランティア活動における二つの大きな利点が、人を結びつけることと、マクアダムス流のライフストーリーを構築する手助けとなることであることを示唆している[29]。青年は、すでに社会関係の密なネットワークの中にどっぷりと浸っており、自分のライフストーリーはまだ構築し始めたばかりである。だから、彼らはこれらの利点のどちらもあまり必要とはしていない。しかしながら、年齢とともにライフストーリーが形成されてゆき、利他的な活動がその人の人格に深みと徳を加えていく。

老年になり、友人や家族の死によって社会ネットワークが希薄になっていくと、ボランティアによる社会的な利点はより大きなものとなる（そして実際に、社会的に孤立した老人がボランティアをすることによって最も大きな利益を得る）[30]。さらに、老年では、創造性や人間関係、精神的な鍛錬がますます重要に感じられるようになってくる一方で、ライフストーリーの中盤ではふさわしかった達成と努力が場違いであるように思えてくる[31]。それゆえ、人に「何かお返しする」ことができる活動がそのストーリーにちょうど適合し、満足できる結果を作る手助けとなるのである。

徳の未来

科学的な研究は、利他主義があなたのためになるという主張へと弱められたとしてもなお、徳仮説を支持している。徳についての主張をより広義にとらえ、ベンジャミン・フランクリンが意味していたように評価してみると、それはかなり真実であるように思えるので、文化的な保守派による現代生活やその限定的で寛大な道徳性に対する批判は正しいのではないかという疑問が生じる。西洋人である私たちは、もっと徳に基づいた道徳性に立ち返るべきなのだろうか？

私は実際、大切な何かを失ってしまったと思っている。それは、広く共有される徳や価値を持つ、豊かな手触りの共通精神である。１９３０年代や１９４０年代の映画を見るだけで、人々が道徳という糸で織られた濃密な網の周りを動いているのが見てとれるだろう。登場人物は、名誉や評判、適切に見えるかどうかに関心を払っている。子どもたちは、しばしば両親以外の大人たちによって躾けられている。善人は常に勝利し、悪事はけっして報われない。現代の私たちにとっては堅苦しく、縛りつけるものに聞こえるかもしれないが、そこがポイントである。ある程度の抑制は私たちにとって良いものであり、絶対的な自由はそうではない。社会的な結びつきから自由になることが自殺と相関していることを発見した社会学者のデュルケームは[32]、「アノミー（無規範状態）」ということばも提言している。アノミーとは、明白な規則や規範、価値基準がない社会状態のことである。アノミーな社会では、人は何でも好きなことができるが、明確な基準や、それらの基準を守らせる尊重すべき社会的機関がなければ、人はしたいことを見つけることが困難となる。アノミーは、拠り所のない感覚や不安を生み出し、非道徳的で反社会的な行動の増加を導くのである。現代の社会学の研究もデュルケームを強く支持している。アメリカの地域の健全性を最もうまく予測するものの一つは、他人の子どもの悪い行いに対して、大人がどの程度反応するかである[33]。コミュニティの基準が守られていれば、制約と協調が生まれる。誰もが自分のことしか気にかけず、他の方向を向いていると、自由とアノミーが生まれる。

ヴァージニア大学の私の同僚で社会学者のジェームス・ハンターは、デュルケームの考えを最近話題の人格教育に取り入れた。彼の挑発的な著書『人格の死』[34]の中で、ハンターは、アメリカがどのようにして徳や人格についての古い考え方を失ってしまったかを描いている。産業革命以前のアメリカ人は、勤勉、自己抑制、未来のための犠牲、公益のための犠牲といった「生産者」の徳を名誉としていた。しかし、20世紀の間に人々は豊かになり、生産者社会が徐々に大量消費社会へと移り変わっていくにしたがって、自己に関する異なる見方が生じた。個人の趣向や自己実現の考えを中心とした見方である。本来、道徳的な用語である「人格」が人気を失い、道徳的な意味を持たない「性格」という用語へと置き換えられてしまった。
ハンターは、人格の死の二番目の原因を、包括性だと指摘している。最初のアメリカの開拓者たちは、民族的、宗教的、道徳的に同質の居留地を作り出したが、以来、アメリカの歴史は多様性を増していった。それに応じて教育者たちは、すべての人が同意できる道徳的思想がどんどん縮小する中で、それを特定化しようと懸命に取り組んできた。この縮小は、1960年代に人気となった「価値明確化」運動により、論理的な結論へと達した。それは道徳については何も教えないということだった。価値明確化は、誰に対しても価値観を押しつけることを差し控えるよう教師に要請し、子どもたちに自分の価値観を見つけ出す方法を教えた。この包括性の目標は称賛すべきものであったが、意図しない副作用があった。子どもたちを古い徳の概念を育んできた伝統や歴史、宗教の土壌から引き離してしまったのである。野菜は水栽培でも育てられるが、それでも水に栄養分を加えなければならない。子どもに水栽培で徳を育て、自分自身の内面だけを手引きとして見るように要求することは、それぞれに個人的な言語を発明しなさいと言うようなものである。もし、コミュニティに話す相手が誰もいないなら、それはまったく孤独で無意味な作業である。（アイデンティティ創造のための「文化的資源」の必要性について、さらにリベラルな観点による鋭い分析については、アンソニー・アッピアの『アイデンティティの倫理』を参照。）[35]
私は、ハンターの分析は正しいと考えているが、それでも、現代の制限された道徳によって全体として悪くなってしまったという点については、まだ納得していない。私は、古い映画やテレビ番組を見ると、1960年代にさかのぼるだけでも、女性やアフリカ系アメリカ人の生活があまりにも制限されていることに、しばしば苦痛を覚える。私たちは、包括性に対する代価を支払ったが、人種的少数派や女性、同性愛者、障害者、その他の人たち、つまりほとんどの人がより多くの機会を得ることのできる、より人道的な社会を手に入れた。その代償があまりに高すぎると感じる人たちがいるとしても、もはや消費社会以前にも、民族的に同一の集団にも、後戻りすることはできない。私たちには、多数の階級の人たちを排除することなく、アノミーを軽減する方法を探すことしかできないのだ。

私は社会学者でも教育政策の専門家でもないので、道徳教育のための急進的な新たなアプローチを提言しようとも設計しようとも思わない。代わりに、多様性に関する私自身の研究から一つの結果を紹介しよう。「多様性（diversity）」ということばがアメリカ人の会話の中で現在の使われ方をするようになったのは、1978年の最高裁判決（カリフォルニア州立大学理事会対バッキ）[訳注18]以降のことである。その判決では、大学での人種定員枠を達成するためにある人種を優先することは憲法に違反するが、学生の多様性を高めるためにある人種を優先することは容認できるとした。それ以来、多様性は、車のバンパーに貼るステッカーや、大学の多様性デイや、広告などで広く称揚されるようになった。多くのリベラル派にとって、正義や自由、幸福などと同様に、疑いの余地なく良いものと見なされるようになった。多様であればあるほど良いのである。

しかしながら、私は道徳性に関する研究の中で、そのことに疑問を抱いた。些細な違いに基づいて、いかに人々はたやすく敵対する集団へと分かれるかということを考えると[36]、共通性の賛美が凝集性の高い集団やコミュニティの形成に役立つ一方で、多様性の称賛は分裂を促進するのではないかと思えたのだ。私はすぐに、多様性には主に、人口統計的なものと道徳的なものという二種類があることに気づいた。人口統計的な多様性とは、人種、民族、性別、性的志向、年齢、障害状態などという社会人口統計上のカテゴリーに関するものである。人口統計的な多様性を求めるということは概ね、以前には排除されていたグループを包括することであり、正義を求めるということである。他方で、道徳的多様性とは、本質的には、道徳的な規範や価値観の合意が欠けている状態、すなわちデュルケームがアノミーと叙述したものである。一度この区別をしてしまえば、道徳的な多様性を論理的に好む人などいないということがわかるに違いない。あなたが、堕胎の問題について賛成だとして、あなたは幅広い数多くの意見があり、しかもそのどれもが有力ではないという状態を好むだろうか？　それとも、皆があなたと同意見であり、その土地の法律にその同意が反映される方を好むだろうか？　もし、あなたがある問題について多様性を好むとすれば、その問題は、あなたにとって道徳的な問題ではなく、個人の好みの問題なのである。

私は学生のホリー・オムとエヴァン・ローセンバーグと共に、ヴァージニア大学でいくつかのグループについて研究を行った[37]。私たちは、（人種、宗教、社会的階級などのような）人口統計上のカテゴリーにおいて多様性を増大させることについては、学生のあいだで強く支持されていることを見出した。自分自身を政治的保守派だと記していた学生ですら支持していた。しかしながら、道徳的多様性（異論の多い政治的な問題についての意見）については、セミナークラスにおける興味深い例外を除き、大半の状況において支持されなかった。学生たちは、クラスの中では道徳的多様性を歓迎したが、一緒に生活したり、つき合ったりする人の中ではごめんだった。この研究における私たちの結論は、多様性とはコレステロールのようなものであるということである。善玉と悪玉があり、おそらく両方を最大化しようとはすべきでないのである。リベラル派は、すべての人口統計的な集団の人々に対して開かれた社会を作り出そうとしている点で正しいが、同時に保守派は、普遍的な共有のアイデンティティを創造するためにもっと努力すべきだと信じている点で正しいだろう。私は、政治的にはリベラルであるが、保守派の方が道徳の発展についてはよく理解していると思う。（とは言っても、道徳心理学一般についてではない。彼らは純粋悪の神話に関与しすぎている。）保守派の人たちは、学校で、英語のみを国語として用い、アメリカの歴史や公民を中心とした授業を含め、積極的にアメリカ独自のアイデンティティを作り出すような授業をしてほしいと願っている。リベラル派は愛国主義や国家主義、「死んだ白人男性」[訳注17]による本に焦点を当てることを当然警戒している。しかし、教育に関心がある人は皆、アメリカのモットーである「多くから作られた一つ（pluribus unum）」には、二つの部分があることを思い出すべきである。「多く（pluribus）」を賛美することは、「一つ（unum）」を強化する政策によってバランスをとるべきなのである。

もはや手遅れなのかもしれない。現在の文化戦争の対立の中では、誰も相手側の考えの中に価値を見出すことはできないかもしれない。それとも私たちは、ベンジャミン・フランクリンという偉大な道徳模範の教えに立ち戻ることができるだろうか。自己利益の追求のために互いに激しく戦う人々や団体によって動かされてきた歴史を反省して、フランクリンは「徳のための統一党」を創設することを提案した。自分自身で徳を育んできた人たちによって構成されるこの党は、「人類の利益という観点」だけから行動する。おそらく、それは、フランクリンの時代においても単純素朴な考えであっただろうし、このような「善良で賢明な人たち」が、フランクリンが想定するほどたやすく一つの綱領に同意するとは思えない。それにもかかわらず、主要な政治家から徳に関するリーダーシップはもたらされることはないという点で、フランクリンは正しいのかもしれない。それは、多くの子どもたちの多くの生活エリアにまたがる道徳的一貫性を作り出すことに同意して、街の人々が一体となるような運動からもたらされなければならないだろう。

そのような運動が現在起こっている。発達心理学者のウィリアム・デイモン[38]が「青少年憲章」運動と呼んでいるものだ。それは、コミュニティで共有されている理解や義務、価値観を述べた「憲章」に賛同した子育てに関わるすべての人々──両親、教師、コーチ、宗教指導者、そして子どもたち自身──が協力しあうもので、すべての環境において同じ高い基準の行動を支持し、期待している。おそらく、青少年憲章のコミュニティは古代アテネの道徳的な豊かさには匹敵しないかもしれないが、自らのアノミーを軽減するための何かを行っており、正義においてアテネをずっと凌駕している。

第9章 神の許の神聖性、あるいは神無き神聖性

私たちは、高貴を貶める低俗や、大いなるものを貶める小さなものを許してはならない。つまらぬ部分を養うものはつまらぬ人間になる。大いなる部分を養うものは大いなる人間になる。

——孟子[1]、紀元前3世紀

神は、官能の無い知性から天使を創造し、知性の無い官能から畜生を創造し、官能と知性の両方から人間を創造した。そのため、人間の知性が官能を克服する時は、人間は天使よりも優れているが、官能が知性を制圧する時には、畜生よりも劣る。

——ムハンマド[2]

人生は心の産物であり、その多くはメタファーから創り出される。私たちは、すでに理解している物事の観点から新たな物事を見る。人生とは旅であり、議論とは戦争であり、心とは象に乗る象使いである。間違ったメタファーは私たちを惑わせるが、メタファーがなければ盲目も同然だ。

道徳や宗教や人類の意味の探求を理解する際に、私が最も役にたつと考えているメタファーは、イギリ

スの小説家であり数学者であるエドウィン・アボットが1884年に書いた、魅力的な小冊子『フラットランド』[3]である。フラットランドは幾何学図形たちが住んでいる二次元の世界で、主人公は四角形である。ある日、四角形のもとにスペースランドと呼ばれる三次元世界から球体がやってきた。しかし、球体がフラットランドを訪れた時、フラットランドの住人たちに見ることができたのは、自分たちの平面上にある球体の一部分、つまり円だけであった。四角形は、円が自在に（フラットランドの平面から上昇したり、沈んでいったりすることで）大きくなったり小さくなったりし、（その平面を離れたり、再度入ってきたりすることで）消えたり、異なる場所にまた現れたりすることさえもできることに驚いた。球体は、二次元の四角形に三次元の概念を説明しようとした。しかし四角形は、二次元の幾何学には熟達していたけれども、三次元の概念は理解できなかった。彼には、高さや幅に加えて厚みを持つことの意味が理解できなかったし、北という意味ではなく、彼の「上」からその円がやって来たことも理解できなかった。球体は、一次元から二次元への移行と二次元から三次元への移行が同様であることを挙げ、幾何学的に例証したのだが、四角形には、平面から「上がる」という考え方は突飛なものにしか思えなかった。

業を煮やした球体は、四角形をフラットランドから引っ張りあげ、第三次元に連れて行った。そのため、四角形は自分の世界を見下ろすことができ、一瞬ですべてを理解した。四角形はすべての家々とすべての住人の内臓（内側）を見ることができた。四角形はその体験を以下のように思い出す。

ことばにできない恐怖が私を襲った。そこには闇があった。それから目眩がしてきて、まるで見ているのではないような視覚に不快感を覚えた。私は空間ではない空間を見た。私は私であり、私でなかった。声を出すことができるようになると、私は苦痛の中で、「これは狂気か地獄かのどちらかだ。」と叫んだ。「どちらでもない。」と球体の静かな声が答えた。「知識だ。三次元だ。もう一度目を開けて、落ち着いて見てごらんなさい。」私は目を開けた。そこに見たのは、新しい世界だった！

四角形は畏敬の念に打たれた。彼は球体の前にひれ伏し、球体の弟子となった。フラットランドに戻ると、仲間の二次元生物たちに「三次元の福音書」を必死で説こうとした。しかし、無駄だった。私たちは皆、ある意味で、啓発される前の四角形である。私たちは皆、理解できない何かに出くわしたことがあるが、それを理解できたとうぬぼれている。なぜなら、見えない次元を思い描くことはできないからだ。そしてある日、私たちの二次元世界では納得できないような何かが起こり、別の次元を初めて垣間見る。

すべての人類の文化において、社会世界は二つの明白な次元を持っている。親密さや好き嫌いといった水平次元と、社会階層や地位といった垂直次元である。人は、苦もなく自然と水平次元に従って、血縁の近い人と遠い人や、友人と見知らぬ人とを区別する。多くの言語には、近い人たちに対する呼称形式（フランス語では tu）と、遠い人たちに対する別の呼称形式（フランス語では、vous）がある。私たちはまた、階層的な相互作用に対するたくさんの生得的な心的構造を持っている。多くの点において平等主義者である狩猟採取文化さえ、絶えざる階層化への傾向を積極的に抑制することによってのみ平等性を維持することができる[4]。多くの言語では、親密さを区別するのと同じ言語的手法を用いて、社会階層を区別する。（フランス語では見知らぬ人と同様に目上の人に対して vous を用い、友人と同様に目下の人に対して tu を用いる）。英語のような社会的関係の違いに対して別の動詞形を持たない言語においてすら、とにかくその違いがわかるようにする方法を見つけ出す。遠い人や目上の人を呼ぶ時には、肩書きや名字（スミスさん、ブラウン判事）を用い、近い人や目下の人たちにはファーストネームを用いる[5]。私たちの心はこれら二つの次元を自動的に追跡している。親しくはないが、非常に尊敬している誰かにファーストネームで呼ぶように言われた時、どんなに居心地が悪かったかを思い出してみればよい。その人の名前はあなたの喉にひっかかってしまったのではないだろうか？　逆に、あるセールスマンが、許可もしていないのにファーストネームであなたを呼んだら、わずかながらも不快感を持つのではなかろうか？

さてここで、二次元の社会、親密さのX軸と階層のY軸からなるフラットランドを幸せに動き回っている自分自身を想像してみよう（図9-1参照）。そしてある日、並外れた何かを行う人に出会うか、圧倒されるような自然美を体験し、あなたは「高められた」ように感じる。しかしそれは階層が「高まった」のではなく、何か他の種類の上昇である。こ

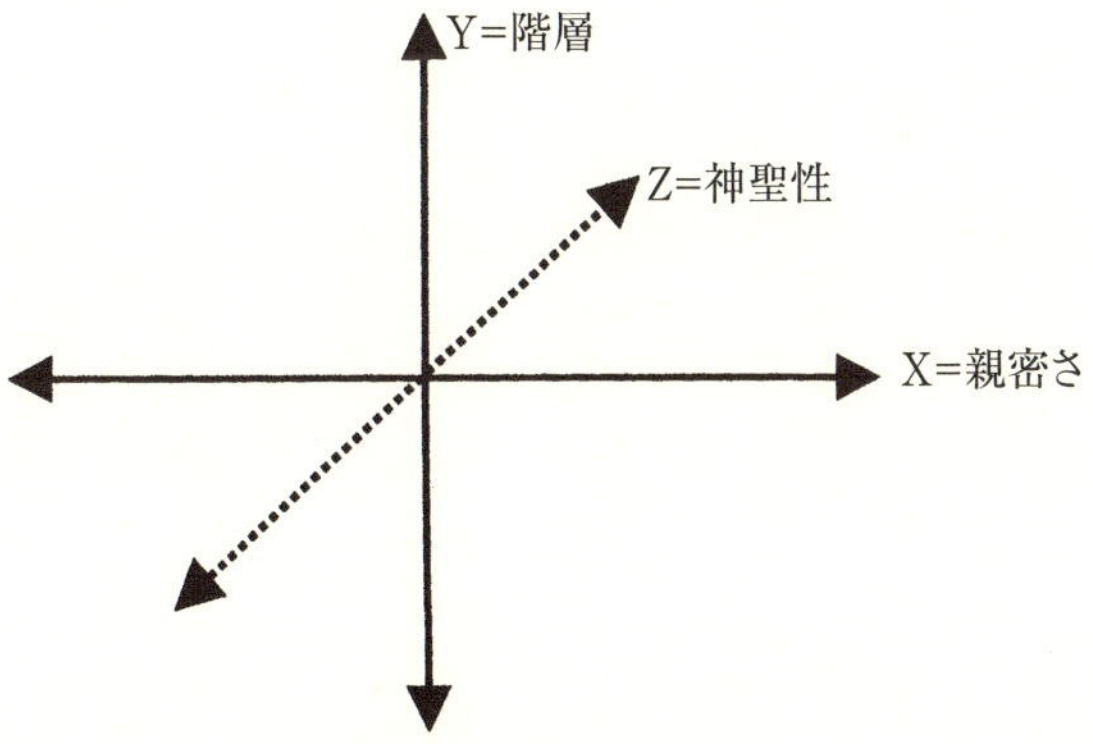

図9-1　社会空間における3次元

の章では、その垂直的な動きについて述べる。私の主張は、人類の心は、第三次元、具体的には私が「神聖性」と呼ぶ、道徳的次元（図9-1の平面から飛び出しているZ軸を参照）を知覚しているというものである。「神聖性」という名前をつけたのは、神が存在するとか、知覚されるなどと考えているからではない。（私自身はユダヤ人の無神論者である。）むしろ、道徳感情に関して研究する中で、人類の心とは、神がいるかいないかにかかわらず、単純に神聖性や神々しさというものを感受する、という結論に至ったのである。この結論へと至って、二十代の時に感じていた宗教に対する高慢な軽蔑は消失した。

この章は、信仰心が篤い人々は理解しているが、非宗教的な思想家はほとんど理解していない古代の真理について述べている。自分たちの行為や思考によって、私たちは垂直次元上を上下に移動するという真理である。この章の冒頭の引用で、孟子はそれを高貴対低俗の次元と呼んだ。ムハンマドは、先人のキリスト教者やユダヤ教者と同様に、上位に天使、下位に畜生を置いて、それを神聖性の次元とした。この真理は、この次元を見失って世界を二次元へと崩壊させてしまったら、私たちは人類としてダメになってしまうだろうということを示している。しかしその対極で、三次元社会を作り出し、それをすべての住人に強制しようとするのは、宗教的原理主義の顕著な特徴である。キリスト教であれ、ユダヤ教であれ、ヒンズー教であれ、イスラム教であれ、原理主義者は、特定の聖典と調和しているか、またはそこから引き出された法を持つ国家に住みたいと願っている。民主主義の西洋社会がそのような原理主義に対して異議を唱えるのには多くの理由があるが、異議を唱える第一段階として、まずは率直に敬意を持ってその道徳的動機を理解するべきであると私は考えている。この章が、そのような理解の助けになってくれればよいと願っている。

人間は動物ではない？

私はまず嫌悪において神聖性を見いだした。道徳性について研究し始めた時、私は数多くの文化の道徳律を読んだ。そして、最初に学んだことは、ほとんどの文化が食べ物や性、月経、死体処理について非常に留意しているということだった。それまで、道徳性とはいかに人が互いを扱うかに関わると思っていたので、（人類学者が呼ぶところの）「純潔」や「汚《けが》れ」についてのこれらの事柄は、現実の道徳性とは無関係のものとして片づけてしまっていた。なぜ数多くの文化において、女性は月経期間や出産後の数週間、寺院に入ったり、宗教的な道具に触れることを禁じられるのか？[6]　きっと女性を管理するための性差別者のなすことに違いない。なぜユダヤ人やイスラム教徒は、豚を食べることを忌諱するのか？　旋毛虫病[訳注20]を避けるという健康に関連した努力だろう。しかし、読み進めていくうち、私はその背後にある論理に気づいた。嫌悪の論理である。１９８０年代のポール・ロジンによる嫌悪に関する先駆的な理論によると[7]、嫌悪は大部分が動物や動物の体の生成物に関与しており（植物や無機的な物質に対する嫌悪はほとんどない）、嫌悪される物事は接触によって感染する。それゆえに嫌悪は、動物や動物の生成物（血液、排泄物）や、洗浄や、接触への懸念と何らかの関連があるように見える。それは、『旧約聖書』や『コーラン』、ヒンズー聖典、そしてその他多くの伝統的社会における民族誌を見れば明白である。私が、道徳性や宗教における嫌悪が果たしうる役割についてロジンに話しに行った時、彼も同じ問題について考えていた。私たちは、ブライン・マウル大学のクラーク・マッコーリー教授と共に、嫌悪とそれが社会生活において果たす役割について研究を始めた。

嫌悪には、人々が何を食べるかを決定する際に役立つという進化的な起源がある[8]。私たちの先祖の脳が進化的な変遷の中で大きく拡大する間に、道具や武器の製造が変化し、したがって肉の消費にも変化が生じた[9]。（多くの考古学者は、第6章で議論した男性と女性の相互依存の増大も含めて、これらの変化が皆互いに関連しあっていると考えている。）しかし古代人が、他の肉食動物の食べ残しの死肉をあさるなどして肉を口にするようになると、新たな細菌や寄生生物の世界にさらされることとなった。それらの多くは、植物性毒素とは違って接触感染する。ベイクドポテトに毒イチゴが飾り付けられていたとしても、ポテトを有害だと思ったり嫌悪を抱いたりはしないだろう。嫌悪はもともと、口の守護者として自然淘汰によって形成されたものであった。食べることが可能かもしれないものに対して感覚的特徴を超えて判断できること（いい匂いがしているか？）や、それがどこからやってきて何に触れたのかについて考えることは、その個人を有利なものとする。日常的に、死体や排泄物、ゴミ山をあさったり這い回ったりする動物（ネズミ、うじ虫、ハゲワシ、ゴキブリ）は、嫌悪を引き起こす。私たちはそれらを食べないし、それらが触れたものはすべて汚《けが》れていることになる。私たちはまた、他人の肉体の生成物、特に人々のあいだに病気を伝染させる可能性のある排泄物、粘液、血液を嫌悪する。嫌悪は欲望（飢え）を消滅させ、洗浄や、手遅れの場合には嘔吐といった清浄行動を促す。

しかし嫌悪は口だけを守っているのではない。それは誘導体として働くことで、生物的、文化的に進化していく間に拡大し、いまやもっと広く体を守っている[10]。嫌悪は、人が文化的に許容できる性的パートナーや性行為を狭い範囲へと限定することで、性機能においても食物選択におけるのとよく似た役割を果たしている。繰り返しになるが、嫌悪は欲望を消し、清浄、分離、清掃に関心を持つように仕向ける。嫌悪はまた、皮膚病、奇形、四肢切断、極度の肥満や痩せ、その他人類の体形において文化的に理想とされる外見と異なる人に会った時、私たちを不安な気分にさせる。問題となるのは、外見である。顔にできた腫瘍や指の欠損に嫌悪を感じるのに対し、肺ガンや腎臓の欠損に嫌悪は感じない。

口の守護から体の守護へというこの拡大は、純粋に生物学的な観点で納得できるものだ。私たち人類は常に、他のほとんどの霊長類よりも大きく密集した集団で生活し、樹上ではなく地上で生活してきた。そのため、肉体的な接触によって広がる細菌や寄生生物の被害にさらされることが多かった。嫌悪のおかげで接触にもっと注意深くなる。しかし、最も興味をそそられるのは、文化がそれ自身を定義する際に用いる、非常に多くの規範や儀式や信念をサポートするために嫌悪が使われているという点である[11]。たとえば、多くの文化は、人類と動物のあいだにはっきりと線を引き、人は他の動物よりも何かしら上で、より良く、より神に近いと主張する。人類の体はしばしば神聖性が宿る神殿のように考えられる。「あなたがたは知らないのか。自分のからだは、神から受けて自分の内に宿っている聖霊の宮であって、あなたがたは、もはや自分自身のものではないのである。」（「コリント人への第一の手紙」6章19節）

しかし、人類は動物でないとか、身体は神殿であるという文化は、大きな問題に直面する。私たちの肉体は、食べること、排泄すること、性交すること、血を流すこと、死ぬことなど、すべて動物と同じ行為をする。私たちが動物であるということを示す圧倒的な証拠があり、私たちの動物性を否定する文化は、その証拠を隠すために多大な苦労をしなければならない。生物的な行為は正しい方法で実行されなければならず、嫌悪はその正しさの守護者となる。人々が服を着ず、けっして風呂に入らず、公衆の面前で

「犬のように」セックスし、死体から直接肉片を噛み千切って食べている街を訪れることを想像してみよう。よろしい、ひょっとするとあなたは、金を払ってでもそんな見世物を見たいかもしれないが、どんな見世物もそうであるように、自分まで低俗になった思いで出てくるだろう（文字通り、「低められる」）。あなたはこのような「野蛮な」振る舞いに嫌悪感を抱くだろうし、これらの人々は何か間違っているということが直感的にわかる。嫌悪は体という神殿の守護者なのである。この想像上の街では、守護者は殺害され、神殿は犬のものへと成り下がってしまっている。

人を中心として下位の動物から上位の神へと通る、神聖性という第三の次元の考え方は、17世紀のニューイングランドの清教徒であるコットン・メイザーによって完璧に描写されている。メイザーは、自分が排尿しているその時に犬が排尿しているのを見て、自分の排尿の卑しさへの嫌悪に圧倒され、日記に決意を記した。「しかし、私はもっと高貴な生物になるのだ。私の自然的必要性が野獣の状態へ私を貶めるちょうどその時に（そう、まさにその時！）、私の魂は上昇し舞い上がるのだ。」[12]

人の体が、時には汚れてしまう神殿なのだとすれば、「清潔は神性に近い」ということが理解できる[13]。この第三の次元を感知しなければ、なぜ神があなたの肌や家の汚れ具合を気にするのか、よくわからないだろう。しかし、あなたが三次元の世界で生きているなら、嫌悪はヤコブの梯子のようなものだ。生物的な必要性のために大地に根ざしているが、人々を天国へ、少なくともなぜだか「上」であると感じさせる何かへと導き、案内してくれる。

神聖性の倫理

大学院を出た後二年間、私は、文化心理学の分野で著名な思想家であるシカゴ大学の心理人類学者、リチャード・シュウェダーと共に働いた。シュウェダーは研究の大半を、ベンガル湾沿いのオリッサ州にある、インドのブバネスワルという町で行った。ブバネスワルは古代の門前町である。その古い町は、7世紀に建てられ、巨大で華美なリンガラージャ寺院を取り巻いて大きくなった。リンガラージャ寺院は、ヒンズー教徒にとって未だに巡礼の主な中心である。ブバネスワルやその他の場所で行ったシュウェダーの道徳性に関する研究は[14]、人が道徳性について考える時、その道徳概念は三つのグループに類型できることを示している。シュウェダーは、それらを自律性の倫理、コミュニティの倫理、神聖性の倫理と名づけた。自律性の倫理を用いて考え、行動する時の目標は、害悪から個人を保護し、最大限の自律性をかなえることであり、自分個人の目標を追求するためにそれが用いられる。コミュニティの倫理を用いる時の目標は、集団、家族、仲間、国家などの保全を確保することであり、服従や忠誠、賢いリーダーシップのような徳が重要視される。神聖性の倫理を用いる時の目標は、それぞれの個人に存在する神聖性が劣化しないように保護することであり、強欲や貪欲、憎悪といった道徳的なけがれのない、純潔な尊い生き方が重要視される。大まかには図9-1のX、Y、Z軸に対応している、この三つの倫理への相対的な依存度は、それぞれの文化で異なっている。ブラジルとアメリカにおける道徳判断に関する私の学位研究では[15]、社会階級も教育水準も高いアメリカ人が、道徳について述べる時には圧倒的に自律性の倫理を多用する一方で、ブラジル人と両国の低い社会階級の人々は、コミュニティや神聖性の倫理をより多用していることがわかった。

神聖性の倫理についてさらに学ぶために私は、1993年に3ヵ月間ブバネスワルを訪れ、そこで僧侶やモンク、その他のヒンズー教の崇拝や慣習に関する専門家にインタビューを行った。私は、準備として、ヒンズー教や純潔と汚《けが》れの人類学に関する本を読めるだけ読んだ。その中には、1世紀か2世紀に書かれたブラフミン（僧侶カースト）に向けた指南書である、『マヌ法典』も含まれていた[16]。『マヌ法典』は、コットン・メイザーが「自然的必要性」と呼んだ行為に対応しつつも、どのように生き、食べ、祈り、他人に接するかをブラフミンに教えている。一節においてマヌは、僧侶が聖なるベーダ（聖典）を朗読することを「考えることすらいけない」時間のリストを挙げている。

排尿や排泄をするあいだ、食べ物がまだ口や手に残っている時、死者の葬儀での食事のあいだ……人が肉や出産直後の女性の調理した食べ物を食べている時、……ジャッカルが遠吠えをする時、……葬式にいる時、……性的結合の際に着ていた衣類を着ているあいだ、死者のための儀式で何かを受け取るあいだ、何かを食べた直後や（その食べ物が）消化されるまでや嘔吐やげっぷをした時、……四肢から血が流れている時や武器によって傷つけられた時。

この一説は、食物、老廃物、動物、性、死、体形異常、衛生状態というロジンとマッカーレイと私が研究した嫌悪に関するすべてのカテゴリーが挙げられている点で、驚嘆すべきものである。マヌは、心の中の聖なるベーダの存在は、あらゆる嫌悪の源泉による身体の汚《けが》れとは両立しないと言っている[17]。神聖性と嫌悪は常に分離されていなければならない。

ブバネスワルに到着するとすぐに、神聖性の倫理は単なる古代の歴史でないことに気づいた。ブバネスワルは物理的には平坦だが、何百もの寺院の頂によって精神的には非常に変化に富んだ地形を持っている。私は非ヒンズー教徒だが、寺院屋敷の中庭へ入ることを認められた。靴を脱ぎ、革製品（革は汚《けが》れている）を取り除くと、たいていは寺院の建物の控えの間へ入ることができた。神が宿る内部の聖所を覗き込むことはできたが、もし中にいるブラフミンに混じろうと敷居をまたいだなら、そこを汚《けが》して皆の怒りを招いただろう。それ自体が神聖性の最高点であるリンガラージャ寺院では、外国人は壁のすぐ外にある観察台に招かれて中をのぞくことはできたが、壁の中に入ることすら許されなかった。機密の問題ではない。宗教的な純潔を保つための適切な作法に従って沐浴、食事をし、衛生状態を保ち、祈祷していない私のような人々によって汚《けが》されることが問題なのである。

ブバネスワルにあるヒンズー教徒の住居は、寺院と同様に同心円の構造になっている。ドアのところで靴を脱ぎ、外側の部屋で人と交流することはできるが、台所と神への捧げ物がなされている場所や部屋にはけっして入ることができない。これら二つの場所は最も高潔な場所とされている。人類の体にすら高低があり、頭や右手は純潔であるが、左手と足はけがれている。私は、自分の足が誰かに触れないよう、また左手で他人に物を渡すことがないように細心の注意を払わねばならなかった。ブバネスワル周辺を歩き回っていると、私は、第三次元というものをおぼろげにしかわかっていないのに三次元世界を航海しようとしている、スペースランドの四角形のように感じた。

インタビューを行ううちに、少しずつ理解が深まってきた。純潔と汚《けが》れは、本当に神聖性を生物学的な「必要性」から切り離すためだけに存在しているのか、それともこれらの慣習が徳や道徳性とより深い関係性を持っているのかを見出すことが私の目標であった。さまざまな意見があった。教育水準があまり高くない、ある村の僧侶は、純潔と汚《けが》れに関連する儀式をゲームの基本ルールのように考えていた。つまり、単に、宗教的伝統がそれを要求するからしなければならないと考えていた。しかし私がインタビューした数多くの人は、より幅広い見方を持っており、純潔と汚《けが》れに関する習慣を、魂や道徳の進歩や第三次元上で上昇するなどの最終目的に至る手段と見なしていた。たとえば、私がなぜ純潔を守ることは重要なのか尋ねた時、サンスクリット学校（宗教学者を養成する学校）の校長は以下のように答えた。

私たちは神にも悪魔にもなりうるのです。それはカルマ次第です。ある人が、たとえば誰かを殺すといったように、悪魔的振る舞いをするなら、その人は真に悪魔です。神聖な所作で振る舞う人は、内に神聖性を有しているのですから、神のようなものです。……私たちは、自分たちが神であるということを知るべきです。私たちが神のような考え方をすれば神のごとくなり、悪魔のような考え方をすれば悪魔のごとくなるのです。悪魔のようであることは何が間違っているのか？　最近の出来事は悪魔的です。神聖な行為とは人を騙さないこと、人を殺さないことを意味しています。完全なる人格です。もし、あなたが神聖性を有するなら、あなたは神なのです。

校長は、もちろんシュウェダーを読んだことはなかったが、神聖性の倫理に関して完璧に語ってくれた。

純潔は単なる肉体の問題ではなく、魂にも関係する。もし、自身の中に神聖性があると考えるなら、あなたはそれにふさわしく振る舞うだろう。つまり、人々を大切に扱い、自身の体を神殿のように扱うだろう。そうしていく中で、良いカルマを蓄積し、より高いレベルで、そう、文字通り神聖性の垂直次元においてより高いレベルで、来世に戻って来るだろう。あなたが神聖性の観点を失ったら、より低俗な動機に屈するだろう。そうすることで、悪いカルマを蓄積し、次の生まれ変わりにおいて、動物や悪魔のようなより低いレベルで戻ってくることになるだろう。徳、純潔、神聖性というこれらのつながりはインド独自のものではない。ラルフ・ワルド・エマーソン[訳注19]は、まさに同じことを言っている。

善い行いをする人は、たちどころに高尚になる。卑劣な行いをする人は、行為それ自体によって収縮する。それゆえ不純を脱ぎ去る人は純潔をまとう。もしある人が本心から公正であるなら、その限りにおいて、彼は神なのだ。[18]

神聖なる侵入

私がフラットランド（アメリカ合衆国）へ戻った時、純潔や汚《けが》れについて何も考える必要はなかった。第二の次元である階級についてもさほど考える必要はなかった。アメリカの大学文化には、たいていのインドの環境と比較すると、緩やかな階級があるだけだ（学生が教授をファーストネームで呼ぶことも多い）。だからある点では、私の生活は親密さという一次元に縮減され、私の行動は、誰かを傷つけない限りは何をしても許されるという、自律性の倫理だけに制約される。

しかし、いったん三次元で物事を見ることを学ぶと、すべての物事に散在している神聖さの徴候が見えるようになった。数分前まで町のとおりを歩いていた靴を履いたまま、自分の家やベッドルームにまでずかずか入って歩き回るアメリカの風習に嫌悪感を持つようになった。私はドアのところで靴を脱ぐというインドの風習を取り入れて、訪問客にも同様にしてもらうことにした。そのことで私は、自分のアパートが、以前よりも完全に外の世界から隔てられ、よりきれいで平穏な空間で、聖域であるかのように感じるようになった。ある種の本をトイレに持ち込むことは、間違っているように感じられた。また人が、しばしば道徳について「高い」とか「低い」ということばを使って話すということにも気づいた。私は、下品で「低劣な」やり方で振る舞う人々を目撃した時の自分の微妙な感覚に気づいた。それは、ただ賛成できないといった以上の感覚で、何かしら私自身も「下」へと引きずられるような感覚であった。

学術研究に携わる中で、私は第一次世界大戦の時代まではアメリカも神聖さの倫理が公の議論の中心だったが、それ以降消え始めたということを発見した（アメリカ南部のような少数の場所を除く）。そこでは身体的な純潔さの考えに基づいた人種隔離の風習も残っている）。たとえば、ビクトリア時代には、若者向けの助言として、日常的に純潔と汚《けが》れについて語られていた。1987年以来広く再版されている『若者は何を知るべきか』[19]というタイトルの本において、シルバヌス・ストールは、ある章全部を割いて、「個人の純潔さ」について述べている。

神が強い性的性質を人に与えたことは誤りでない。しかし、どんな若者も、自身の性的感覚が本来の高潔さや気高さを支配し、軽んじ、破壊するままにするなら、取り返しのつかない過ちを犯すこととなる。

彼らの純潔さを守るために、ストールは豚肉を食べること、マスターベーションをすること、小説を読むことを避けるよう若者に助言した。1936年版では、この章全体が削除されている。

神聖さの垂直次元は、科学者たちまでもが引用するほど、ビクトリア時代の人々にとっては当然のことだった。1867年の化学の教科書では、エチルアルコールの合成法の記述の後に、著者は、アルコールは、「知的機能と道徳的感覚を鈍らせ、人の純粋で聖なる部分すべてを破壊したり悪化させたりし、人の最も高潔な属性である理性を奪い取ってしまう」効果を持っていることを、若い読者に警告しなければならないと感じていた[20]。カリフォルニア大学バークレー校の地理学教授であったジョセフ・ル・コントは、ダーウィンの進化理論を推進する1892年の著書の中で、実際に孟子とムハンマドを引用している。「人は二つの性質を持っている。低い方は動物と共通しており、高い方は人の特質である。罪とはすべからく、高い方を低い方へと屈辱的に束縛することである。」[21]

しかし、科学や技術、産業の時代が発展するにつれて、西洋世界は「非神聖化」されていった。少なくとも偉大な宗教歴史学者であるミルチャ・エリアーデはそのように論じている。『聖と俗——宗教的なるものの本質について』[22]でエリアーデは、神聖性の知覚は人類の普遍的特性であると述べた。すべての宗教には、それぞれ相違点があるにもかかわらず、超俗的で純潔な何かと接触し、コミュニケーションする場所（寺院、神社、神木）や時間（聖なる日、日の出、「夏至・冬至の」至点）や活動（祈祷、特別な踊り）がある。聖と区別するために、それ以外の時間、場所、活動は俗（ありふれた、聖でないもの）として定義される。聖俗の境界は注意深く守られなければならず、それこそが純潔さと汚《けが》れのルールのすべてなのである。現代の西洋は、あらゆる聖なる時間と空間を剥ぎ取り、完全に実用的で効率的で俗な世界を生み出した、人類史上最初の文化である、とエリアーデは述べている。それは、宗教的原理主義者が耐えがたいと感じ、時には武力を用いて戦いたいと思うような世界なのである。

神聖さは抑えきれないものであるため、「秘密宗教」行動のようなかたちで現代の俗世界へ繰り返し侵入する、というエリアーデの主張には説得力がある。エリアーデは、次のように書いた。

世俗的な生活にどっぷり浸かっている人にすら、他のすべての場所とは質的に異なる特別な場所がある。その人の故郷や初恋の風景、若い時に初めて訪れた外国の町。最も実直で無宗教の人にとってすら、これらの場所は例外的で特別な性質を持っている。これらは彼だけの世界における「聖域」であり、まるでそのような場所で、日常生活を送っている現実以外の現実についての啓示を受けたかのようである。

これを読んだ時、私ははっと息をのんだ。高められ啓発された瞬間を与えてくれた場所や本、人や出来事に限定された、私のささやかな精神性を、エリアーデは見事に喝破していた。無神論者でさえ、特に恋している時や自然と触れ合っている時には、神聖さに通じている。ただ神が、そのような感覚を引き起こしたとは考えないだけのことである。

高揚とアガペ（神の愛）

インドの滞在によって宗教的になることはなかったが、私は知的な覚醒へと導かれた。1995年にヴァージニア大学へ移ってまもなくの頃、神聖さの垂直次元で「下降」する人を見た時にどのように社会的な嫌悪が引き起こされるかについて、私はもう一つ論文を書いた。その執筆中、突然、これまで一度も「上昇」する人を見た時の感情反応について真剣に考えたことがなかったということに気づいた。私は「高められた」感覚について言及はしたが、「高められる」ことが実在し、紛れもない本物の感情であるかどうかについては、疑問に思ったことさえなかった。私は、友人や家族、学生に質問してみた。「あなたは、誰かが本当に善い行いをするのを見た時、何か感じますか？　正確には何を感じますか？　体のどこで感じますか？　それによってあなたは何をしたくなりますか？」大半の人が私と同じような感覚を持ち、私と同様、それが何であるかは正確に述べにくいことがわかった。人々は、自由で、暖かで、情熱的な感覚について話した。幾人かは、とりわけ心臓について口にした。他の人々は、それを体のどこで感じるか言うことはできないと主張したが、特定の場所であることを否定している時にさえ、時おり彼らの手は胸の前で円を描くような動きをしたり、まるで心臓の中で動いている何かを指し示すかのように内側を指差したりした。幾人かはゾクッとしたり息苦しくなる感覚について口にした。ほとんどの人は、このような感覚によって、善行をしたり何らかの意味でもっと良い人間になりたくなると言った。それが何であれ、研究する価値のある感情であるように思えてきた。しかし、心理学的文献を見てもこの種の感情に関する研究はなく、当時注目を集めていたのは、特有の表情を持つことが知られている基本六感情[23]の、喜び、悲しみ、恐れ、怒り、嫌悪、驚きであった。

もし神を信じていたなら、神はわけあって私をヴァージニア大学に送り込んだのだと信じたに違いない。ヴァージニア大学では、大学の創始者であるトーマス・ジェファーソンを中心とした数多くの隠れ宗教が躍動している。彼の家は、数マイル離れた小さな山の頂（モンティチェロ）に、まるで教会のように建っている。ジェファーソンは、アメリカ史上最も聖なる文書である『アメリカ独立宣言』を書いた。彼はまた何千もの手紙を書き、その多くの中で心理学や教育、宗教に対する見解を表明している。ヴァージニア大学に着任した後、私は、モンティチェロでエリアーデ式の隠れ宗教を体験し、ジェファーソン礼賛の中に身をおいて、彼の手紙のコレクションを読んだ。その中に、私がちょうど考え始めていた感情についての十全な説明を見つけた。

１７７１年、ジェファーソンの親戚であるロバート・スキッピースは、自分が建てる個人図書館のために購入する本について、彼に助言を求めた。ジェファーソンは、本と同じぐらい助言することも好きだったので、快諾した。ジェファーソンは歴史と哲学に関する重要著作の一覧を送ったが、併せて小説の購入も勧めた。彼の時代（シルバヌス・ストールの『若者は何を知るべきか』にあるように）、遊びや小説は、品位ある男が時間をかける価値あるものとは見なされていなかった。しかしジェファーソンは、偉大な著作は有益な感情を誘発すると指摘して、彼の型破りな助言を正当化した。

たとえば、何らかの……慈善や感謝の行為を見たり想像したりしたなら、私たちはその美しさに深く感動し、自分も慈善や感謝の行為をしようと強い欲求を抱くでありましょう。逆に、何らかの非人道的な行いを見たり読んだりすると、私たちはその醜さを嫌悪して、悪徳を忌み嫌います。この種のどの感情も道徳的性質を訓練するものであり、心の性質は、身体における四肢と同様、訓練によって強くなるのです。[24]

ジェファーソンはさらに、偉大な文学によって引き起こされる生理的な感覚や動機づけの効果は、実際の出来事と同じくらい強力である、と続けた。彼は、その時代のフランスの演劇を例に挙げて、このように問うた。主人公の忠実さや寛容さは、

実際の史実上の似たような出来事と同様に（読者の）胸を膨張させ、感情を高揚させはしないでしょうか？ それを読んでいる間、（読者は）実際に自身がより良い人間であるかのように感じ、そのすばらしい模範行動を見習おうと密かに誓うのではないでしょうか？

この類いまれなる主張は、単なる読書の喜びについての詩的な記述を越えている。これは、感情についての明確な科学的定義でもある。感情は、一般的にその要素を特定することで研究するのだが、ジェファーソンはその主な要素のほとんどを挙げている。誘発・起因条件（慈善や感謝、その他の徳の提示）、身体の生理的変化（「胸」の膨張）、動機（「自分も慈善や感謝の行為」をしたくなる）、そして身体的な感覚を超えた独特の感覚（感情の高揚）。ジェファーソンは私が「発見した」ばかりの感情を、正確に記述していた。彼はそれが嫌悪とは正反対であるとさえ言っている。私は、隠れ宗教の賛美の行為として、この

感情を「ジェファーソン感情」と呼ぼうかとも考えたが、考え直して、ジェファーソン自身が垂直次元において嫌悪から離れ、上昇していく感覚を表すために用いた「高揚」ということばを選ぶことにした。

過去七年間、私は研究室で高揚について研究してきた。私と学生は、高揚を誘発するためにさまざまな手段を試み、英雄や利他主義的な人びとについてのドキュメンタリーのビデオ・クリップや、オプラ・ウィンフリー・ショーの特選集が効果的であることを発見した。私たちの研究の大半において、私たちは一つの群には高揚するようなビデオを見せ、もう一方の統制群には、ジェリー・サインフェルドのギャグといった娯楽目的のビデオを見せた。(アリス・アイセンのコインとクッキー研究[25]から)幸せな感覚はさまざまなポジティブな効果をもたらすことがわかっていたので、私たちの研究では常に、高揚が幸せの単なる一形態ではないことを示すことを目的としている。私たちの最も包括的な研究[26]の中で、サラ・アルゴーと私は、研究参加者に研究室の中でビデオを見せ、全員に何を感じたか、何をしたくなったかを記録用紙に記入してもらった。次にサラは空白の記録用紙の束を彼らに手渡し、次の三週間、(高揚条件下の人たちには)誰かが別の誰かに何か良いことをした時に、(娯楽・統制条件下の人たちには)誰かが誰かにジョークを言った時に、しっかり見ているように教示した。私たちはまた、道徳的なこととは無関係な称賛についても研究するために第三の条件を付け加えた。この条件ではバスケットボールのスター、マイケル・ジョーダンの超人的な能力のビデオを見せ、誰かが何か非常に高度な技術を要することをした時のことを記録するように求めた。

サラの研究のいずれでも、ジェファーソンがまさに正しかったことがわかった。人は本当に、道徳的に美しい行為に対して感情的に反応していた。そして、これらの感情反応は胸の暖かで心地よい感覚と、他者を助けたいという欲望やより良い人になりたいという欲望に関わっていた。サラの研究における新たな発見は、道徳的な高揚が道徳的なこととは無関係な優秀さに対する称賛とは異なっているようだ、ということである。称賛条件の研究参加者は肌がザワザワしたり、背筋がゾクッとする感覚を報告することがより多く、元気づけられたり、「気合いが入った」と感じたと報告した。並外れた高い技術の行為を目撃することによって、人々はそれらの行為を真似ようとする意欲やエネルギーを得ていた[27]。それに対して、高揚はより穏やかな感覚であり、心理的興奮とは結びつかない。この区別は高揚に関する次の難問の説明に役立つかもしれない。私たちの研究のどれにおいても、人々は善行をしたくなると言った。しかし、二つの実験でボランティア活動に申し込みをする機会や、落とした用紙の束を拾い上げて実験者を助ける機会を設けたが、高揚によって人々の振る舞いが大きく変わるという様子は見られなかった。

何が起きているのだろうか？　神聖さの次元で引き上げられる感情によって人がより利他的に振る舞うようにならないのは、なぜだろうか？　まだ確信は持てないが、最近の発見は、愛がその答えとなりうることを示唆している。私はクリス・オベイス、ゲイリー・シェルマン、ジェン・シルバーズという三人の優秀な学生たちと、高揚を生理学的に研究した。私たちは、高揚を感じている人々が胸を指し示す頻度に興味を持った。私たちは、彼らが単に比喩的に語っているのではないと考えた。クリスとゲイリーは、高揚の間、迷走神経が賦活している可能性を示す手がかりを発見した。迷走神経は副交感神経システムの主要神経であり、人々を落ち着かせ、交感システム（闘争か逃走か）によって引き起こされる興奮を緩和する。迷走神経は心拍を制御する主要な神経であり、心臓や肺にその他さまざまな影響を与えるため、人々が胸の中で何かを感じているなら、迷走神経が有力である。それはすでに、感謝や「称賛」の感覚に関する他の研究でも関係が示唆されている[28]。しかし、直接的に迷走神経の活動を測定することは困難であり、今までのところクリスとゲイリーは手がかりを見つけたにすぎず、完全には証明できていない。

しかしながら、神経には共犯者がいる。神経は時おりホルモンと共に作用して長期的な効果を生み出す。迷走神経はオキシトシンというホルモンと共に作用して、落ち着きや、愛情や、絆や、愛着を促進する接触への欲求、といった感情を作り出す[29]。ジェン・シルバーズは高揚においてオキシトシンが果たしうる役割に興味を持ったが、ビデオを見る前後に研究参加者から採血するための設備がなかった（オキシトシンレベルの変化を検出するためには採血が必要である）。そこで私はジェンに皮下注射なしで人々のオキシトシンが測定できるような、間接的な測定手段を見つけるため研究文献を探索するよう頼んだ。ジェンは一つ見つけ出した。乳汁分泌である。オキシトシンは、母親と子どもの愛着を調節する上で多くの役割を果たすが、その一つが授乳する母親が母乳を出す誘引となることである。

ヴァージニア大学心理学部の学部生による業績の中でも最も大胆なものの一つであるが、ジェンは45人の授乳中の母親を（一人ずつ）乳児と共に研究室に連れてきて、ブラジャーの中に授乳パッドを差し込むように頼んだ。半数の女性にはオプラ・ウィンフリー・ショーの高揚するクリップを見せた（それは、あるミュージシャンについての話であった。彼はギャングの暴力生活から救ってくれた音楽の先生に対して感謝を表す。その後に、彼に感謝を述べるために、数人の彼自身の学生をオプラが招き入れる。）もう一方の女性たちは、数人のコメディアンのビデオ・クリップを見た。女性たちが個室の映写室でビデオを見ている様子は、（隠されていない）ビデオカメラによって記録された。ビデオが終わった後、母親は子どもと5分間二人きりになった。実験終了後、ジェンは母乳の分泌量を測定するために授乳パッドの重さを量り、その後、母親が赤ちゃんに授乳するか、温かく一緒に遊ぶかどうかについて、ビデオを解析した。その効果は、私がこれまでに見た実験の中で最も大きいものであった。高揚条件の母親の半分近くが、母乳を漏らすか赤ちゃんに授乳した。コメディ条件では、ほんの11パーセントの母親が授乳するか母乳を漏らしただけであった。その上、高揚した母親は、赤ちゃんに触ったり抱き寄せたりする際に、より温かく接した。これらすべては、高揚の瞬間にオキシトシンが分泌されていた可能性を示唆している。そして、これが正しければ、(人々は、しばしば人助けをしたくなったと言うけれども)高揚が実際に見知らぬ人を助ける引き金になると予想したのは私の考えが甘かったのかもしれない。オキシトシンが引き起こすのは絆であり、行動ではない。高揚は、人々を愛情や信頼[30]、寛大さの感情で満たし、新たな関係性に対してより受容的にするかもしれない。しかし、リラックスした受動的な感情を引き起こすのであり、見知らぬ人に対する積極的な利他性を引き起こすのではなさそうである。

愛情や信頼に対する高揚の関係性は、高揚に関する私の著作を読んだマサチューセッツ州在住のデビッド・ウィットフォードという男性から受け取った手紙に見事に表現されていた。ウィットフォードの属するユニテリアン教会は、信者たちに、いかにして現在の宗教的な人間になったのかを説明する精神的な自叙伝を書くように求めた。自叙伝のある一節において、ウィットフォードは自分がなぜこんなにもしょっちゅう礼拝中に感涙してしまうのか思案した。彼は、教会で流す涙には二種類あることに気づいた。一つ目は、彼が「慈悲の涙」と呼ぶような涙であり、たとえば、見捨てられたり無視されたりした子どもたちについての母の日の説教の間に流れるものである。これらの場合には、彼は「魂がチクチク痛む」ように感じ、その後傷ついた人たちに対して「愛情があふれ出て」くる。しかし彼が「祝福の涙」と名づけた二つ目は、高揚の涙としか呼びようのないものである。

もう一種類の涙があります。これは愛情を与えるよりもむしろ、愛情を受けることへの喜びの涙であり、もしかすると、愛情に（それが向けられているのが私であろうと他の誰かであろうと）ただ気づいて流す涙かもしれません。他者による勇気や慈悲、親切の表現に反応して流れるのはこの種の涙です。母の日から数週間後、私たちは、礼拝の後にこの聖なる場所で集い、歓迎の集い（ゲイの人たちを歓迎する集い）をするべきかどうかを検討しました。ジョンがその決議を支持して立ち上がりました。1970年代前半、彼の知る限りでは、ファーストパリッシュ区において最初にゲイとしてカミングアウトしたのですが、どのようにしてそうなったかを彼が語った時、私は彼の勇気に泣きました。その後、すべての手が挙がり、満場一致でその決議が採択されました。その時、その行為の中に表現された私たちの信徒による愛に泣きました。それは、祝福の涙であり、世間の何か正しいことを受容する涙でした。その涙は、大丈夫、リラックスして、ガードを緩めなさい。世の中には、良い人たちがいて、人にはすばらしさがあり、愛は実在するのであり、それは私たちに生来備わっているのだという涙です。それはやはりチクチクと痛むような種類の涙でしたが、ここではただ、愛が流れ込むのでした。[31]

敬虔なキリスト教国家でユダヤ人として育つ中で、私はキリストの愛やキリストを通じての愛への言及にたびたび困惑を覚えてきた。高揚や第三次元について理解した今、それがわかるようになってきたと思う。多くの人々にとって、教会に行く喜びの一つは集合的な高揚を体験することである。人は、第三の次元上で活動する機会のほとんどない、日常の俗な存在から抜け出して、キリストや、聖書の高潔な人物や、聖人や、そのコミュニティの模範となる他のメンバーについての物語の中から「高揚」感を得ることを同じように望んでいる人々から成るコミュニティと一体となる。これが起こった時、人々は、自分が愛情にあふれていることに気づくが、それはまさに愛着関係から生じる愛情ではない[32]。愛着関係からの愛情には特定の対象があり、その対象が去ると痛みへと変化する。この愛情は特定の対象を持たず、アガペと呼ばれるものである。それは、全人類への愛情のような感覚である。何もないところから何かが生まれるなどとは信じがたいので、この愛がキリストや自身の心の中でうごめく聖なる精神に起因すると考えるのが、人間には自然に思える。そのような体験は、神は各人の中に宿っているという直接的で主観的に説得力のある証明となる。一度この「真理」を知ると、神聖さの倫理は自明のものとなる。神聖さと矛盾しない生き方がある。そのような生き方は、より高潔で、気高い自己へと導くが、他の生き方はそうではない。キリスト教の左派と右派に分かれるのは、ある意味、ある人は忍耐と受容をより気高い自己の一部として見るのに対して、別の人は違う信仰を持つ人に宗教的戒律を強要することになろうとも、神の倫理に従うために、社会や法の変革のために働くことこそが敬神の行為であると考えるからかもしれない。

畏敬と超越

第三次元上の動きを起こすのは徳だけではない。自然の広大さと美しさは、ただ、魂を揺り動かす。イマヌエル・カントは、純粋な畏敬の二つの原因が「天上の星空と内なる道徳法にある」と宣言して、道徳性と自然を明示的に結びつけた[33]。ダーウィンは南アメリカを探検している間に、霊的な高揚を感じた。ブラジルの森林の壮大さの中に立っている間に、こんなことを日誌に書いた。「心を満たし高揚させるこの驚異、感嘆、没頭といった、より高い感情に適切な考えを与えるのは不可能である。」私は人には肉体の呼吸以上のものがあるという確信を持ったことをよく思い出す。[34]

ニューイングランド地方の超越論者の運動は、神は各人や自然の中に見出されるという考え方に直接基づいており、森林で一人で過ごすことは、神を知り崇拝する方法である。この運動の創始者であるラルフ・ワルド・エマーソンは、このように書いている。

頭に陽気な大気を浴び、無限の空間へと引き上げられながら、むきだしの大地に立っていると、すべてのさもしいエゴが消え失せる。私は透きとおった眼球となる。私は無になり、すべてが見える。この宇宙の生命の流れが、私を通って循環する。私は神の一部ないし一片である。親友の名前も聞きなれない、たまさかのものに聞こえてくる。兄弟であること、知人であること、主人であったり、召使いであったりすることは些細で邪魔なこととなる。私は抑制されない不滅の美の愛人なのである。[35]

自然の広大さと美しさの何かが、自己を矮小でとるに足らぬものと感じさせ、自己を萎縮させるものは何であれ、霊的体験の機会となる。第1章において、分裂した自己について書いた。人は時に衝突する、多重の自己や知性を持っているかのように感じる。この分裂はしばしば、低俗で底辺にある浮世の自己である肉体に縛りつけられた高貴で優雅で精神的な自己である魂を持つと仮定することで説明される。魂は死によってのみ肉体から逃れられる。しかし、生前にも、霊的な鍛錬や、偉大な説教や、自然への畏敬によって、魂は自由の到来を味わうことができる。

そのような前兆を得る道が他にもたくさんある。人々はしばしば偉大な芸術を鑑賞したり、交響曲を聞いたり、すばらしい（隠れた）宗教体験となる演説を聴いたりしたことに言及する。味わうという以上のものを与えてくれるものもある。一時的ではあるけれども、本格的な脱出を与えてくれるのだ。幻覚誘発薬であるLSDやシロシビンが西洋において広く知れわたった時、医薬研究者はこれらを「精神異常発現薬」と呼んだ。統合失調症のような精神異常の失調徴候によく似ていたからだ。しかし、その薬物を試した人たちは概してそのように呼ばれることを拒否し、「サイケデリック」（精神を顕現する）や「エンセオゲン」（内から神を生成する）のような用語を作り上げた。シロシビンキノコに対するアステカ語は「テオナナカトル（Teonanacatl）」で、まさに「神の肉」を意味する。宗教的儀式においてそれを食した時、多くの人が神と直接出会う体験を与えたからである[36]。

変性精神状態を作り出す薬物は、俗世と隔絶する神聖な経験をもたらす上では明らかに有用であるため、アルコールやマリファナを含む数多くの薬物がいくつかの文化の宗教儀礼で役割を果たしている。しかし、LSDやシロシビンに含まれる薬物類であるフェネチルアミンには何か特別なものがある、（シロシビンやメスカリン、ヤーゲのような）自然由来のものであれ、（LSDやエクスタシー、DMTのように）化学者によって合成されたものであれ、この類の薬物の認知や感情の変化を誘導する非常に大きな能力は、他に類を見ない。世俗の使用者さえ、時に聖なるものと接触したように感じたり、後になって彼らは変身していたのだと感じたりする[37]。これらの薬物の効能は多分に、ティモシー・リアリーやその他の初期のサイケデリック探究者が「セッティング理論」と名づけた、使用者の精神的な構えと薬物を摂取する状況に依存している。いくつかの伝統的文化で通過儀礼としてなされるように[38]、人々が畏敬の念を持ち、安全ですべて支持的な状況において摂取する時、これらの薬物は霊的、人格的な成長の触媒となりうる。

神学の学位論文に取り組んでいた医師のウォルター・パンケ[39]は、この触媒仮説を最も直接的にテストした。彼は、1962年の聖金曜日、ボストン大学のチャペルの下の一室に20人の神学専攻の学生を集めた。10人の学生に30ミリグラムのシロシビンを投与し、残りの10人には、皮膚を紅潮させ、ヒリヒリした痛みを引き起こすビタミンB_5（ニコチン酸）を含んだ外見上同じに見える錠剤を与えた。ビタミンB_5は陽性プラシーボ（偽薬）として知られている。それは、実際に身体的な感覚を伴っているので、もしシロシビンの薬効が単なるプラシーボ効果であるなら、統制群もそれらを示すはずである。数時間後、全グループが上階のチャペルで行われている聖金曜日の礼拝を（スピーカーを通して）聴いた。誰も、パンケさえも、誰がどちらの錠剤を飲んだか知らなかった。しかし、錠剤を飲んでから2時間後、もはや疑問の余地はなかった。最初に、プラシーボを飲んだ人たちがまず何らかの異変を感じ、自分がシロシビンを摂取したと考えた。しかしそれ以上何も起こらなかった。半時間後、もう片方の学生たちが、後に、人生において最も重要なものの一つであったと多くが述べるような体験をし始めた。パンケは薬が切れた後すぐと、1週間後と、6ヵ月後にそれぞれインタビューを行った。シロシビン群の大半は、彼が評価のために設定した神秘体験の九つの特徴の多くを報告した。最も強く、そして一貫した効果の中には、宇宙との一体感、時間と空間の超越、喜び、ことばでは言い表せないような体験、良い方向への変化などの感覚がある。多くの者は美しい色彩やパターンを見、深い絶頂感や恐れや畏敬の念を感じたと報告した。

畏敬は自己超越の感情である。数年前、カリフォルニア大学バークレー校の感情の専門家であり、友人であるダッチャー・ケルトナーが、畏敬に関する文献をレビューしてその意味を明らかにしようと私に提案してきた。科学的な心理学には、畏敬について言えることが何もないということがわかった[40]。動物を使って研究したり、実験室で簡単に再現したりできないので、実験研究には不向きなのだ。しかし、哲学者、社会学者、神学者は、畏敬に数多く言及している。「畏敬（awe）」という単語について歴史をさかのぼると、それはいつも自己よりも大きな何らかの存在に対する恐れや屈伏に関係しているということがわかった。畏敬（awe）が驚きを伴った賛同へと矮小化し、またアメリカの十代の若者によく用いられる「awesome」ということばが、（1984年からジョージ・オーウェルのことばから引用した）「Double-plus good（めちゃくちゃ良い）」以上の意味をほとんど失ってしまったのは、ごく最近の、おそらくは脱神聖化した世界においてのみである。ケルトナーと私は、以下の二つの条件に遭遇した時に畏敬の感情が生じると結論づけた。人が何か広大なもの（たいていは物理的に広大であることだが、壮大な理論のように概念的な広大さや、大きな名声や権力のような社会的な広大さを意味することもある）に出会うことと、その人の現在の精神構造ではその広大な何かに順応できないことである。膨大なものは処理することができず、途方に暮れてしまった時、広大な何らかの存在の中で、自分が小さく、無力で、受動的で、受容的であるように感じ、認知的な追求を止めてしまう。同様に、しばしば（いつもではないけれども）恐れや、称賛や、高揚や、美の感覚を持つ。人を立ち止まらせ、受容的にさせることで、畏敬は変化へのドアを開く。だから、畏敬は改宗の数多くの物語に一役買っているのである。

私たちは、完璧だが極端な畏敬の原型を、『バガヴァッド・ギーター』の劇的なクライマックスの中に見つけた。ギーターはさらに長い物語である『マハーバーラタ』のエピソードの一つで、インド王族の二つの分家間の戦争についての叙事詩である。物語の英雄、アルジュナが戦場へと軍隊を率いようとした時に、彼は怖気づいてしまい、戦うことを拒否する。彼は親族に親族の殺戮をさせたくはなかったのだ。「ギーター」は、戦いへと軍隊を率いなければならないということをクリシュナ（ヴィシュヌ神の化身）がアルジュナにどのように説得したかについての物語である。戦場のど真ん中で、軍隊を両側に従えて、クリシュナは普遍的な道徳法であるダーマについて抽象的で詳細で理論的な説教をする。アルジュナのダーマは、戦って、戦争に勝つことを求めている。（行動を起こすには根拠が乏しいので）当然のことながら、アルジュナは動こうとはしなかった。アルジュナはクリシュナに、彼の話す世界を見せてくれるように要求した。クリシュナはアルジュナの要求を認め、神や世界の真の姿を見ることができる宇宙の目を彼に与えた。するとアルジュナは、現代の読者にとってはLSDトリップのように聞こえる体験をした。彼は太陽、神、無限の時間を見た。彼は驚嘆に満たされた。髪が逆立った。彼は自分が見ている不思議を理解できず、狼狽し混乱してしまう。エドウィン・アボットが『バガヴァッド・ギーター』を読んでいたかどうかは知らないが、スペースランドにおける四角形の体験は、まさにアルジュナの体験だ。アルジュナが、「かつて私が見たように物事が見えたことはなく、恍惚に酔いしれている。しかし恐れと身震いが心を動揺させる」[41]と言った時、彼は明らかに畏敬の状態にあった。宇宙の目が取り除かれ、トリップから戻ってくると、アルジュナは、四角形が行ったのとちょうど同じ行動をした。彼は眼を開かせてくれた神の前にひざまずき、仕えさせてくれるように懇願した。クリシュナはアルジュナに忠誠を誓うこと、そして他のすべての執着を捨て去るように命令した。アルジュナは喜んで従い、それ以来、クリシュナの命令に服従した。

アルジュナの体験は聖典の出来事であり、極端であるが、多くの人が、同じ要素をたくさん含む霊的な変性体験をしている。今でも宗教心理学における最大の偉業である研究で、ウィリアム・ジェームズは「宗教的経験の諸相」を分析した[42]。その中には、薬物や自然に伴う、急速であったり段階的であったりする改宗や宗教体験が含まれている。ジェームズは、これらの報告の中に類まれな類似性を見出し、それらは深い心理学的な真実を表していると考えた。ジェームズが言うには、最も深い真実の一つは、私たちが欲望によって引き裂かれた、分裂した自己として人生を体験しているということであった。神がいるかいないかにかかわらず、宗教体験は現実的でしばしば見られることであり、これらの体験は人に全体感をもたらし、安らかな気持ちにさせる。(アルジュナや四角形のような)急速的なタイプの変成体験では、些細な心配事や疑いに満ちて執着心にとらわれていた古い自己が、一瞬で、たいていは深遠な畏敬の瞬間の中で、洗い流されてしまう。人は生まれ変わったように感じ、多くの場合、この生まれ変わりの正確な時間と場所を覚えている。それは、より高い力に意思が降伏し、より深い真実の直接的な体験が許された瞬間である。そのような再生の後は、恐れや心配は大きく減り、世界が清らかで、新しく、輝かしく見える。自己は、僧侶やラビや心理療法士が奇跡と呼ぶ変化を遂げる。ジェームズはこれらの変化を、以下のように記述した。

人が宗教を自己の個人的エネルギーの中心として生き、霊的な熱意によって動かされるようになると、その人は以前の肉体的自己とは完全に違ったものとなる。彼の胸の中で燃える新しい熱情は、先に彼をとりこにしていた低級な「否定」を焼きつくし、彼の本性の卑しい部分に感染することのない免疫者たらしめる。かつては不可能であった寛大な態度が今では容易にとれるようになり、以前には、制圧されていたつまらぬ因襲や卑しい刺激がもはや支配力を持たなくなる。彼の内部の石壁が倒れ、彼の心の堅さがほぐれてしまったのである。そうでない私たちがそのような心の状態を想像するためには、実人生の苦難を見て感じるとか、あるいは芝居を見て感ずるとか、時には小説を読んで味わうとかする、あの一時的な「ほろりとする気持ち」という感情状態を想起すればよいであろう。特に私たちが涙を流すような場合がそうである。というのは、私たちが泣く時、まるで私たちの涙が心の根深い堤防（ダム）を打ちくだき、あらゆる種類の古い罪や道徳的なよどみを押しながしてしまい、私たちを洗いきよめ、私たちの心を和らげ、どんな気高い指導をも受け入れるような心情にしてくれるからである。[43]（ジェームズ『宗教的経験の諸相』岩波文庫）

ジェームズの言う「ほろりとする気持ち」は、ジェファーソンやデビッド・ウィットフォードの描く高揚の感覚と著しく類似している。

無神論者は、そのような体験の多くは神という存在がなくても持ちうると反論するかもしれない。このような非宗教的な体験について真面目に取り上げた心理学者が、エイブラハム・マズローである。彼は、ハリー・ハーロウの最初の大学院生で、人間性心理学の創設者である。マズローは彼が「至高体験」と名づけた体験、日常生活とは質的に異なったものとして感じられる極度の自己超越の瞬間についての報告を収集した。小さな傑作である『宗教、価値、至高体験』[44]という本の中でマズローは、至高体験に共通する25の特徴をリストアップした。そのほとんどは、ウィリアム・ジェームズの本のどこかで見つけることができる。ここにそのうちのいくつかを挙げよう。宇宙は、何事も批判されたり順序づけもされたりすることなく、すべてが受け入れられる統一された完全物として知覚される。人が、宇宙（やしばしば神）と融合したように感じ、エゴイズムや目標への努力が消失する。時間と空間の感覚は変質する。そして、驚嘆、畏敬、喜び、愛、感謝の感覚に満ち溢れる。

マズローの目標は、精神生活には自然主義的な意味があり、至高体験が人類の心の基本的事実であることを実証することであった。どの時代や文化でも、多くの人がこのような体験をしており、マズローはすべての宗教は、誰かの至高体験の洞察に基づいていると示唆した。まさにジェームズが言ったのと同じく、至高体験は人をより気高い状態へと導き、宗教は至高体験を促進して気高い力を最大化するための手法として作り出された。しかしながら、手続きをルーチン化し、正統性のための正統性を守ろうとする官僚や会社人間などの至高体験をしたことがない人々へと受け継がれることにより、宗教がその起源と乖離してしまうことがある。こういうわけで、数多くの若者が20世紀中盤において組織宗教に幻滅し、代わりにサイケデリックな薬物や東洋の宗教やキリスト崇拝の新しい形態に至高体験を求めるようになったのだ、とマズローは言う。

マズローの分析に、あなたは驚かないだろう。宗教についての世俗的な心理学的説明として納得できるものだ。しかしながら、『宗教、価値、至高体験』の中で最も驚くべき箇所は、組織宗教と同じぐらい不毛となってしまった科学に対するマズローの攻撃である。科学史学者のロレイン・ダストンとキャサリン・パーク[45]は後に、この変化についてまとめている。彼らは、科学者や哲学者が伝統的に自然界や探究対象に対して驚嘆の念を抱いてきたことを示した。しかし16世紀後半において、ヨーロッパの科学者たちは驚嘆を見下し始めた。彼らは、それを子どもっぽい心の証であり、成熟した科学者は世界の法則の収集を冷静に進めるのだと考え始めた。科学者が自叙伝の中で個人的な驚嘆の念について話すことはあっても、科学者としての日常は、事実が価値や感情から厳格に切り離された世界である。マズローは、エリアーデと同様、科学が世界を脱神聖化させてしまい、何が良くて美しいのかということよりもむしろ、それが何であるかを立証するという点にだけに力を注いでしまっている、と主張した。学術的な作業分担がある、と異議を唱える人もいるだろう。良さや美しさは人間学の領域であり、科学の領域ではない。しかしながらマズローは、人間学は相対主義の中に引きこもり、真実の可能性に懐疑的になり、美よりも新規性や偶像打破を好んで、彼らの責任を放棄したと非難した。彼は、広範囲に及ぶ価値に関する知識の欠乏を満たす、また人が至高体験の中で垣間見るある種の真理を探究するために、人間性心理学を創設した。マズローは、（神や創造に関する実際の説明として）文字通りの意味で宗教が真実であると信じていたわけではないが、宗教は人生において最も重要な真理に基づいていると考え、それらの真理を科学の真理と結びつけたいと思っていた。彼の目標は、教育と、ひいては社会の再形成に他ならなかった。「教育は、少なくとも部分的には良き人類を生み出し、良き人生と良き社会を助長するための努力と考えなければならない。」[46]

邪悪な自己

自己は人間の進化における最大のパラドックスだ。プロメテウスが盗んだ炎と同様、私たちを強力にしてはくれたが、代償を強いた。『自己の呪い』[47]の中で、社会心理学者であるマーク・ラーリーは、多くの他の動物も思考できるが、少なくとも私たちが知る限り、人ほど自分自身についての思考に多くの時間を費やす動物はいない、と指摘する。数種類の霊長類（とおそらくイルカ）だけが、鏡の中の像が自分のものであることを学習することができる[48]。言語能力を持つ生物だけが、自己に注目し、自己の見えない特質や長期目標について考え、自己についてのストーリーを作り、その談話に関する思考に対して感情的に反応する心的装置を持っている。ラーリーは、自己を作り出すこの能力が私たちの祖先に、長期的な計画立案や意識的な意思決定や自己制御などの数多くの有益なスキルや、他者の観点から物事を眺める能力を授けたのだと示唆する。これらのスキルはすべて、大規模プロジェクトにおいて、人類が共に緊密に働くことを可能にする上で重要であるため、自己の発達は、人類が超社会を発達させるためには不可欠だったのであろう。しかし、一人一人が、内的世界やシミュレーションに満ちた世界や、社会的比較、評判への懸念などを持ってしまい、自己は私たちに個人的な悩みの種も与えてしまった。私たちは皆、いまや内なるおしゃべりの渦中で生きている。そのおしゃべりの多くはネガティブ（機会よりも脅威が大きくなる）であり、ほとんどは無意味だ。自己は象使いそのものではなく、自己の大部分は無意識的で自動的なものであることは覚えておかねばならない。しかし、自己は意識的な言語的思考や語りから出現するため、それを構築することができるのは象使いだけである。

ラーリーの分析は、主なすべての宗教において自己が問題となる理由を示している。自己は三つの点において精神的な進歩の主要な障害となっている。第一に、些細な心配や自己中心的な考えが常に流れることにより、人は世俗的で物質的な世界へと閉じ込められ、神聖さや神々しさに気づくことができない。こうした理由から、東洋の宗教は、自己のおしゃべりを鎮めるのに効果的な手段である瞑想を重要視している。第二に、霊的変質とは本質的には自己の変質であり、自己を弱め、取り除き、ある意味では、殺してしまうことである。そして、しばしば自己はそれに異議を唱える。私の所有物やそれらがもたらす威信を放棄する？　ありえない！　あんな仕打ちを受けた後に、敵を愛するだって？　無理だ！　第三に、霊的な道に従うことは常に困難な作業であり、長年の瞑想や、祈祷や、自己制御や、時には自己否定を必要とする。自己は否定されることを好まないし、ルールを捻じ曲げたり騙したりする理由を見つける術に熟練している。多くの宗教において、快楽や名声に対する利己的な執着は、徳の道を外させる普遍的な誘惑であると説いている。ある意味で、自己は悪魔であり、少なくとも悪魔への入り口なのだ。

このようなあらゆる理由で、自己は神聖性の倫理上、問題なのだ。大きくて貪欲な自己は、魂にくくりつけられたレンガのようなものである。このように自己をとらえてはじめて、社会を自分の従う特定の宗教により適合させたいと考える人の倫理的動機を理解し、尊重することもできるようになるのではなかろうか。

フラットランドと文化戦争

ユーモアは、逆境の対処に役立つ。２００４年のアメリカ大統領選挙でジョージ・W・ブッシュが多数票を取った後、アメリカ人の49パーセントには、立ち向かうべきことがたくさんあった。「ブルー・ステイト」（民主党のジョン・ケリーに投票した多数派の州はすべての電子地図上で青く表示される）の多くの人は、「レッド・ステイト」（共和党支持者の多い州）の人がなぜブッシュや彼の政策を支持したのか、理解できなかった。リベラル派はインターネット上、ブルー・ステイト（北東部の全域と中西部の上部と西海岸沿い）に「アメリカ合衆国」とラベルをつけた合衆国の地図を掲げた。レッド・ステイト（南部と内陸部のほぼ全域）には、「ジーザスランド（イエスの国）」というラベルが貼られていた。保守派はブルー・ステイトに「ニューフランス」とラベルを貼った地図で対抗したが、右派の観点でもっとうまくパロディを作るとしたら、青い合衆国を「セルフランド」と呼ぶことができたのではないかと思う。

ジョン・ケリーに投票した人がジョージ・ブッシュに投票した人よりも自己中心的だと言いたいわけではない。実際には、二人の候補者が提案した課税政策や社会政策を考えると、まったくその逆である。しかし、私はこの文化戦争における両サイドにおける相互不理解を理解しようとしているのだ。そして、シュウェダーの三つの倫理、特に神聖性の倫理がその鍵だと考えている。

以下に続く引用で、あなたに当てはまるのはどちらだろうか。

（1） 自尊心はいかなる民主主義においても基礎となる。
（2） それがすべてではない。

一つ目は、1970年代のフェミニスト運動の創始者であるグロリア・スタイネム[49]の引用である。性差別や人種差別、抑圧は、特定のグループの人を無価値であるように感じさせるため、民主主義への彼らの参加を弱体化させると主張している。この引用文はまた、自律性の倫理の核となる考えを反映している。生活の中で、個人個人が本当に重要であり、理想的な社会とは、すべての個人を害悪から守り、個人の自律性と選択の自由を尊重することである。自律性の倫理は、他者の権利に干渉しない限り、各人が選択した人生を追求することを認めている。だから、異なる経歴や価値観を持つ人が共に生きてゆくのに向いている。

二つ目の引用は、キリストへの信頼と聖書の啓示を通じて目的と人生の意味を見つけるための案内書として、2003年と2004年に世界的なベストセラーとなったリック・ウォレンの『人生を導く5つの目的――自分らしく生きるための40章』[50]の最初の一行である。ウォレンの観点では、自己が私たちの問題を引き起こすので、賞や、称賛などで直接的に自尊心を高めようすることや、子どもたちに「特別だ」と感じさせるように訓練することは、確実に良くない。各人は内に神聖性を持っているのであるから、理想的な社会とは、人がその神聖性と調和した生き方をするのを助けるというのが、神聖性の倫理の核となる考えである。個人が何を欲するかは、特に重要ではない。多くの欲望は肉欲的な自己から生まれるのだ。学校や家族やメディアは、子どもたちがそのような自己や権利の感覚を克服し、キリストが意図していたような生き方ができるように、一丸となって手助けすべきである。

アメリカの文化戦争における主な戦いの多くは、本質的に、人生のある側面を、自律性の倫理か神聖性の倫理か、そのどちらによって構築すべきかについての争いである[51]。（コミュニティの倫理は、個人よりもグループの重要性を強調し、神聖性の倫理と同調する傾向にある。）学校で祈祷の時間を持つべきか？学校や裁判所に十戒を掲示すべきか？米国民の米国に対する忠誠の誓いから「神の下に」というフレーズを除外すべきか？リベラル派はたいてい、自分の意に反して参加を強制されないよう、公的生活から宗教を排除したがるが、宗教的保守派は学校や裁判所を再び神聖化することを望んでいる。保守派は、子どもたちが（独自の）三次元の世界に生きることを望んでおり、学校がその場を提供しないのであれば、代わりに家庭学習へと向かうこともある。

本人が望むのならば、避妊や中絶や生殖技術や幇助自殺は認められるべきか？それはあなたが最終的に、人生における最も重要な選択をする権利を人が持つべきと考えるか、そのような選択はすべて神によってなされるべきと考えるかによって異なる。もし『私たちの体、私たち自身』という本のタイトルが果敢な抵抗の気高い行為のように思えるなら、あなたは、自身の性活動を選択することや、望むように自身の体を修正する権利を擁護するだろう。しかし、もしあなたが、『人生を導く5つの目的』の中でウォレンが書くように、「神はあなたの体のすべての部分に宿る」[52]と信じているならば、おそらく性行為の多様性やピアスや整形手術などの身体改造に不快感を持つだろう。学生と私は、性道徳[53]と身体改造[54]について、政治的な保守派とリベラル派にインタビューを行った。どちらの研究でも、リベラル派はより許容的であり、圧倒的に自律性の倫理に立っている傾向があった。保守派は、より批判的で、対話の中で三つの倫理のすべてを用いた。たとえば、ある保守派の男性は、ある種の通常ではないマスターベーションの形態に対する軽蔑を説明した。

そのような行為は、私たちを神から遠ざけるという理由から罪です。ご存知のとおり、性的な悦びは、結婚した異性同士のカップルが、子孫繁栄するために神がデザインしたものであって、自分たちが楽しむためにデザインされたのではありません。[55]

相次ぐ問題に対して、リベラル派は限界や障害、制限を取り除くことで自律性を最大化しようとする。一方、宗教的右派は、三つの次元上で、個人と社会と政治の関係性を構築し、制約が聖と俗の分離を維持するような純潔と汚《けが》れの地勢を作り出そうとする。宗教的な右派にとって、この世の地獄とは無限に自由なフラットランドであり、そこでは自己は、自身を表現し、発展すること以上の目的を持たずに彷徨っているのである。

私はリベラル派であり、新しい考えに対して忍耐強く、寛大であることを重要視している。この章では、できる限り、自分自身が反対している政治思想に対して寛容になり、支持していない宗教思想の中にメリットを見出そうとしてきた。神聖さによって、人類の経験に付加される豊かさをわかり始めてはいるが、しかし、過去数百年間の西洋における人生のフラット化を完全に嘆いているわけでもない。三次元社会における残念な傾向としては一つまたは複数のグループを第三次元軸上で引きずり降ろし、そのグループを不当に扱ったり、それよりひどい仕打ちをしたりすることがあることである。最近までのインドにおける「アンタッチャブル（カースト制最下貧民層）」の状況や、中世ヨーロッパや純血主義に取り付かれたナチスドイツにおけるユダヤ人の苦境や、南部で人種差別されたアフリカ系アメリカ人の屈辱を考えてみよう。アメリカの宗教的右派は、いまや似たような方法で同性愛者を貶めようとしているようだ。リベラル主義と自律性の倫理は、そのような不正に対するすばらしいプロテクターなのである。多様な現代の民主主義政治において、神聖さの倫理が自律性の倫理より完全に優先されるのは危険なことだと思う。しかしながら、神聖さの倫理をまったく無視してしまった社会生活は、醜く、不満足なものになるだろうとも思っている。

文化間戦争はイデオロギー的なものであるため、両陣営が純粋悪の神話を用いる。他陣営の何かが正しいかもしれないと認めることは、背信行為なのである。しかしながら、第三次元に関する研究によって私は、そういう神話から解放され、たやすく相反する思考ができるようになった。ここに一つ例を挙げてみよう。第三次元と神聖さの知覚が人類の本質の重要な一面であるとすれば、信仰心は人類の本質の正常で健康的な一面であり、（熱心に研究されている）性や言語と同様に深遠で、重要で、興味深い一面である、ということを科学コミュニティも受け入れるべきである。さらに相反する思想をもう一つ挙げてみよう。もし、宗教的な人々の持つ、宗教は幸福の最大の源泉であるという信念が正しいのなら、幸福や意味を求めている人たちは、神を信じるか信じないかは別として、彼らから何かを学ぶことができる。それが最後の章の主題である。

第10章 幸福は「あいだ」から訪れる

自己の中に存在するものすべてを見、存在するものすべての中に自己を見る人は、何も恐れなくなるだろう。……賢者がこの偉大なる統合を見て、彼の自己がすべての存在になった時、もはやどんな欺瞞や悲哀が彼に近づくことができようか？

――『ウパニシャッド』[1]

私は完璧に幸福だった。たぶん、そんな風に感じられるのは、私たちが死んで何か完全なものの一部になった時であろう。それは、太陽と空気かもしれないし、神と知識かもしれない。いずれにせよ、何か完全で偉大なるものに融合することが幸福なのだ。

――ウィラ・キャザー[2]

ことわざ、格言、知恵のことばは出来事に威厳を与えるので、しばしば人生の重要な節目を記念するために用いられる。ニューヨーク州のスカーズデールにあるスカーズデール高校の１９８１年の卒業生は、通過儀礼として各自が引用句を選んだ。それは、現れつつあるアイデンティティを熟考し、その側面を表現する良い機会であった。そのクラスの記念アルバムに目を通したところ、各写真の下にある引用句には、主に二種類あった。その多くは、愛や友情への賛辞であり、友人たちとの別離の時にふさわしいものであった（「愛する友人と本当に別れるのではない。あなたは彼らの一部を持って行き、代わりにあなたの一部を残していくのだ。」［匿名］）もう一種類は、時に不安と混じりあった前途に対する楽観を表現したものである。実際、人生は旅であるというメタファーを用いずに高校を卒業することについて考えるのは難しい。たとえば、四人の学生がキャット・スティーヴンスの歌の「On the Road to Find Out（探索の道で）」[3]を引用していた。二人はジョージ・ワシントンを引用していた。「私は広大な海へと乗り出した。可能性は無限だ。もしかすると、そこには安全な港などないかもしれない。」[4]一人はブルース・スプリングスティーンの歌を引用した。「さあ、俺はビールを買ったたし、ハイウェイは無料だ／愛する人よ、僕には君がいて、君には僕がいる。」[5]

しかし、人生の無限の可能性についてのこれらの主張に混じって、暗いトーンのものが一つある。「剣や飢饉によって倒れないものは、疫病によって倒れる。ならば、なぜ髭をそるのか？」（ウディ・アレン）[6]。このことばの上には私の写真がある。

ほとんど、ふざけてなどいなかった。前の年、サミュエル・ベケットによる、神がいない世界における人生の不条理への実存主義者の瞑想である、戯曲『ゴドーを待ちながら』を分析した論文を書き、それによって考えさせられていた。私はすでに無神論者であり、三年生になるまでには、「人生の意味とは何なのか？」という問いに取り付かれていた。私は、大学入試の自己紹介で、人生の無意味さについて書いた。三年生の冬は、ある種の哲学的なうつ状態で過ごした。それは、臨床的なうつではなく、単に、すべてが無意味だという感覚が蔓延していた。物事の大きなスキーマの中では、大学へ行くかどうかとか、小惑星や核戦争で地球が破壊されるかどうかなどは大した問題ではないと思えた。

私の絶望はとても奇妙だった。なぜなら、4歳を過ぎてからこれまでになかったほど、私の人生は完璧だったのだ。私には、すばらしい恋人や良い友人や愛すべき両親がいた。陸上部のキャプテンだったし、もしかすると17歳の少年にとっては一番重要なことかもしれないが、父の66年型のサンダーバードのオープンカーを乗り回していた。しかし私は、どれをとっても、それのどこが重要なのだ？と考え続けていた。伝道の書の著者のように、「みな空であって風を捕えるようである。」（「伝道の書」1章14節）と思っていた。

私は、（具体的にではなく、漠然と）自殺について一週間考えた後に、私はその問題をひっくりかえして、ついに抜け出すことができた。神は存在せず、人生には外から与えられる意味はないと考えた。だからある意味、明日自殺することなど大したことではない。よろしい、それならば明日以降のすべては、何の縛りも期待もない授かりものである。人生の終わりに提出しなければならないテストもないのだから、失敗することなどない。もしそれが本当であるならば、投げ出してしまうよりも、受け入れてしまえばどうだろう？　この認識が私の気分を持ち上げたのか、それとも気分の改善によって希望のある解釈ができるようになったのかはわからないが、私の実存的なうつ気分は上昇し、私は高校最後の数ヶ月を楽しんだ。

だが人生の意味における関心は続いたので、大学では哲学を専攻したのだが、答えはほとんど見つからなかった。現代の哲学者はことばの意味を分析することを専門とし、（そもそも私にその問題を引き起こした）実存主義者はさておき、人生の意味についてはほとんど何も述べていない。心理学の大学院に入ってはじめて、現代哲学がなぜ不毛に思えたのかがわかった。人類の本質に関する深い理解に欠けていたのだ。この本でも示してきたように、古代の哲学者はたいてい優秀な心理学者でもあったのだが、現代哲学は論理と合理性の研究に没頭してゆき、だんだんと心理学に対する関心を失い、情熱的で状況に埋め込まれた人生の本質に触れることがなくなっていった。「人生の意味」を抽象的な存在として、一般的な存在として、何らかの神話的、完全に合理的な存在として分析することは不可能である[7]。たまたま複雑な心と情動的なアーキテクチャーを持つ私たちが実際にどのような生命種であるかを知らなければ、何をもって意味のある人生とするのかを問い始めることすらできない。（名誉のために言っておくが、近年において哲学は、より心理学的で情熱的なものとなってきた。）[8]

心理学の道に進み、道徳に関する研究を続けていくうちに、心理学やそれに関連する分野の科学は、人類の本質について多くのことを明らかにしてきており、いまや答えを打ち出すことができることがわかった。実際、その答えの大半はこの百年のあいだにわかってきたものであり、その残りの多くの部分はここ十年間の成果である。この章は、その究極の問いに対する、私なりの心理学的な答えである。

質問は何だったのか？

「人生の意味は何か」という問いは、「聖なる杯」をもじって、「聖なる問い」と呼べよう。その探求は高貴であり、すべての人が答えを見つけたいと思っているのだが、それを見つけることができると期待している人はほとんどいない。そんなわけで、そんな「聖なる問い」に答えようとする本や映画はたいてい冗談半分のものだ。『銀河ヒッチハイク・ガイド』で、聖なる問いに答えるために組み立てられた巨大コンピュータが750万年かけてはじき出した答えは、「42」だった[9]。映画『モンティ・パイソン／人生狂騒曲』の終わりのシーンでは、聖なる問いに対する答えが（女装した）俳優マイケル・パリンに手渡され、彼は大声でそれを読み上げる。「人に対して優しくし、脂肪摂取を避け、いつでも良い本を読み、いくらかウォーキングし、あらゆる信条、あらゆる国の人と調和して生きていくべく試みよ。」[10]これらの答えが面白いのは、模範的回答の形式をとっていながら、その中身が空っぽで陳腐であるためだ。これらのパロディは、私たちを笑わせ、そして疑問を投げかける。何を期待していたのだろう？　どんな答えなら満足できるのだろう？

哲学が私に教えてくれたことは、質問の分析のしかた、つまり答えを出す前に厳密には何が尋ねられているのかを明らかにする方法である。聖なる問いには、まず明確化が必要だ。「Xの意味は何か？」と尋ねられたら、どのような種類の答えに私たちは満足するだろうか？

最もよくある意味の種類は、定義することである。「アナニムの意味は何か？」は、「アナニムという単語を読んだ時に理解できるようにその単語を定義せよ」を意味する。辞書[11]を取り出して調べると、それが「本名のスペルを逆にした偽名」という意味であることがわかる。よろしい。それでは、「人生」の意味は何だろう？　再び辞書を取り出すと、そこには、「死体や純粋な化学的物質と区別して、活動し、機能する生命の性質」や「生まれてから死ぬまでの期間」など、21個の意味がある。行き止まりだ。まったく正しい種類の答えではない。私たちは「人生」という単語について尋ねているのではなく、人生そのものについて問うている。

意味の第二番目の種類は、象徴や置き換えによるものである。地下室を探検し、地下二階へと続く隠し戸を見つける夢を見たとしよう。「地下二階は何を意味するのだろうか?」と尋ねるかもしれない。心理学者のカール・ユングはそのような夢を見て[12]、地下二階の意味（それが象徴し、表しているもの）は、集合的無意識、つまりすべての人が共有する深層にある思想の集合であると結論づけた。しかしこれはもう一つの行き止まりである。人生は何も象徴したり、表したり、指し示したりしていない。私たちが理解したいのは、人生それ自身なのである。

私たちが意味について問う三番目の方法は、通常は何らか人々の意図や信念について述べてもらって、意味が理解できるよう助けを求めることである。映画館に30分遅れて入っていき、終わる30分前に出て行かなければならないとしよう。その日の夜、あなたは映画をすべて見た友人と話していて、「くりくり頭の男があの少年にウィンクしたのは、どういう意味?」と尋ねる。あなたは、その行為が映画の筋の中で何か重要であることには気づいており、その行為を理解するために、何らかの事実を知らねばならないのではないかと考えている。もしかして、その二人の登場人物の以前の関係性がオープニングのシーンで明らかにされていたのだろうか?「そのウィンクは何を意味していたか?」という質問が本当に意味するのは、「私がそのウィンクを理解するためには何を知る必要があるのか?」ということである。これで、一歩前進した。人生とは、オープニングシーンがとっくに終わってしまった後から見始めた映画のようなものであろう。そして、私たちは物語の筋の大半を残して、結末へと至るずっと前に席を外さなければならない。実際に見た、複雑なほんの数分を理解するためには、たくさんのことを知らなければならないということを、私たちは敏感に感じ取っている。もちろん、何を知らないかを正確にはわからないので、うまく質問を組み立てることができない。私たちが「人生の意味とは何なのか？」と尋ねる時、（「42」のような）直接的な答えを期待しているのではなく、何らかの啓示、つまり（第三次元へと連れて行かれた四角形のように）これまで重要なことだと理解も認識もしていなかった物事を突然納得するような、「アハ！」体験を与えてくれるような何かを求めているのである。

聖なる問いは、「人生について啓示する何かを教えてほしい」を意味するのだと解釈し直すと、その答えは、人類を啓発するある種の開示を含むものでなければならない。そこには、人が直接答えを求める質問と、啓示的だと思う答えを求める質問との、もっと特定的な二つの二次的質問があるようだ。一つ目の質問は、人生の目的への問いと呼ぶことができよう。「人類は何のために地球上にいるのか？　なぜ私たちはここにいるのか？」この問いに対しては、大きく分けて二つの答えがある。何らかの思想、欲望、意図を持つ神、精霊、知性体によって世界が作られたと信じるか、または、純粋に物質的世界の中で、あなたや世界が理由があって創造されたのではなく、すべては単に物質とエネルギーが自然の法則によって相互作用することで生じたのである（これには、生命体が一度誕生してしまったあとの、ダーウィン流の進化原理も含まれる）と信じるかである。多くの宗教が、人生の目的という二次的質問に対して明快な答えを提供してきたため、宗教は、しばしば聖なる問いへの答えであると見なされてきた。科学と宗教はしばしば対立相手として見なされ、実際に合衆国では、その答えが相反するため、学校で進化論を教えるかどうかをめぐって、科学と宗教の戦いが繰り広げられている。

二番目の二次的質問は、人生においての目的という問いである。「私はどのように生きるべきか？　良い、幸せな、満ち足りた、意味深い人生を送るには何をすべきなのだろうか？」聖なる問いを発する時、人々は、行動を導き、自分の選択に意味や価値を与えてくれる原理や目標を求めている。（だからモンティ・パイソンの映画における答え「人に対して優しくし、脂肪摂取を避け……」の形式は正しい）。アリストテレスは、アレテ（優雅さ・徳）とテロス（目的・目標）について問いかけ、人とは射手のようなものであり、狙いを定めるためのターゲットを必要とするというメタファーを用いた[13]。ターゲットや目標がなかったら、人は動物という初期設定のままである。象の気の趣くままに草を食べさせ、徘徊させておけば、象は群れで生活しているため、その他の皆と同じことをするという結果に終わる。しかし、人類の心には象使いがいる。象使いは青年期になるとより抽象的な思考を始めるので、周りを見渡し、群れの端を通り過ぎて、疑問を持つ時がやってくるかもしれない。私たちはどこに向かっているのだろう？　それはなぜだろうか？　これが高校の三年生になった時に私に起こったことである。

青年期における実存主義において、私はその二つの二次的質問をごちゃまぜにしていた。人生の目的という問いに対して科学的な答えを採用したことで、人生における目的を見つけることは除外されたと考えた。多くの宗教がその二つの問いは分離できないものであると説いているため、犯しやすい誤りであった。もし、神が「神の」計画の一部としてあなたを創造したと信じるなら、自分の役割を適切に全うするためにいかに生きるべきかを見つけ出すことができるだろう。『人生を導く5つの目的』[14]は、人生の目的という問いに対する神学的な答えの中から、いかに人生における目的を見つけるかを読者に教えてくれる40日のコースである。

しかしながら、それら二つの問いは分割できる。一つ目は人生についての外側からの問いである。人、地球、星などを、「なぜそれらは存在しているのか」という問いの対象と見なし、神学者、物理学者、生物学者によって適切に探求される。二つ目の問いは、人生についての内側からの問いである。主体としての「いかにして意味や目的の感覚を見出すことができるのか？」という問いであり、神学者、哲学者、心理学者によって適切に探求される。二つ目の問いは実に経験的、つまり科学的な手段によって研究されうる事実としての問いである。だがなぜ活力、献身、意味に満ちた人生を送る人がいる一方、人生が空虚で定まらないものであると感じる人がいるのだろうか？　この章の残りの部分では、人生の目的は無視して、人生における目的の感覚を生じさせる要因を探し求めていく。

愛と仕事

コンピュータが故障した時、コンピュータ自身で修復することはない。こじ開けて何かするか、修理の専門家のところに持って行かなければならない。コンピュータのメタファーが私たちの思考にあまりに広く普及しているため、私たちは時々、人をコンピュータのように考えてしまい、心理臨床家を修理店や一種の再プログラミングのように考えてしまう。しかし人はコンピュータではなく、自分に起こった出来事のほとんどから、通常、自力で回復する[15]。私は、人は植物のようなものであるというメタファーがより適切だと思う。大学院生の時、フィラデルフィアの家の前には小さな庭があった。私は、夏に長期間旅行するあまり良くない庭師だったので、時々、植物はしおれて、枯れかけた。しかし驚くことに、完全に枯れているのではない限り、植物は正しい条件を与えてやれば、完全に美しく息を吹き返すのだ。植物を治すことはできない。水、日光、土壌といった正しい条件を整えて、待つだけである。後は、植物の担当である。

もし人が植物のようなのであれば、繁茂するために必要な条件とは何だろう？　第5章の幸福の方程式のH（幸福）＝S（設定点）＋C（生活条件）＋V（自発的活動）におけるCとは正確には何だろう？　第6章で述べたように、Cの最大の部分は愛である。男も女も子どもも誰も孤島ではない。私たちは超社会的な生物であり、友人や他者との安心できる愛着なしでは幸せにはなれない。Cにおいて次に重要なのは、フローや没頭している状態を作り出すために、適切な目標を持ち、追求することである。現代の世界において、人々はいろいろな状況下で目標とフローを見出すことができるが、大半の人々はフローの大部分を仕事に見出す[16]。（ここでは、「何をしているのですか？」という問いに対するどのような答えも含むように仕事を広く定義しており、「学生」や「育児」は両方とも立派な仕事である。）人にとっての愛と仕事は、植物にとっての水と日光と明白に類似している[17]。健全な人は何がうまくできなければならないか、という問いに対してフロイトは、「愛し、働くこと」と答えたそうだ[18]。もし、心理療法がこれら二つの物事をうまくできるように手助けできたなら、それは成功である。マズローの有名な欲求ヒエラルキーでは、いったん（食や安全のような）生理的欲求が満たされると、欲求は愛へ、そして次に尊敬へと移行する。それらの大部分は、仕事を通じて獲得するものである。フロイト以前でさえ、レフ・トルストイはこう書いた。「どのように働くかを知り、どのように愛するかを知り、愛する人のために働き、自分の仕事を愛しているなら、その人はこの世界で豊かに生きることができる。」[19]私が愛について言いたかったことは、すべて先人たちが言ってしまっているので、ここではこれ以上何も言うまい。しかし、仕事についてはもう少し書かせていただこう。

ハリー・ハーロウが学生たちを動物園に連れて行った時、類人猿やサルたちが、ただ楽しむためだけに問題解決をすることに驚いた。行動主義では、そのような強化されていない行動はけっして説明できなかった。1959年にハーバード大学の心理学者ロバート・ホワイト[20]は、行動主義と精神分析の研究を調査した後、両方の理論共にハーロウの指摘を見過ごしていると結論づけた。人や他の多くの哺乳類が、何か物事を起こしたいという基本的な欲求を持っているという圧倒的な証拠である。腕を振り回す動きによってベルが鳴ったり輪が回ったりする「ビジー・ボックス」を楽しんでいる子どもたちの中に、その「欲求」を見ることができるだろう。もっと大きい子が、おもちゃに夢中になっている中にも見ることができる。私は少年の時、リモコンカー、プラスチック玉の鉄砲、ロケットやいろいろな種類の飛行機など、離れたところから動きや行為を引き起こすような類のものが強烈に欲しかった。自分から退職したのか、クビになったのか、それとも宝くじが当たったのかにかかわらず、働くことを止めた人がしばしば無気力となってしまうことを見ることがあるだろう。心理学者はこの基本的な欲求を、能力、勤勉、達成に対する欲求として言及してきた。ホワイトはそれを、自分の環境と交わり、制御することを通じて能力を発達させようとする欲求や動機と定義し、「効力動機」と呼んだ。効力感は食物や水と変わらないぐらい基本的な欲求であるが、満足してしまうと数時間は消えてしまう飢えのような欠乏欲求ではない。むしろホワイトは、効力感は私たちの生活に常に存在していると述べた。

環境に対応することは、刻一刻と変化する自身と環境の関係の継続的な遷移に対処することである。完了によるクライマックスがないので、満足は達成された目標よりもむしろ、行動の流れの中の多量の連続的な活動の中にあると考えねばならない。[21]

効力動機は進歩の原理を説明するのに役立つ。シェイクスピアが「喜びは、その過程にある（トロイラスとクレシダ）」[22]と言ったように、私たちは、目標の達成よりも、目標に対する進歩からより多くの喜びを得る。

さて、現代の仕事の状況を見てみよう。カール・マルクスによる資本主義批判[23]は、産業革命が、職人と生産物とのあいだの歴史的な関係性を壊してしまったというもっともな主張に基づいている。組み立てラインは人を巨大な機械の歯車へと貶め、機械は労働者の効力感に対する欲求など気にかけなかった。その後の労働満足度に関する研究は、マルクスの批判を支持しているが、微妙な追加がある。１９６４年に社会学者のメルヴィン・コーンとカーミ・スクーラー[24]が３１００名のアメリカ人男性の職業について調査し、「職業的な自己主導性」と名づけたものが、職業の満足度の高さを知るためのキーとなっていることを見出した。複雑度が低く、ルーチン性の高い仕事に従事し、きっちりと管理されている人は最も高い度合いの疎外感（仕事から切り離され、無力で、不満足に感じること）を示した。変化に富んだ難しい仕事で取り組み方により多くの裁量を持つ人たちは、その仕事をより楽しむ傾向にあった。労働者は、職業的な自己主導性を有している時、その仕事により満足していた。

もっと最近の研究では、ほとんどの人は仕事に対して、労働、キャリア、天職の三つのうちのどれかのアプローチをしているということがわかった[25]。仕事を労働と見なす人は、お金のためだけに働き、週末を夢見ながら頻繁に時計を眺め、おそらくは、仕事上よりも効力感に対する欲求を包括的に満たしてくれる趣味を追求するだろう。仕事をキャリアと見なす人は、進歩や昇給、名声といったより大きな目標を持っている。これらの目標の追求がしばしばエネルギーを与え、業務を適切に完了したいがために時おり家に仕事を持ち帰る。しかしたまに、なぜこんなに一生懸命に仕事をしなければならないのか疑問に思う。仕事が、競争のために競争をするラット・レースのように見えてしまうこともある。しかしながら、仕事を天職と見なす人は、その仕事自体に本質的に満足している。何か別のことを達成するために行うのではない。仕事を、大いなる善行への貢献や、明らかに価値があると思える何らかのより大きな計画への貢献だと考えている。仕事中に頻繁にフローを体験する。「退社時間」を楽しみに待ったり、「やった、神様、金曜日だ！」と叫びたくなったりしない。急にとても裕福になったとしたら、おそらく給料がもらえなくても、その仕事を続けるだろう。

ブルーカラーの労働者が労働と感じ、管理職がキャリアと感じ、より尊敬される専門家（医者、科学者、聖職者）が天職だと感じると思うかもしれない。その予想は多少は当たっているが、それでもなお、マルクス・アウレリウスのことばをもじって「仕事それ自身はあなたがそう見なしている以外のものである」と言えるだろう。ニューヨーク大学の心理学者であるエミー・ウェズニスキーは、彼女が研究したすべての職業に、この三つの指向がほぼすべて見られることを発見した[26]。たとえば、病院労働者の研究では、嘔吐物を拭いたりベッド用の痰受け皿を清掃したりする、おそらくは病院で最もランクの低い労働者である清掃員の中にも、人を治癒するという目標を持つチームの一員であると考えている人がいた。彼らは、最低限要求されていることをはるかに上回る仕事をしていた。たとえば彼らは、重病人の病室を明るくしようとしたり、命令を待つよりもむしろ、医者や看護師の要求を予想したりした。それによって、職業的な自己主導性を増加させ、効力動機づけを満足させる労働を創り出していた。このような方法で働いていた清掃員は彼らの仕事を天職として見なしており、それを労働として見なしている人たちよりもずっと楽しんでいた。

ポジティブ心理学における研究から明らかとなった楽観的な結論は、ほとんどの人が自分の仕事からより多くの満足を得ることができるということである。最初のステップは自分の強みを知ることである。強みテストを受け[27]、強みを日常的に使うことができる仕事を選択すれば、少なくとも随所でフローの瞬間を得ることができる。もし、自身の強みに合致しない職業で行き詰まっているなら、合致するようにその仕事を見直し、再解釈してみよう。親切心や愛情、情動知能、社会参加といった強みに基づいて行為した病院の清掃員と同様、おそらくは、しばらくのあいだいくらかの余計な仕事をしなければならないだろう。もし、強みを用いることができたならば、仕事にもっと満足できるようになるだろう。そして満足したら、あなたの心構えは、よりポジティブで、接近指向に変わっていくだろう。そのような心構えの時、より大きな計画を進めるための貢献という大きな絵を見ることがたやすくなり[28]、その労働は天職へと変化するかもしれない。

だから、仕事の最高の状態は、絆、従事、コミットメントに関係する。詩人であるカリール・ジブランは言った。「仕事は目に見える愛である。」トルストイと同じく、彼は愛を持ってなされる仕事の例をあげている。

最愛の人がその服を着るかのように、

心のこもった糸で衣を織ることだ。
最愛の人がその家で住むかのように、
愛情を込めて家を建てることだ。
最愛の人がその果物を食べるかのように、
優しさを込めて種を蒔き、喜びを持ってその果実を刈り取ることだ。[29]

うまくいけば、自分の殻を破り、自分自身の外にある人や計画と結びつけてくれるのだから、愛と仕事は人類の幸福にとって重大なものである。幸福は、これらの正しい結合によってやってくる。幸福は、仏陀やエピクテトスが支持したように、単に内側からやってくるものではない。（第5章の終わりで一時的に結論づけたように）内的要因と外的要因の組み合わせからやってくるのでもない。これから説明するように、幸福仮説の正しいバージョンは、幸福はあいだから訪れるというものである。

バイタル・エンゲージメント

植物は特定の条件下で育つ。生物学者はいまや、日光や水がどのように変換されて植物に成長をもたらすかを知っている。人も特定の条件下で育つ。心理学者はいまや、いかに愛や仕事が変換されて幸福や人生の意味の感覚になるのかを知っている。

フローを見出した、ミハイ・チクセントミハイは野心的である。（日に数回、人々をポケットベルで呼び出すことで）フローの瞬間を研究することでは満足せず、彼は人生全体、特に創造的な人々の人生においてフローが果たす役割が何かを知りたいと考えた。そこで彼は、芸術と科学の世界で成功している専門家について調べ始めた。彼と彼の学生は、何百人もの成功している画家、ダンサー、詩人、小説家、物理学者、生物学者、心理学者にインタビューを行った。身を焦がすような情熱を軸として自ら人生を作り上げているように思える人たちばかりだ。称賛に値する人生であり、望ましい人生であり、多くの若者が模範として見た時にそうなりたいと夢見るような類の人生である。チクセントミハイはどのようにそんな人生が起こるのか知りたかった。どのようにすれば、人はその分野に打ち込むようになり、それほどまでに創造的になれるのだろうか？

インタビューによって、その道のりは人それぞれ違うことがわかったが、大半の人は同じ方向性で導かれていた。最初に興味を持ったり楽しんだりしてから、フローの瞬間を得て、人間関係や練習や価値観が長年かけて深められ、それによってさらにフローの期間を長引かせることができるようになる。チクセントミハイとジーン・ナカムラを中心とする彼の学生は、この深化過程の最終状態を研究し、それを「フロー体験（没入を楽しむこと）と人生の意味づけ（主観的重要性）の両方の特徴を持つ世界との関係」と定義し[30]、「バイタル・エンゲージメント」と名づけた。バイタル・エンゲージメントとは、仕事が「目に見える愛」となることとの別の言い方である。ナカムラとチクセントミハイはバイタル・エンゲージメントを恋愛小説から借りてきたかのようなことばで説明する。「自己と客体とのあいだに結合を強く感じる。仕事作家は企画の『激流にさらわれ』、科学者は『星々に魅了される』。その関係には主観的意味がある。仕事は『天職』である。」[31]

バイタル・エンゲージメントは繊細な概念であり、私がポジティブ心理学のコースで初めて教えた時、学生はそれを理解できなかった。私は、例を出すことが理解を助けるだろうと思って、一人の女性に発言を求めた。彼女はクラスではずっと静かだったが、一度だけ、馬に興味があると話したことがあった。私はキャサリンに、どうして彼女が乗馬に関心を持ったのかを話すように頼んだ。彼女は子ども時代に動物が好きで、特に馬に興味があったと述べた。10歳の時、両親に乗馬のレッスンを受けさせてくれるよう懇願して同意を得た。最初は楽しみのために乗馬をしていたが、すぐに競技乗馬を始めた。大学を選択する時期になって、ヴァージニア大学を選択した一つの理由は、優秀な乗馬チームがあるからだった。

キャサリンは恥ずかしがり屋だったので、これらの基本事項を語ると、話すのを止めてしまった。彼女は、乗馬にのめりこんでいったことを話してくれたが、バイタル・エンゲージメントは単にのめりこむ以上のものである。私はさらに突っ込んだ。これまでの各世紀における特別な馬の名前を私たちに教えてくれないかと尋ねた。彼女は微笑み、まるで秘密を認めるかのように話し始めた。馬に乗り始めた頃に馬についての本を読み始めたこと、馬の歴史や歴史上有名な馬について詳しいこと。乗馬を通じて友人を作ったかどうか尋ねると、彼女は親しい友達のほとんどは、馬のショーや乗馬を通じて知り合った「馬友達」であると話してくれた。彼女は話すうちに、どんどん精力的になり、自信にあふれてきた。キャサリンが乗馬にバイタル・エンゲージメントを見出していることは、彼女のことばからと同様、表情からも明らかであった。ちょうどナカムラとチクセントミハイが言ったように、彼女の最初の興味は、どんどん深いものへと育ち、活動や伝統やコミュニティに彼女を結びつける蜘蛛の巣は、どんどん厚くなっていった。キャサリンにとって乗馬は、フローや喜び、アイデンティティ、効力感、関係性の源泉となっていた。それは彼女にとって、人生における目的という問いに対する答えの一部であった。

　バイタル・エンゲージメントは、人か環境かのどちらかに属するものではない。それはその二つのあいだの関係の中に存在する。キャサリンを取り巻く意味の網の目は、何年にもわたってだんだんと有機的に成長し分厚くなった。バイタル・エンゲージメントは、私が高校の三年生の時見失っていたものであった。私には愛があり、（高校生として、適度にやりがいのある勉学という）仕事もあったが、その仕事は大学入学を超える大きな計画の一部というわけではなかった。実際、私が聖なる問いに取り付かれたのは、まさに大学への計画が終焉を迎えつつあった時、つまり大学の願書を送ってしまい、次にどこへ行くべきかわからず宙ぶらりんの状態になってしまった時であった。

　あなたと仕事のあいだに正しい関係性を確立することは、すべてあなた次第というわけではない。既製のバイタル・エンゲージメントをもたらす職業もあれば、バイタル・エンゲージメントを得るのが困難な職業もある。１９９０年代のアメリカ合衆国では、市場の力によって多くの専門職が再形成を余儀なくされた。医学、ジャーナリズム、科学、教育、芸術などの分野の人たちは、仕事の質と生活の質が、時として、利益の増加へのあくなき追求のために危うくなっていると不満を述べるようになった。チクセントミハイは、これらの変化を研究し、健全に思える職業がある一方で、なぜ、病んでいく職業があるのかを知るために、他の二人の優れた心理学者であるハーバード大学のハワード・ガードナーとスタンフォード大学のウィリアム・デイモンとチームを組んだ。事例研究として遺伝学とジャーナリズムの分野を選択し、それぞれの分野の人に多くのインタビューを行った。彼らの結論[32]は、「整合の問題」という単純かつ深遠なものであった。良いことをする（他者に対して役だつものを生産する、質の高い仕事をする）ことが良い結果（富の達成や専門家としての向上）に結びつく時、その分野は健全である。たとえば遺伝学は健全な分野であるが、それはその最高の科学をすべての関係者が尊敬し、報酬を与えるからである。１９９０年代に製薬会社や市場が大学の研究室に大量の資金を注入し始めたにもかかわらず、チクセントミハイとガードナーとデイモンがインタビューした科学者たちは、自分たちの水準を下げたり、ごまかしたり、騙したり、魂を売り渡すことを求められているとは考えていなかった。遺伝学者は、優秀な仕事が一般社会、製薬会社、大学、そして科学者自身に対して大きな利益をもたらす黄金時代にいると信じていた。

他方で、ジャーナリストは困難な状況にあった。彼らの大半は、真実の尊重、世界を変えるという望み、言論の自由が民主主義のきわめて重要な支えであるという堅い信念、といった高い理想を持ってジャーナリズムの世界に入った。しかし１９９０年代までに、家族経営新聞が減少し、企業メディア帝国が台頭して、アメリカのジャーナリズムはただのもう一つの利益センターへと変わってしまった。そこでの唯一の関心事はそれが売れるか、ライバル社よりもより多く売れるか、ということだけになった。良いジャーナリズムは時としてビジネスを阻害する。消化しやすいように小さく刻んだ、恐怖をあおる話、誇張、対立のでっち上げ、性的スキャンダルなどの方が、たいてい儲かるのである。これらの帝国で働いている多くのジャーナリストが、自分の道徳規準を犯したりそむいたりすることを強要されたという感覚を持っていると告白した。彼らの世界は整合性がとれず、手段を選ばず市場シェアを得るという巨大かつ卑劣なミッションの中で、バイタル・エンゲージメントを得ることができなかった。

階層間コヒーレンス

「コヒーレンス」という単語は一緒にまとまること、くっつくことを意味しているが、たいていは、体系（システム）や思想や世界観の各部分が一貫した効果的なかたちで適合していることを指して用いられる。コヒーレントな物事はうまく機能する。インコヒーレント（コヒーレントではない）な世界観は内なる矛盾によって妨害されるのに対して、コヒーレントな世界観は、ほとんど何でも説明することができる。遺伝学のようなコヒーレントな専門職は、遺伝学のビジネスと歩を揃えて進めていくことができる一方で、ジャーナリズムのようなインコヒーレントな専門職では、自己分析や自己批判に多くの時間を割くことになる[33]。ほとんどの人が、問題があると知りながらも、どうしていいのかについては意見がまとまらない。

多階層でのシステムの分析が可能な時は常に、階層同士が調和して相互にうまく連動する時、特別なコヒーレンスが起こる。性格の分析に、この階層間コヒーレンスを見ることができる。下層である性格が、対処メカニズムとうまく調和し、それがあなたのライフストーリーと一貫している場合、性格はうまく統合されており、日常生活をうまくこなしていくことができる。これらの階層がコヒーレントでないと、内部矛盾とその神経症的な葛藤に引き裂かれたりしがちだ[34]。その調整のためには、逆境が必要なこともある。あなたがもしコヒーレントに達したなら、物事が一体となったその瞬間は、人生における最も意味深い時となるだろう。最初の30分に何を見逃してしまったかが後でわかった映画鑑賞者のように、突然人生がより理解できるものとなる。階層間のコヒーレンスを見出すことは、悟りを開くようなものであり[35]、人生における目的という問いに答えるためには不可欠だ。

人は別の面でも多階層なシステムと言える。私たちは、物理的なもの（肉体と脳）であり、どういうわけかそこから心が出現する。そして、心から何らかのかたちで、社会や文化が形成される[36]。私たち自身を完全に理解するためには、物理、心理、社会文化の三つの階層すべてを研究しなければならない。この三つは、これまで長いあいだ、学問的には分業されてきた。生物学者が物理的肉体として脳を研究し、心理学者が心を研究し、社会学者や人類学者が、その中で心が発達し機能する、社会的に構築された環境を研究してきた。しかしその分業は、それぞれの仕事がコヒーレントである場合、つまり、それぞれの一連の仕事をまとめると最終的にはその集合体以上の何かになる場合のみ、生産的である。20世紀の大半、そうはならなかった。それぞれの分野は他分野を無視し、自身の問題に没頭した。しかし最近、専門分野をまたがった仕事が発展し、広がってきた。中間層（心理学）からかけ橋（または梯子）に沿って、下層の物理層（たとえば、認知脳科学の分野）へ、上層の文化社会層（たとえば、文化心理学）へと広がりつつある。科学は結合して分野をまたがったコヒーレンスを生み出し、手品のように、大きく新しいアイディアを生み出し始めている。

ここで、進行中の統合によって生まれた、最も重要な考えの一つを紹介しよう。人生が、その人の存在の三層間でコヒーレントである時、人生の意味が感じられるというものである[37]。この考えをうまく説明するために、インドのブバネスワルに戻ってみよう。純潔と汚《けが》れの論理についてはすでに説明したので、なぜヒンズー教徒が神に祈りを捧げる前に沐浴するのか、寺院へ向かう道中に触れるものに注意を払っているのかはおわかりだろう。また、なぜ高いカーストの人が、犬や、生理中の女性や、低いカーストの人と接触することによって、一時的に不純になり、祈りを捧げるにはふさわしくなくなるかについても理解しているだろう。しかし、あなたは、それを心理層においてのみ、つまり象使いが把握している事柄として理解しているだけであり、明示的知識としてどこかにしまいっぱなしになっている。あなたは、知り合いの女性の腕に触れた時、その女性が生理中だと知っていたとしても、汚れたと感じることはないだろう。そのような意味で汚れたと感じるとはどんな気分なのかすら、わからないのではなかろうか。

しかし、あなたがブバネスワルでブラフミンとして育ったと考えてみよう。毎日の生活で、俗な空間から聖を分けている見えない線を尊重しなければならず、事前に人の純潔レベルの変動に常に目を配っておかなければ、人に触れたり人から何か物を受け取ったりできない。宗教的奉納の前には必ず、短時間水浴びしたり、聖水に少し浸かったりして、一日に何度も沐浴をしなければならない。奉納とは、単に祈りを捧げるだけではなく、実際に神へ食物を捧げるのである(僧侶がその捧げもので、内部の聖域内の像や聖像やそのほかの物体に触れる)。その食べ物はあなたに返され、あなたは神が残したものを食べる。誰かの食べ残しを食べることはその人の唾液を喜んで受け入れることを示し、それはブバネスワルでは親密さと服従の両方を示している。神の食べ残しを食すことも、やはり親密さと服従の行為である。これらを20年も実践すると、ヒンズー教の儀式に対する理解は直感的なものになる。明示的理解は何百もの身体感覚に裏付けられる。日の出と共に行う朝の沐浴中の震え。暑い午後に、汚れを洗い流した後にきれいな衣服をまとう快感。内部の聖域へ近づく際裸足に感じる冷たい石床。香の匂い。サンスクリット語でつぶやかれる祈祷の声。神から戻ってきた米の素朴(純粋)な味。これらすべての中で、あなたの心理層での理解は身体的な具体性を帯びて広がる。そして、概念的な層と直感的な層が結合した時、その儀式は正しいものと感じられる。

儀式の理解は上層の文化社会層へも広がる。あなたは4千年も続く宗教的伝統の中にどっぷり浸かっている。あなたが子どもの時に聞いた物語の多くはその宗教的伝統がもたらしたものであり、その数多くのストーリーは純潔や汚《けが》れの要素を備えている。ヒンズーの教義は、さまざまな職業の純潔と汚《けが》れを基礎としたカースト制度を通じてあなたの社会空間を構成する。純潔と汚《けが》れの地形図によって物理的空間が構造化される。それによって寺院、台所、右手を純潔に保つのだ。ヒンズー教義は、魂は神聖さの垂直次元を上り下りすることによって生まれ変わるという宇宙観も与える。だから、神に捧げ物をする時はいつでも、あなたの存在の三層がすべて調和し、互いに噛み合っている。あなたの身体感覚と意識的思考は行為とコヒーレントであり、あなたの属する大きな文化の中で、すべてが完全に道理にかなったものになる。神に奉納する時、「これにいったい何の意味があるのか？　なぜ私はこんなことをしているのか？」などとは考えない。有意味性の体験はただ起こるのだ。それは階層間のコヒーレンスから自動的に創発される。繰り返して言うが、幸福、つまり、体験に豊かさを与えてくれる有意味性の感覚は、あいだから訪れる。

対照的に、最近あなたが参加した、空しい儀式について考えてみよう。自分とは異なる宗教を持つ友人の結婚式に出席している最中、知らない人たちと手を取り合って詠唱するように求められたことがあるかもしれない。または、ネイティブアメリカンや古代ケルト、チベット仏教などから要素を借りてきた新しいかたちの式典に参加したことがあるかもしれない。あなたは儀式の記号的意味は理解しただろう。象使いの得意な方法で、意識的で明示的にそれを理解しただろう。しかしそれをしている間、自意識を感じ、象記号的意味の理解だけを通じて良い儀式を作り出すことなどできない。その記号が埋め込まれている伝統が必要であり、何らかの適切な連合を伴う身体的感覚も起こらねばならない。そして、それを受け入れ、長年にわたって実践するコミュニティが必要だ。そのコミュニティが三層間でコヒーレントする数多くの儀式を行っていればいるほど、そこに属する人はたいてい、そのコミュニティや伝統とつながっていると感じる。もしそのコミュニティが、どのように生き、何に価値があるのか導いてくれれば、人は人生における目的の問いに悩むこともないだろう。意味や目的は、ただ、コヒーレンスから生まれ、人々は日常生活をうまく乗り切っていくことができる。しかし、コミュニティがコヒーレンスを提供できなかったり、さらにはその習慣が人々の直感や共有する神話やイデオロギーと矛盾している場合、対立が起きたり、無気力、無規範状態に陥ったりしがちとなる。（マーチン・ルーサー・キング・ジュニア牧師は、アメリカ人に人種隔離の習慣と平等と自由の理想とのあいだの矛盾を直視するよう強いた。多くの人がそれを好まなかった。）必ずしも国民としてのアイデンティティの中に意味を見出す必要はない。実際、アメリカ、ロシア、インドのような規模の大きい多様性のある国家では、階層間コヒーレンスと人生における目的については、宗教の方が期待できるかもしれない。宗教はコヒーレンスの創出という点では本当に大きな役割を果たしており、実際に、学者[38]の中には、宗教はその目的でデザインされたと信じているものもいる。

神は群集を与え給う

私が大学で哲学を専攻し、初めて道徳性について勉強し始めた時、父親は「なぜ宗教も勉強しないんだ？　神無くしてどのようにして道徳性が持てるのかね？」と言った。強い道徳心を持つ（おそらく独善への一線を越えた）若い無神論者だった私は、父親の提案を侮辱的に思った。当時の私にとって道徳性とは、人間関係に関わるものだった。自己利益に反していたとしても正しいことをする、という責務に関わるものであった。そして、当時の私にとって宗教とは、筋の通らないルールと、人によって書かれ、偽って超自然的な存在のものとされた、けっして起こりえない物語の集合であった。

道徳性は宗教にその起源があるという父親の説は正しかった、と今では思っているが、それは父親が信じていた理由からではない。道徳性と宗教はどちらも、すべての人類文化に何らかの形態で生じ[39]、ほぼ常に文化の価値やアイデンティティや日常生活と結びついている。人間の本性について、そして人類がどうやって人生における目的と意味を見出すかについて、十全に、全層にまたがる説明をしたいならば、その説明は、道徳性と宗教について知られていることとコヒーレントでなければならない。

進化論の観点から見れば、道徳は問題である。もし適者生存が進化のすべてであるならば、なぜ人はこれほどまで互いに助け合う必要があるのだろうか？　なぜ人は寄付をし、見知らぬ人を救うために自らの命の危険を冒し、戦争に志願するのだろうか？　ダーウィンはその答えは単純だと考えた。利他主義は、その集団の利益のために進化する。

高いレベルの愛国精神、忠誠心、服従心、勇気や同情心を持っているために、いつでもお互いを助け、公共の利益のために自己を犠牲にする準備が整ったメンバーをたくさん有する種は、ほとんどの他の種に勝利するということは疑いの余地がない。これは自然淘汰であろう。[40]

グループは、個人とちょうど同じように競争するため、愛国心や勇気やグループ内のメンバーに対する利他主義といったグループを成功へと導くような心理学的特性もその他の特性と同様に広がったはずだとダーウィンは考えた。しかし、理論進化論者が、コンピュータを用いて、（「純粋な利己主義」対「しっぺ返し戦略」などのような）さまざまな戦略を用いる個人間の相互作用をモデル化し、予測を厳密に検証し始めると即座に、「ただ乗り問題」の重大性が認識されるようになった。人々が公共の利益に対して自己犠牲を払うグループにおいては、実際には利他主義者の背中にただ乗りし、犠牲を払わない個人が有利な立場となる。コンピュータ・シミュレーションの冷徹なロジックの中では、その世代で最も資源を蓄えた者が、次世代でより多くの子孫を残すことになる。だから、利己主義が適応し、利他主義は適応しない。ただ乗り問題に対する唯一の解決策は利他主義が報いられることであり、進化論の考えにおいて二つの打開策が示された。第3章において、超社会性への二つの途中段階として、血縁性利他主義（遺伝子を共有する誰かに対して親切であること）と互恵的利他主義（将来にお返しがあるかもしれない誰かに対して親切であること）を紹介した。（1966年と1971年に）ただ乗り問題に対するこれら二つの解決策が公表されると[41]、大半の進化理論家は利他主義の問題は解決されたものと見なしてしまい、群淘汰は本質的に間違っていると宣言した。利他主義は利己主義の特殊なケースとして片づけられ、進化論は個人の利益（もっと言えば、遺伝子の利益）ではなく「グループの利益」によって機能するという考えのもとでダーウィンを支持していた人たちは、感傷的なロマン主義だと退けられた[42]。

群淘汰の廃止には一つの抜け穴があった。他の超社会的な動物（ハチ、ジガバチ、アリ、シロアリ、ハダカデバネズミ）のような、現実にグループとして競争し、生活し、死んでいく生物に関しては、群淘汰の説明は適切である。ハチの巣やアリのコロニーは単一の有機体であり、それぞれの昆虫はより大きな身体の一つの細胞であるというのは本質をついている[43]。幹細胞と同様、アリはコロニーが必要とする特定の機能を遂行するために、さまざまな身体形態をとる。幼生を世話するための小さな体、食料を探し回ったり、攻撃者と戦ったりするための特別な付属器官を持つ大きな体。免疫システムの細胞と同様、アリはコロニーを守るために自身を犠牲にする。マレーシアアリの一種[44]では、戦士カーストのメンバーは外骨格のすぐ下に粘着物質を溜めている。戦闘の最中に、彼らは敵をべとべとにしてしまうために自爆するのだ。アリやハチにとって、女王は脳ではなく、卵巣である。そして、巣やコロニー全体は卵巣を守り、より多くの巣やコロニーを作り出す手助けをするために自然淘汰によって形作られた一つの体と考えることができる。すべてのメンバーは実際に運命共同体であるため、群淘汰は単に許容できる説明などではなく、必須の説明なのである。

この抜け穴は、人類にも同様に適用されるのだろうか？　人類はグループとして競争し、生き、死ぬのだろうか？　種族や民族集団は成長し、拡大したり消滅したりする。そして、時としてこのプロセスは集団殺戮によって起こった。その上、人類社会はしばしば桁外れに分業化されているため、ハチやアリと比較したくなる。しかしそれぞれの個人が再生産する機会を持っている限り、自分自身の幸福や自身の子孫に投資することへの進化上の見返りは、グループに貢献する見返りよりもたいていいつでも上回る。だから、長期的に見れば、利己主義的な特性は利他主義的な特性を犠牲にして広まっていく。戦争や集団殺戮など、グループの利害が最も強制的である時でさえ、前線の仲間に参加するよりも逃げて隠れる臆病者が、次世代に自分の遺伝子を残す可能性が高い。それゆえに1970年代初期以来、進化論者は人類の性質の形成において、群淘汰は何の役割も果たしていないという統一見解に達してしまった。

しかし、もう少し考えてみよう。これは有るか無いかの問題ではない。たとえもし、グループ内の個人間の競争が、人類の進化において最も重要であるとしても、群淘汰（グループ間の競争）も何らかの役割を果たした可能性はある。進化生物学者のデビッド・スローン・ウィルソン[45]は近年、1960年代に始まった過度に単純化されたいくつかのコンピュータ・モデルに基づく群淘汰理論の消失は、現代生物学の歴史上最大の過ちの一つであると論じている。もし、モデルがもっと現実的で、本物の人間に近ければ、群淘汰はすぐに目に飛び込んでくるだろう。ウィルソンは、人類は遺伝と文化の二つのレベルで、同時に進化したと指摘している。1960年代の単純なモデルは、文化を持たない生物についてはうまく説明している。彼らの行動特性はすべて遺伝子内に符号化されていなければならず、それは、血縁によってのみ引き継がれていく。しかしすべての人の行動は、遺伝子だけでなく文化の影響も受け、その文化もまた進化する。文化の要素は、多様性（人は新しい物事を発明する）を持ち、淘汰（他人は、その多様性を採用したりしなかったりする）もするので、身体的な特性（鳥のくちばしやキリンの首など）と同じように、文化的な特性もダーウィン主義の枠組みの中で分析することができる[46]。しかしながら、文化的な要素は、子孫を持つというゆっくりとしたプロセスによって広がるのではない。人が新しい行動や技術や信念を採用した時、いつでも急速に拡大する。鋤、印刷機、視聴者参加番組といったものが、各地で急速にポピュラーになったように、文化的な特性は種族や国家を超えて広がっていく。

文化と遺伝の進化は互いに結びついている。互いに学びあい、習ったことを積み重ねていくという強い傾向という文化に対する人間の能力は、それ自体が、この数百万年の諸段階で起こった遺伝的な革新なのである[47]。しかし、おそらく8万年前から10万年前[48]、いったん私たちの脳が臨界期に達すると、文化の革新に拍車がかかった。強い淘汰圧によって、脳は文化からさらなる恩恵を受けるようになった。他者から学習することに最も優れた個人は、あまり「文化的」でない同胞よりも成功した。そして脳がより文化的になり、文化がより複雑になると、文化的な脳を持つことの有利性がさらに増す。今日のすべての人類は一連の遺伝子（ほとんど文化間で同一である）と、一連の文化要素（文化間で多様ではあるが、人類の心の能力と性質の制約を受けている）の共進化の産物である[49]。たとえば、嫌悪の感情の遺伝的進化は、職業を基礎とし、「汚《け》れた」活動をする人に対する嫌悪によって支えられたカースト制度を、文化が発展させることを（必然ではないが）可能にした。そしてカースト制度が同一カースト内でのみ結婚するように制限すると、遺伝的進化の方向を変える。千年にわたるカースト内での同系交配の後、たとえば肌色の濃さなどのいくつかの遺伝的特性においてわずかな分化が起こる。それによって、単なる職業よりもむしろ肌の色とカーストの文化的な連合関係が育まれていくことにもなる。（他の哺乳類では、外見や行動が大きく異なるものを作り出すには20世代の交配を要する。）[50]このようにして、遺伝子と文化は共進化する[51]。これらは相互に影響しあい、人類においてはどちらも個別のプロセスとして研究することなど不可能である。

ウィルソンはこの共進化の観点から宗教を研究した。宗教「religion」ということばは、ラテン語ではまさに、結びつくこと、一緒になることを意味する。ウィルソンは、世界中の宗教は、多様性に富んでいるにもかかわらず、常にお互いやグループ全体に対して、人の行動を調和し方向づける役割を果たすことを示した。時には競争している他のグループと競争することを目的にして、人々を結びつける。社会学者のエミール・デュルケームは、１９１２年に、宗教に対するこの見解を最初に発展させた。

宗教は、聖なる物、すなわち、分離され禁じられた物、に関わる信条や習慣の統合されたシステムであり、それを守るすべての人を教会と呼ばれる単一の道徳コミュニティへと統合する。[52]

ウィルソンは、宗教的慣習が、いかにメンバーが調整問題を解決するのに役にたつかを示した。たとえば、信頼と信頼に基づいた取引は、全メンバーが同じ宗教コミュニティの一員であり、神はメンバーの公正さを知り、気にかけているという宗教の信念を持つ時、強化される。（人類学者のパスカル・ボイヤー[53]は、しばしば全知全能であると考えられている神や先祖の霊が、この広大な宇宙で最も気にかけていることは、生活の中心に隠された道徳的意図である、と指摘する。）ルールが神聖性の要素を持ち、超自然的な制裁や、ゴシップや、仲間からの村八分によって裏付けられる時、そのルールへの尊重が強化される。ウィルソンは、宗教的な思想とそのような思想に反応する脳が共進化したと主張する。たとえもし超自然的な存在への信念が（幾人かの学者が主張しているように）[54]、もともとは何らか別の理由から発生したのだとしても、または認知の進化の偶然の副産物だとしても、それらの信念を社会的な協調装置に（たとえば、恥、恐れ、罪、愛のような感情と結びつけることによって）活用したグループは、ただ乗り問題に対する文化的解決を見出し、信頼と協力の多大な恩恵を受け取ることができた。より強い信念によって、より多くの個人が利益を受けるか、グループがその信念や習慣を共有しない人たちを罰して除外する方法を発展させるかしたなら、宗教と宗教的な脳が共進化するための条件は完璧に整っている。（ウィルソンの主張と一致して、遺伝学者のディーン・ヘイマーは近年、双生児研究により、ある特定の遺伝子が、宗教的な体験や自己超越的な体験をする強い傾向と関係している可能性を報告した。）[55]

それゆえ宗教は、群淘汰の抜け穴へと人類を引き込むことができたかもしれない。その昔、一つの体の一部であるかのように感じさせ、行動させることによって、宗教は、（個人を利己主義にする）個人淘汰の影響を減じ、（個人をグループの利のために働くようにするようにする）群淘汰の力が働くようにしたのである。しかし私たちは抜け穴を全部通り抜けてしまったのではない。人類の性質は極端な利己主義にも極端な利他主義にも調整された複雑な混合物なのである。それらの性質のどちら側を表現するかは、文化や文脈次第である。進化論反対派が、人類は単なるサルではないと異議を唱えるのは、間違ってはいない。私たちはある部分ハチでもある。

調和と目的

ウィルソンの『ダーウィンの大聖堂』を読むことは、スペースランドを旅行するようなものである。人類文化の広大なタペストリーを見下ろして、なぜ物事が今ある姿に編まれているのかを見ることができる。ウィルソンは、彼にとっての地獄とは、宗教の偽善について、たとえば、多数の宗教は、愛や慈悲や徳について説いているのに、時として戦争や憎悪やテロを引き起こしているということについて議論している人々に埋め尽くされた部屋に永久に閉じ込められることであろうと言っている。ウィルソンのより高い観点から見れば、そこに矛盾はない。群淘汰は、他のグループと競争するための自グループの能力を増加させるという明確な目的のために、グループ内の平和や調和や協力を促進する遺伝適応と文化適応の連動を作り出す。群淘汰は争いを終わらせたりしない。ただ、争いを社会組織という次のレベルへと押し上げるのだ。宗教の名の下に犯された残虐行為はたいてい、外集団のメンバーや、（グループを去ろうとする）背教者や、（グループを弱体化させる）裏切り者といった最も危険な人々に対するものである。

ウィルソンは、なぜ神秘主義は、いつでもどこでも自己を超越し、自己よりも何か大きなものに融合することであるのかという二つ目の謎も解決する。ウィリアム・ジェームズが神秘主義を分析した時、彼は「宇宙意識」[56]の心理的状態と、主要なすべての宗教がそれを得るために発展させた技術に焦点を当てた。ヒンズー教と仏教は、「主客の区別や、個人としての自己の感覚は、究極の平和や祝福や明光の一つとして叙述される状態の中に消え去ってしまう」[57]「サマーディ」の状態を得るために、瞑想やヨガを用いる。ジェームズは、キリスト教やイスラム教の神秘主義にも、ほとんど同様の目標を発見した。それらは、たいていは何度も繰り返す祈祷を通じてもたらされる。彼は、シリアのスーフィズムを崇拝して数年間を過ごした11世紀のイスラム教徒の哲学者、アル・ガザーリーのことばを引用している。アル・ガザーリーは、彼が言うところのことばでは説明できない「歓喜」や啓示の体験を得た。しかし彼は、スーフィズムの本質をイスラム教徒の読者に説明しようと試みた。

> スーフィ教徒たるための第一条件は、自分の心から神ならざるすべてのものを追放することである。観想的生活のための第二の鍵は、燃えるような魂から逃れた謙虚な祈りであり、神への瞑想に心がまったく呑

まれてしまうことである。しかし実はこれはスーフィ教的生活の初歩にすぎないのであって、スーフィ教の究極は神の中にまったく吸収されてしまうことである。[58]（ジェームズ『宗教的経験の諸相』岩波文庫）

ウィルソンの観点では、神秘体験は自己の「オフ」ボタンである。自己がオフになると、人は大きな体の中のただの一つの細胞、または、大きな巣の中の一匹のハチとなる。神秘体験の余効が予想できるものであることに不思議はない。人はしばしば、神に自分を近づけることによって、神への献身や他者を助けることへの責任をより強く感じる。

神経科学者のアンドリュー・ニューバーグ[59]は、（ほとんどのケースで瞑想中に）神秘体験を経験している人々の脳を調べて、オフスイッチである可能性のある場所を発見した。脳の頭頂葉の後部（頭蓋骨の頂部後方の下）には、ニューバーグが「見当識連合野」と呼ぶ二つの皮質区域がある。左半球にあるその区域は、限定的で物理的に定義された体の心的感覚を有することに寄与しており、それゆえに自分の境界線を把握していると考えられている。右半球のそれに対応する領域は取り囲む空間地図を保守している。これら二つの領域は、感覚器官からの入力を受け取り、感覚器官が常に自分自身がどのように現れているかを把握し、空間の中での位置を維持するのを助けている。人が神秘的な融合状態に達していると報告するまさにその瞬間、これら二つの領域は不活性となっているようだ。脳の他の部分からの入力も減少し、これらの見当識連合野の活動全体も減少した。しかしニューバーグは、それらがまだ自分の仕事をしようとしていると考えている。左の領域は体の境界を定めようとするが、見つけ出せない。右の領域は空間において自己を位置付けようとするが、見出せない。その人は自己の喪失と、それとは矛盾する空間への自己の拡張を体験するが、正常な三次元の世界の中には、どこにも定位しない。その人は広大な何か、自己よりもより大きな何かと融合しているように感じる。

動きや詠唱が繰り返されるような儀式が、特に多くの人数によって同時になされる時、「共鳴パターン」が参加者の脳の中に起こりやすくなり、それによってこの神秘状態が起こりやすくなるとニューバーグは考えている。歴史家のウィリアム・マクニールは、まったく異なるデータから、同様の結論に達した。マクニールは、1941年に合衆国の軍隊に召集された時、何十人もの他人と密集隊形を組んで練兵場を何百時間も行進するという基礎訓練をさせられた。マクニールは最初、行進はただの時間つぶしだろうと思っていた。彼の基地には訓練するような武器がなかったからだ。しかし数週間の訓練の後、その行進は彼に意識変革をもたらし始めた。

長期にわたって一斉に動作する訓練によって生起した感情を描写するのにことばは不適切である。私が思い出すのは、広がる幸福感だ。厳密には、個人が拡大するような奇妙な感覚である。集合的儀式への参加によって、ある種膨らむような、生命よりも大きくなったような感じがする。[60]

数十年後、マクニールは、ダンスや宗教的儀式や軍隊訓練における同期的な動作が、歴史において果たした役割について研究した。『拍子を揃えて結束を保つ（*Keeping Together in Time*）』[61]においてマクニールは、有史以来人間社会は、グループ内における調和と結束を作り出し、時には他グループの敵意に備えるために、同期的動作を用いてきたと結論づけた。マクニールの結論は、同期的動作や詠唱によって、群淘汰の過程で作り出された利他的動機を活性化するためのメカニズムが進化した可能性を示唆している。アリやハチのように群淘汰された種の極端な自己犠牲的特徴が、しばしば兵士のあいだにも見られる。マクニールは、兵士たちが時おり陥る、ぞっとするような集団状態について書かれた『戦場の哲学者——戦争ではなぜ平気で人が殺せるのか』という本から驚くべき一節を引用している。

> 「私」は無意識のあいだに「私たち」に移行し、「私の」は「私たちの」になり、個人の運命は最重要ではなくなった。……それはまさしく不死の確信以外の何ものでもないであろう。それによって、この瞬間の自己犠牲があまりにもたやすくなる。……私は、倒れるかもしれないが、死ぬのではない。自分の中の実体が前進し、自分の命を捧げる仲間たちの中で生き続けるのだから。[62]

実際、自己よりも大きな何か、そのためなら死んでもいいという目的意識をもたらすことができるものがある。それがグループだ。（もちろん、あるグループの高貴な目的は、時に別のグループの純粋悪である。）

人生の意味

豊かで、幸せで、満たされていて、そして意味のある人生を送るために、何ができるのだろうか？人生における目的という問いに対する答えは何だろう？　私たちがこうして分割されているように、多種多様に分割された私たちという生物種について理解することによってのみ、その答えは見出すことができるのではなかろうか。私たちは、個人淘汰によって、資源や快楽や名声のために闘う利己的な生物へと形成された。また群淘汰によって、より大きな何かに自己を犠牲にすることを望む群生物として形成された。私たちは、愛や愛着を必要とする社会的な生物であり、仕事でバイタル・エンゲージメント状態に入ることが可能な効力感を必要とする産業的な生物である。私たちは、象使いであると同時に象でもあり、精神的健康はその二者が一緒に機能して、互いに他方の強みを活用することに依存している。私は、「人生の目的とは何か?」という問いに対してなるほどという答えがあるとは思わない。しかし古代の知恵と現代科学を利用して、人生における目的という問いに対する説得力のある答えを見出すことはできる。幸福仮説の最終バージョンは、幸福はあいだから訪れるというものである。幸福はあなたが直接的に見つけたり、獲得したり、達成したりできるものではない。正しい条件を整えた上で、待たなければならない。性格の階層やその要素間のコヒーレンスのように、あなたの中の条件もある。他の条件はあなたを超越した物事との関係性が必要となる。ちょうど植物が成長するために日光、水、良い土壌を必要とするように、人には愛と仕事と自分より大きな何かとのつながりが必要だ。あなたと他者、あなたと仕事、そしてあなたとそれよりも大きな何かとのあいだに正しい関係性を築くように努力することには価値がある。もしこれらの正しい関係を得られれば、人生の目的と意味の感覚はおのずと湧いてくるだろう。

結論

バランスの上に

万物は、相反するものの戦いから生じる。
——ヘラクレイトス[1]、紀元前500年

反対がなければ、進歩はない。魅惑と嫌悪、動機と実行、愛と憎悪は人間が存在するために必要なものだ。

——ウィリアム・ブレイク[2]、1790年

古代中国のシンボルである陰と陽は、一見正反対の原理のあいだの、永遠に移り変わるバランスという価値を表している。右のヘラクレイトスやブレイクの警句が示しているように、これは東洋だけの考えではない。それはある意味、本書の残りの部分を要約した偉大な思想であり、時代を超えた見識である。たとえば、科学と宗教は対抗者と考えられがちだ。しかし、これまで示してきたように、人の本質や人間の満足状態を十分に理解するためには、古代宗教と現代科学の両方の見識が必要である。古代の人たちは生物学、化学、物理学についてはほとんど何も知らなかったかもしれないが、その多くが良い心理学者で

あった。宗教と心理学は、真剣に互いを受け入れるか、せめて、打開できない相違の領域は見逃して、互いに学びあおうと同意することで利益が得られる。

生に対する西洋と東洋のアプローチもまた正反対だと言われる。東洋は受容と集団主義を強調し、西洋は努力と個人主義を重要視する。しかしこれまで見てきたように、両方の観点に価値がある。幸福になるためには、あなた自身の変化とあなたがいる世界の変化が必要なのである。あなた自身の目標を追求することと、他者と適合していくことが必要なのである。生きる時代や人によって、どちらのアプローチからより多く利益を引き出すことができるかはそれぞれである。

そして最後に、リベラル派と保守派はたいてい、文字通りの意味で対立しており、それぞれが相手を悪魔扱いして、団結するために純粋悪の神話を用いる。しかし、道徳性に関する20年間の研究の中で私が学んだ最も重要な教訓は、ほとんどすべての人が道徳的に動機づけられているということである。利己主義は、とりわけ個人の意思決定においては強い力を持つ。だが、世界を変化させるための弛まぬ努力をなすために集団として集まる時には間違いなく、人々は、徳、正義、神聖性に対するビジョンを追求している。物質的な自己の利益では、公共生活における、中絶、環境、宗教の役割といった課題に対する党派の熱意はほとんど説明できない。(自己利益では、けっしてテロリズムを説明できないが、群淘汰による無私無欲でなら説明できる。)

文化心理学の重要な見解は、それぞれの文化は人間存在のある側面について専門性を発達させるが、すべての側面に秀でた文化はないということである。同じことが政治的なスペクトラムにおける両端についても言える。私の研究[3]は、リベラル派は犠牲、平等性、自律性、個人、特に少数派や不適合者の権利に関する問題について考えることに長じているという一般的な見解を裏付けている。他方で、保守派は集団に対する忠誠や、権威、伝統、神聖性の尊重について考えることに長じている[4]。一方が他方を圧倒すれば、ひどい結果となるだろう。リベラル派のいない社会は多くの個人にとって厳しく圧制的なものとなるだろうし、保守派のいない社会は、デュルケームが非常に重要であることを示した社会構造や社会規範の大部分を失わせ、自由とともにアノミー（無規範状態）が増加するだろう。だから、知恵を探すなら、けっして見つけられないと思うような場所、つまりあなたに相反する精神の中を探すべきである。自分と共感できる考えについてはすでに知っている。純粋悪の神話という目隠しを取り去ることができたら、そこではじめて何らかの良い思想に出会えるだろう。

古いものと新しいもの、西洋と東洋、リベラル派と保守派といったもののバランスのとれた知恵を利用することによって、満足で、幸福で、意味を感じられる人生への方向を選択することができる。私たちは、単に目的地を選択し、直接その場所に向かって歩きだすことなどできない。象使いは、それほど多くの権限を持っていない。しかし人間性の偉大な思想や最善の科学を利用することによって、私たちは象を訓練し、自身の可能性と限界を知ることで、賢く生きることができるのだ。

謝　辞

この本は、私が在籍してきた四つの支援的な大学を通じて、私が育んできた多くの人間関係の中から生まれたものである。この本のねらいが、一般的な心理学よりも広いものであるとすれば、イエール大学のジョン・フィッシャー、ペンシルベニア大学のジョン・バロン、アラン・フィスク、リック・マッコリー、ジュディス・ロディン、ポール・ロジン、ジョン・サビーニ、そして、シカゴ大学のリチャード・シュウェダーに指導していただいたおかげである。また、ヴァージニア大学の准教授として、ダン・ウェグナーと、以前に在籍していたペンシルベニア大学のマーティン・セリグマンからは、さらなる指導をいただいた。私は、寛大な教師であり心の広い思想家であるこれらの人たちに一生感謝を忘れないであろう。

本には、その可能性を見出して、賭けに出てくれる人が著者以外にも必要である。私の道徳的高揚に関する研究を支援し、本書の研究を開始するために一学期間の長期休暇を与えてくれた、ジョン・テンプルトン卿とテンプルトン財団、そして財団の副理事長であるアーサー・シュワルツに深く感謝する。代理人であるエズモンド・ハームスワースも私に賭けてくれた。彼は、新米の著者が出版界の複雑さを切り抜け、ベーシックブック社の編集者であるジョー・アン・ミラーと協力関係を結ぶに至るまで、多大な時間と才能を投資してくれた。ジョー・アンは、私の担当の編集者になるずっと前からこの本を書くように励まし、この本をより良くするために手を尽くしてくれた。とりわけ彼女は、私がわかりやすく書くと同時に高い目標を保つように手助けしてくれた。これからも、私の学術的執筆が、彼女の知恵の恩恵を受けることは確かだ。リスクを負ってくれたこれらすべての人たちに感謝したい。

多くの友人や同僚がいくつかの章を読み、間違いや誇張や駄じゃれに気づかせてくれた。ジェシー・グラハム、スザンヌ・キング、ジェイン・リュウ、マーク・シャルマンは原稿全体に対する詳細なコメントをくれた。以下の人たちは、一章ないし数章の改善を手伝ってくれた。ジョナサン・アドラー、サラ・アルゴー、デザレイ・アルバレス、ジェン・ベルンハルト、ロバート・ビスワス‐ディーナー、デビッド・バス、フレドリック・ビョークランド、ジェリー・クロア、ウィリアム・デイモン、ジュディー・デローチ、ニック・エプリー、スターリング・ハイト、グレッグ・ラブラン、エンジェル・リラード、ビル・マカリスター、リック・マッコレー、ヘレン・ミラー、ブライアン・ノセック、シゲ・オオイシ、ジェームス・パウエルスキー、ポール・ロジン、シモーヌ・スクノール、バリー・シュワルツ、パトリック・セダー、ゲアリー・シャーマン、ニーナ・ストロミンガー、ベサニー・ティーチマン、キース・ヴァン・デン・ボス・ウェグナー、ダン・ウィリンガム、ナンシー・ウェインフィールド、エミリー・ウィルソン、そしてティム・ウィルソン。これらすべての人に感謝する。

最後に、本とは、著者の人格から創り出されるものである。その人間性が生まれついたものであれ、環境によって形作られたものであれ、私の両親、ハロルド・ハイトとイレーヌ・ハイト、そして、姉妹であるレベッカ・ハイトとサマンサ・ダベンポートの愛情のこもった支援に感謝する。そして何より、私に「あいだ」を与えてくれた妻のジェイン・リュウに感謝する。

訳者あとがき

本書は、Jonathan Haidt 著、*The Happiness Hypothesis: Finding Modern Truth in Ancient Wisdom*, Basic Books, 2006 の全訳である。著者であるジョナサン・ハイト氏は、ペンシルベニア大学で1992年に心理学の博士号を取得後、1995年よりヴァージニア大学心理学部に赴任し、助教、准教授を経て、現在、同大学心理学部の教授として教鞭をとり続けている。専門分野は社会心理学で、特に道徳心理学、ポジティブ心理学を専門として精力的に研究を続けており、現在、当該分野における世界的権威のひとりと言えるだろう。

訳者が本書を読んだきっかけは、自身の研究から道徳感情に関するハイト氏の研究成果に興味を持っていたことと、ちょうど時期を同じくして、関西大学社会学部の教授である雨宮俊彦氏の書評を読んだことである。その書評では、それまでのポジティブ心理学の本は、調査研究や臨床研究による成果に基づいたものが中心であったが、本書は脳科学から遺伝学、社会学、人類学の知見まで幅広く押さえられており、バランスの取れた類を見ない良書である、という意のことが書かれていた。実際に読んでみると、雨宮氏の評価通り、非常に面白いだけでなく、心理学に携わるものにとって有益な本であると確信した。そこで、少しでも多くの人に本書を読んでもらいたいと、訳出を決心した。

本書の魅力について簡単に紹介しておこう。

本書の第一の魅力は、現代の研究成果を引用することで、現代の私たちに対する古代の格言がもつ本当の意味と有用性を生き生きと甦らせることに成功している点である。冒頭にも書かれている通り、忙しい現代では、古代の格言は日常生活においてよく見聞きはするけれども、その内容について改めて考えるという機会はあまりない。本書は、一章に一つずつ幸福に関連する古代賢者の格言や考え方について、現代の研究成果（心理学を中心に、社会学、生物学と多岐にわたっている）に照らし合わせながら検証するというスタイルで構成されている。その中で、古代の格言が私たちに与えてくれる意味について、冷静かつ具体的に示唆している。

第二の魅力は、ポジティブ心理学、道徳心理学の専門書としての価値があるだけでなく、心理学初学者のテキストとしても非常に優れているという点である。本書には、大学の心理学の基礎クラスで扱われるような研究内容が数多く紹介されている。心理学に精通していない者でも、本書を読めば、基本的な心理学の素養が身につくことであろう。特に、心理学に興味のある学生には是非読んでいただきたい（実際、訳者は原著を英文講読の講義でテキストとして用いたところ、学生に好評であった）。

第三の魅力は、本書にハイト氏の人間的魅力がにじみ出ている点である。ハイト氏は、社会心理学者の第一人者という立場にありながら、とてもフランクで礼儀正しい人物である。最初に本書の訳出を思いたった時、訳者はハイト氏に直接メールで問い合わせを行った。ハイト氏は、全く面識のない訳者に対して、すぐに返事をし、彼の代理人を紹介してくれた。訳出に関する疑問などで何度かやり取りを行ったが、その中彼の対応は終始丁寧で迅速であった。日本語版への序文についても執筆を快諾してくれたのだが、その中にも彼の真面目な人柄がよく表れているだろう。すでに読み終えた方はご承知のとおり、本書には、主要トピックの解説に関連した、ハイト氏自身のエピソードが随所にちりばめられている。そのようなエピソードを通じて伝わってくるハイト氏の人間的魅力が、本書をさらに面白く盛り上げていることは間違いない。

本書には、幸福とはこれだ!という明快な回答が用意されているわけではない。また、こうすれば幸福になれる!という方法を授けてくれるわけでもない。しかしながら、自分で自分なりの幸福を見つけていくことを考えるきっかけを与えてくれる。そして、どうすればより幸せになれるかについて、科学的に裏打ちされたヒントが数多く詰まっている。本書がきっかけとなって、読者の方々がポジティブ心理学に興味をもつと同時に、幸福が訪れる機会を少しでも増やすための一助となれば、訳者にとって望外の喜びである。

訳文については、専門用語としてすでに定着している訳語等と、齟齬がないように心がけたつもりではあるが、訳者の能力的な限界から、読みづらい訳文となっていたり、誤訳などがあるかもしれない。訳文に何か不備な点があるとすれば、それは全て訳者の責任であり、その点について、読者の方々よりご指摘いただければ有難い。

最後となってしまったが、新曜社社長の塩浦暲氏には、遅々として進まない翻訳作業を温かく見守っていただき、また訳出の過程においても数多くの助言をいただいた。記して感謝する次第である。

2011年3月

藤澤隆史

訳注

1 ホルヘ・ルイス・ボルヘス――アルゼンチン ブエノスアイレス生まれの小説家、詩人。1899年-1986年。

2 トリビアル・パスート――プレイヤーの一般的知識や文化についてのクイズに答える能力によって勝敗が決まるボードゲーム。

3 フィル・マッグロウ――アメリカのTVで自分の悩み相談番組を持つ、有名な精神科医。

4 超社会性――原語は ultrasociality。ここでは社会性昆虫に見られる真社会性 (eusociality) とは少し異なるニュアンスで用いられており（著者からの私信）、本書ではこの訳語を当てた。

5 ハーレ・クリシュナ――1966年にニューヨークで設立された、クリシュナ意識国際協会というヒンズー教系の新興宗教団体の通称。

6 神父、司祭、ラビ（ユダヤ教の司祭）が救命ボートに乗り合わせた――有名なアメリカンジョーク。

7 ガリソン・ケイラー――ケイラーはラジオ番組の司会者。いつも「レーク・ウォベゴンでは何事もない静かな一週間でした」という決まり文句で番組をスタートさせる。

8 ドリアン・グレイの肖像画――ドリアン・グレイはオスカー・ワイルドの小説『ドリアン・グレイの肖像』の主人公。退廃と奢侈と悪事に身をやつすものの、若さと美貌を保ち続ける。代わりに肖像画が老い、醜悪になっていく。

9 ホミニド――人と類人猿を含む科。
10 動物はまず互いに交配することで病気になり、次に子どもを育てることで病気になる――交配システムは、養育システムを導く。
11 エピクロス主義者――快楽主義者とも訳される。
12 セイレーン――ギリシア神話で上半身が人間、下半身が鳥の姿をしている三人の姉妹。美しい歌声で船乗りを魅了し、それを聞いた船乗りは岩に船を衝突させてしまう。
13 キャピュレット家とモンタギュー家――シェイクスピアの戯曲『ロミオとジュリエット』に登場する二大名家。主人公のロミオはモンタギュー家の息子、ヒロインのジュリエットはキャピュレット家の娘。
14 ヨブ――聖書に出てくる人物で、忍苦の典型とされる。
15 西洋はいかにして敗北したか――原題は「How the west was lost」。「How the west was won(西洋（西部）はいかにして勝利したか)」は有名な映画『西部開拓史』の原題であり、そのこととかけている。
16 ジャックス――ボールを投げてジャックスというこまを取る子どものゲーム。
17 辺獄――キリスト教において洗礼を受けていない死者が行く場所。天国と地獄の中間。
18 バッキ訴訟事件――1974年にアラン・バッキ（Allan Bakke）がカルフォルニア大学を相手どって起こした訴訟事件。大学側が差別撤廃措置計画を理由に、白人である自分の入学を二度にわたって認めず、自分よりも成績の悪い黒人受験者の入学を認めたのは不当であるとした。1978年連邦最高裁は彼の訴えを認め、入学要件として「人種枠」を厳格に適用することは違法であるという判決を下した。
19 死んだ白人男性――ヨーロッパ人によってつくられた世界観を批判した言葉。
20 旋毛虫病――旋毛虫または旋毛虫類による感染症。人はこの寄生虫が体内にいる動物の肉を、生や加熱が不十分なまま食べることで感染する。特にブタからの感染が多いことで有名。

21　ラルフ・ワルド・エマーソン――アメリカ合衆国の思想家、哲学者、作家、詩人、エッセイスト。1803年－1882年。

著者紹介

ジョナサン・ハイト（Jonathan Haidt）

1992年ペンシルベニア大学より Ph.D 取得。1995年ヴァージニア大学心理学部に赴任し，現在，同大学心理学部教授。2001年ポジティブ心理学テンプルトン賞を受賞。専門分野は社会心理学，特に道徳心理学，ポジティブ心理学で，道徳の感情的基礎，文化との関連について精力的に研究している。

訳者紹介

藤澤　隆史（ふじさわ　たかし）

福井大学子どものこころの発達研究センター准教授。専門は心理学で、社会性の発達に関する研究に従事。1998年関西大学社会学部卒。2004年関西大学大学院総合情報学研究科博士課程修了。博士（情報学）。主な著書に『ソシオン理論入門』（共編著、北大路書房、2006年）、子どものPTSD（分担執筆、診断と治療社、2014年）ほか。

藤澤　玲子（ふじさわ　れいこ）

フリーライター、翻訳家。1996年同志社大学文学部卒。2006年ニューヨーク州立大学アルバニー校経営学修士課程修了。現在は福井大学子どものこころの発達センター研究補助員として勤務。訳書に『愛を科学で測った男―異端の心理学者ハリー・ハーロウとサル実験の真実』（共訳、白揚社、2014年）。

新曜社

しあわせ仮説

古代の知恵と現代科学の知恵

初版第１刷発行　2011年６月30日
初版第７刷発行　2023年10月30日

著　者　ジョナサン・ハイト
訳　者　藤澤隆史・藤澤玲子
発行者　塩浦　暲
発行所　株式会社　新曜社
〒101-0051　東京都千代田区神田神保町3-9
電話(03)3264-4973・FAX(03)3239-2958
e-mail info@shin-yo-sha.co.jp
URL http://www.shin-yo-sha.co.jp

印刷所　博文社
製本所　積信堂

ISBN978-4-7885-1232-0　C1011

人名索引

た行

な行

は行

ま行

や行

事項索引

か行

さ行

た行

な行

は行

ま行

や行

ら行

わ行

注

序章　過剰な知恵

1. *Hamlet*, II. ii. 249-250 より。シェイクスピアからの引用は，すべて以下による。G. Blakemore (Ed), 1974. The *Riverside Shakespeare* (Boston: Houghton Mifflin).
2. Seligman, 2002.
3. Keyes & Haidt, 2003.
4. 厳密には，"The Christ" と同様，"The Buddha" と書くべきであるが，慣用にしたがって "Buddha（仏陀）"，"Christ（キリスト）" とした。

第１章　分裂した自己

1. 旧約聖書，新約聖書からの引用はすべて，The New Revised Standard Version による。［翻訳では，日本聖書協会の口語訳聖書によった。］
2. Franklin, 1980/1733-1758, 3.
3. Lakoff & Johnson, 1980.
4. *Dhammapada*, verse 326, in Mascaro, 1973.
5. Plato, *Phaedrus* 253d, in Cooper, 1997.
6. Freud, 1976/1900.
7. Ovid, *Metamorphoses*, Bk. VII, 249.
8. Montaigne, 1991/1588, 115. 2番目の引用は，p.115 より。
9. Gershon, 1998.
10. Lyte, Varcoe, & Bailey, 1998.
11. Gazzaniga, 1985; Gazzaniga, Bogen, & Sperry, 1962.
12. Gazzaniga, 1985, 72.
13. Feinberg, 2001.
14. Olds & Milner, 1954.
15. Burns & Swerdlow, 2003.
16. Damasio, 1994; Rolls, 1999.
17. Rolls, 1999.
18. 「感情脳（emotional brain）」についての知見の要約は，Berridge, 2003; LeDoux, 1996 参照。

19. Damasio, 1994, Damasio, Tranel, & Damasio, 1990.

20. Bargh, Chen, & Burrows, 1996.

21. 老人に関連した単語の効果については，Bargh et al, 1996, 他の効果については，Dijksterhuis & van Knippenberg, 1998 参照。

22. James, 1950/1890.

23. Leakey, 1994 のレビュー参照。

24. ほとんどの心的システムがたいへんよく機能するのに論理的推論がたいへん貧弱であるのはなぜかについてのレビューは，Margolis, 1987 参照。

25. Rolls, 1999.

26. Hume, 1969/1739, 462.

27. Shoda, Mischel, & Peake, 1990.

28. これらの研究のレビュー，および自動的（hot）システムと制御された（cool）システム間の相互作用の詳細については，Metcalfe & Mischel, 1999 参照。

29. Salovey & Mayer, 1990. 情動知能を有するからといって，情動が知的であることを意味するわけではない。

30. Baumeister et al., 1998.

31. Obeyesekere, 1985.

32. Wegner, 1994.

33. Haidt, 2001; Haidt, Roller, & Dias, 1993.

34. Gladwell, 2005.

第2章　心を変化させる

1. *Meditations*, 4:3.

2. *Dhammapada*, verse 1, in Mascaro, 1973.

3. Carnegie, 1984/1944, 113.

4. Dr. Phil's "Ten Life Laws,"（www.drphil.com）より。12/16/04 検索。

5. Boethius, 1962/c. 522 CE, 24.

6. Boethius, 1962/c. 522 CE, 22.

7. Boethius, 1962/c. 522 CE, 29.

8. レビューは，Miller & C'de Baca, 2001 参照。

9. Bargh et al., 1996; Fazio etal., 1986.

10. Nosek, Banaji, & Greenwald, 2002; Nosek, Greenwald, & Banaji, 2007.

11. Pelham, Mirenberg, & Jones, 2002.

12. Pinker, 1997.

13. 最近の2つのレビューを参照。Baumeister et al., 2001; Rozin & Royzman, 2001.

14. Gottman, 1994.
15. Kahneman & Tversky, 1979.
16. Rozin & Royzman, 2001.
17. Franklin, 1980/1733-1758, 26.
18. Gray, 1994; Ito & Cacioppo, 1999.
19. Miller, 1944.
20. LaBar & LeDoux, 2003.
21. Shakespeare, *Hamlet*, I. ii. 133-134.
22. Shakespeare, *Hamlet*, II. ii. 249-250.
23. Angle & Neimark, 1997.
24. Lykken et al., 1992.
25. Bouchard, 2004; Plomin & Daniels, 1987; Turkheimer, 2000.
26. Marcus, 2004.
27. Plomin & Daniels, 1987.
28. Lykken & Tellegen, 1996.
29. Davidson, 1998.
30. Davidson & Fox, 1989.
31. Kagan, 1994; Kagan, 2003.
32. Milton, *Paradise Lost* bk. 1, 254-255 行。
33. レビューは，Shapiro, Schwartz, & Santerre, 2002 参照。公刊されている瞑想についての研究はほとんどが不十分だったり欠陥のある研究デザインを使用している（たとえば，瞑想クラスに参加した人と参加しなかった人を比較するなど）。しかし，シャピロたちは実験参加者を瞑想条件と統制条件にランダムに割り振っているいくつかの研究をレビューしている。私がここで述べている瞑想の効果は，ランダム割り当てによる研究によって支持されたものである。
34. Shapiro et al., 2002 の定義より。
35. *Dhammapada*, verse 205, in Mascaro, 1973.
36. Beck, 1976.
37. Dobson, 1989; Hollon & Beck, 1994.
38. DeRubeis et al., 2005.
39. Seligman, 1995.
40. 手始めとしては，よく知られている *Feeling Good* by David Burns, 1999 がよいだろう。この本を読むだけで，うつに効果のあることが示されている（Smith et al., 1997）。
41. Proust, 1992/1922b, 291.

42. Nestler, Hyman, & Malenka, 2001.
43. Schatzberg, Cole, & DeBattista, 2003. ときおり見かける，SSRI はプラシーボ以上の効果はないとする報告は，欠陥のある研究にもとづいているように思われる。たとえば，SSRI の服用量が非常に低いなど。Hollon et al., 2002 参照。
44. Kramer, 1993.
45. Haidt, 2001; Haidt & Joseph, 2004.

第３章　報復の返報性

1. *Analects*, 15.24. In Leys, 1997.
2. Babylonian Talmud, Tractate Shabbos, Folio 3 1a, Schottenstein edition, A. Dicker, trans. (New York: Mesorah Publications, 1996).
3. *The Godfather*, F. F. Coppola 監督, 1972. Paramount Pictures. Mario Puzo の小説を元にしている。
4. Campbell, 1983; Richerson & Boyd, 1998.
5. Hamilton, 1964 は，血縁淘汰の詳細を最初に解明した。われわれの遺伝子のほとんどはすべてのヒトで共有されているのみならず，チンパンジー，マウス，ショウジョウバエとも多くを共有している。ここで問題にしているのは，もっぱらヒト内で異なる遺伝子の下位セットである。
6. もちろん，それらの祖先たちは「賭をしてきた」わけではない。彼らの競争相手よりも，うまく生き延びたというだけのことである。そしてその過程で，生殖の役割は女王へと移り，超社会性が出現した。
7. Ridley, 1996 に記述されている。
8. Kunz & Woolcott, 1976.
9. Cialdini, 2001.
10. Axelrod, 1984.
11. Wilkinson, 1984.
12. Trivers, 1971.
13. Ridley, 1996.
14. Panthanathan & Boyd, 2004; Richerson & Boyd, 2005.
15. Cosmides & Tooby, 2004.
16. Guth, Schmittberger, & Schwarze, 1982.
17. Sanfey et al., 2003.
18. Bjorklund, 1997.
19. Dunbar, 1993.
20. Dunbar, 1996.

21. Horn & Haidt, in preparation.
22. ゴシップの擁護に関しては，Sabini & Silver, 1982 参照。
23. Cialdini, 2001.
24. Cialdini, 2001, に，Lynn & McCall, 1998 の未公刊の研究が引用されている。
25. James & Bolstein, 1992.
26. Cialdini et al., 1975.
27. Benton, Kelley, & Liebling, 1972.
28. Lakin & Chartrand, 2003.
29. van Baaren et al., 2004.
30. van Baaren et al., 2003.

第４章　他者の過ち

1. *Dhammapada*, verse 252, irkMascaro, 1973.
2. "Outing Mr. Schrock", *Washington Post*, September 2, 2004, A22.
3. Horn & Haidt, in preparation.
4. 囚人のジレンマゲームについての詳細な議論は，Axelrod, 1984; Wright, 1994 参照。
5. Machiavelli, *The Discourses*, 1. 25.
6. Byrne & Whiten, 1988.
7. Batsonet al, 1997; Batson et al., 1999.
8. Buchanan, 1965, 53.
9. Pachocinski, 1996, 222.
10. Wright, 1994, 13.
11. Kuhn, 1991.
12. Perkins, Farady, & Bushey, 1991.
13. Kunda, 1990; Pyszczynski & Greenberg, 1987.
14. Franklin, 1962/c. 1791, 43.
15. Alicke et al., 1995; Hoorens, 1993.
16. Heine & Lehman, 1999; Markus & Kitayama, 1991.
17. Epley & Dunning, 2000.
18. リーダーシップについてのこの分析，およびここで引用した研究は，Dunning, Meyerowitz, & Holzberg, 2002 より。
19. Cross, 1977.
20. Taylor et al., 2003.
21. Ross & Sicoly, 1979.

22. Epley & Caruso, 2004.
23. Babcock & Loewenstein, 1997.
24. Pronin, Lin, & Ross, 2002.
25. Hick, 1967.
26. Russell, 1988; Boyer, 2001.
27. Baumeister, 1997.
28. Baumeister, 1997 (chap. 2) のレビュー参照。
29. Baumeister, Smart, & Boden, 1996; Bushman & Baumeister, 1998. しかしながら，反社会的行動が低い自尊心と結びついていることの証拠が，最近 Donnellan et al., 2005 によって報告されている。
30. Glover, 2000.
31. Skitka, 2002.
32. Geertz, 1973, 5, 社会学者 Max Weber のことばをもじっている。
33. *Bhagavad Gita*, 12.18-19. In Zaehner, 1969.
34. Sent-ts'an, *Hsin hsin ming*. In Conze, 1954.
35. Shapiro et al., 2002.
36. Burns, 1999.

第５章　幸福の追求

1. *Dhammapada*, verse 83, in Mascaro, 1973.
2. Epictetus, 1983/1st-2nd cent. CE, 9.
3. Davidson, 1994; Brim, 1992 も参照。
4. *Troilus* & *Cressida*, I. ii. 287.
5. Wilson & Gilbert, 2003.
6. Brickman, Coates, & Janoff-Bulman, 1978; 脊髄損傷患者の長期追跡研究については，Schulz & Decker, 1985 参照。宝くじに当たった当初の日々や下半身麻痺になったばかりのころの幸福度や生活満足度を評定した研究は見あたらないが，彼らの様子から情動的反応が非常に強いことがわかる。それゆえ，どちらのグループにおいても数ヵ月後に驚くほど中庸な幸福度得点が得られるのは，「大方において」基本水準に戻ることを示していると推測される。
7. Kaplan, 1978.
8. Deborah Solomon によるインタビュー。*New York Times Magazine*, Sunday December 12, 2004, 37. しかしながら留意すべきなのは，重度の障害への適応は遅く，しばしば不完全であることである。数年後でさえ，下半身麻痺者は平均して，完全に麻痺前のレベルに戻ることはない。

9. Helson, 1964.

10. 目標追求，野心，幸福についての配慮の行き届いた調査としては，Brim, 1992 参照。

11. Lykken & Tellegen, 1996.

12. Smith, 1976/1759, 149.

13. Brickman & Campbell, 1971.

14. Diener et al., 1999; Mastekaasa, 1994; Waite & Gallagher, 2000. しかしながら，平均して，既婚者が未婚者よりも幸福であるかどうかは明らかでない。というのも，不幸な結婚をした人々は不幸のどん底グループであり，平均値を押し下げるからである。結婚の効用研究についての批判は，DePaulo & Morris, 2005 参照。

15. Harker & Keltner, 2001; Lyubomirsky, King, & Diener, 2005.

16. Baumeister & Leary, 1995. しかしながら，結婚自体が他の種類のつながりよりも効果が大きいかどうかは不明である。多くの研究結果は，とりわけ健康，富，寿命において肯定しているが（Waite & Gallagher, 2000 によるレビュー），しかし大規模な縦断研究では，幸福度に関して結婚の長期的な効果を見いだせなかった（Lucas et al., 2003）。

17. Diener et al., 1999; Myers, 2000.

18. Argyle, 1999. もっと大きな人種間の相違を見いだしている研究もあるが，収入と職業的地位を統制すると，差異は小さくなるか，有意ではなくなる。

19. Diener et al., 1999; Lucas & Gohm, 2000.

20. Carstensen et al., 2000; Diener & Suh, 1998. Mroczek & Spiro, 2005 は，ピークが65歳前後にあることを見いだしている。

21. Frederick & Loewenstein, 1999; Riis et al., 2005.

22. Lucas, 2005.

23. Schkade & Kahneman, 1998.

24. Feingold, 1992.

25. Diener, Wolsic, & Fujita, 1995.

26. Diener & Oishi, 2000.

27. Lyubomirsky, King, & Diener, 2005; Fredrickson, 2001.

28. Diener & Oishi, 2000; Frank, 1999.

29. *Bhagavad Gita*, XVI. 12. 2番目の引用は，XVI. 13-14 より。In Zaehner, 1969.

30. Plomin & Daniels, 1987. 子どもは家庭状況のなかでそれぞれ独自の環境を作り出すが，通常彼らに独自の遺伝子の影響ほどではない。

31. Lykken, 1999.

32. Marcus, 2004.

33. Lyubomirsky, Sheldon, & Schkade, 2005.
34. Lyubomirsky et al., 2005, & Seligman, 2002, chap. 4. Lyubomirsky et al. は，自発的活動を「活動」と呼んでいる。Seligman は「自発的変数」と呼んでいる。私は説明を簡略にするため，彼らの用語を合成して「自発的活動」とした。
35. Frederick & Loewenstein, 1999 に，Glass & Singer, 1972 ほかがレビューされている。
36. Frank, 1999 のレビュー参照。
37. Koslowsky & Kluger, 1995.
38. Csikszentmihalyi, 1997.
39. Glass & Singer, 1972.
40. Langer & Rodin, 1976; Rodin & Langer, 1977.
41. Haidt & Rodin, 1999.
42. Lyubomirsky, King, & Diener, 2005; Reis & Gable, 2003 にレビューされている。
43. Argyle, 1999; Baumeister & Leary, 1995; Myers, 2000; Seligman, 2002 参照。しかしながら，Lucas & Dyrenforth (2006) は，社会的関係性の改善が幸福度にもつ直接的な因果的効果は，大方の心理学者が認識しているよりも小さく，収入が幸福度にもつ効果より大きくはないという証拠を提出している。この議論はまだはじまったばかりである。その決着は，将来の研究をまたねばならない。
44. Lyubomirsky, King, & Diener, 2005; Reis & Gable, 2003.
45. Frederick & Loewenstein, 1999.
46. Bronte, 1973/1847, 110. Spoken byJane Eyre.
47. Belk, 1985; Kasser, 2002; Kasser & Ryan, 1996.
48. Csikszentmihalyi, 1990.
49. 「過剰への嫌悪」については，Miller, 1997 参照。
50. Seligman, 2002, 102.
51. Wrzesniewski, Rozin, & Bennett, 2003; Kass, 1994 も参照。
52. Epicurus, *Letter to Menoeceus*, 126. In O'Connor, 1993.
53. Peterson & Seligman, 2004.
54. Emmons & McCullough, 2003; Lyubomirsky, Sheldon, & Schkade, 2005.
55. Frank, 1999.
56. 出典は Solnick & Memenway, 1998.
57. Van Boven & Gilovich, 2003.
58. *Tao Te Ching*, 12, in Feng & English, 1972.
59. 同じ議論が，Whybrow, 2005 によって神経科学的証拠についてもなされている。
60. Iyengar & Lepper, 2000.

61. Schwartz, 2004.
62. Schwartz et al., 2002.
63. Schwartz et al., 2002.
64. Conze, 1959.
65. Conze, 1959, 40.
66. "the Christ" と言う人がいるのと同じく，"the Buddha" と言う人もいる。しかしながら，私は慣用にならい Buddha（仏陀），Christ（キリスト）とした。
67. Biswas-Diener & Diener, 2001; Diener & Diener, 1996.
68. Biswas-Diener & Diener, 2001, 337.
69. 後に，講演が公刊されていることを知った。Solomon, 1999.
70. Broderick, 1990, 261.
71. Memorial DayAddress, delivered on May 30, 1884. In Holmes, 1891, 3.

第6章　愛と愛着

1. Seneca, Epistle XLVIII, in Seneca, 1917-1925/c. 50 CE, 315.
2. Meditation XVII, in Donne, 1975/1623.
3. この段落の事実は，Blum, 2002, Chapter 2 より引用。
4. Watson, 1928.
5. ハーロウの経歴についての私の説明は，Blum, 2002 より。
6. Harlow, Harlow, & Meyer, 1950.
7. Harlow & Zimmerman, 1959.
8. Blum, 2002.
9. ボウルビィの人生と考えの展開については，Blum, 2002, と Cassidy, 1999 を参照。
10. Lorenz, 1935.
11. Bowlby, 1969; Cassidy, 1999.
12. 遊びの機能についてのレビューは，Fredrickson, 1998 参照。
13. Harlow, 1971.
14. Ainsworth et al., 1978.
15. 愛着研究についての現状のレビューは，Cassidy, 1999; Weinfield et al., 1999 参照。
16. Harris, 1995.
17. Kagan, 1994.
18. DeWolff & van IJzendoorn, 1997.
19. van IJzendoorn et al., 2000.
20. Hazan & Shaver, 1987. Copyright（C）1987 by the American Psychological

Association. 許可を得て改変。

21. Hazan & Zeifman, 1999.
22. Feeney & Noller, 1996.
23. Bowlby, 1969.
24. Hazan & Zeifman, 1999.
25. Vonnbrock, 1993.
26. Carter, 1998; Uvnas-Moberg, 1998.
27. Taylor et al., 2000.
28. 愛とセックスにおけるオキシトシンの役割についてのレビューは，Fisher, 2004 参照。
29. Fisher, 2004.
30. Moss, 1998.
31. Trevathan, 1987; Bjorldund, 1997.
32. Bjorklund, 1997.
33. Hill & Hurtado, 1996.
34. Buss, 2004.
35. Jankowiak & Fischer, 1992.
36. Berscheid & Walster, 1978; Sternberg, 1986 参照。
37. Plato, *Symposium 192e*, A. Nehamas & P. Woodruff (trans.). In Cooper, 1997.
38. Berscheid & Walster, 1978.
39. Jankowiak & Fischer, 1992 に引用。
40. Julien, 1998.
41. Bartels & Zeki, 2000; Fisher, 2004.
42. これらはスターンバーグ（1986）の愛の三部理論の要素である。
43. *Dhammapada*, verse 284, in Mascaro, 1973.
44. Chap. 2, line 213, in Doniger & Smith, 1991.
45. *Analects* 9. 18, in Leys, 1997.
46. タントラ教の伝統は古代の例外であるように見えるかもしれないが，その目標は性欲その他の情熱のエネルギーをしばしば嫌悪を併せ用いて，肉欲への執着を断ち切ることにあった。Dharmakirti, 2002 参照。
47. Plato, *Symposium 192e*, A. Nehamas & P. Woodruff (trans.). In Cooper,1997.
48. Plato, *Symposium 210d*, A. Nehamas & P. Woodruff (trans.). In Cooper,1997.
49. Lucretius, *De Rerum Natura*, bk. IV, lines 1105-1113.
50. Goldenberg et al., 2001; Goldenberg et al., 1999.
51. Becker, 1973; Pyszcsynski, Greenberg, & Solomon, 1997.

52. Durkheim, 1951/1897, 209.
53. Cohen & Herbert, 1996, Waite & Gallagher, 2000 のレビュー参照。しかしながら，Lucas & Dyrenforth（2006）は最近，社会的関係が，その他の分野が考えているほどに重要であるかを疑問視している。
54. Fleeson, Malanos, & Achille, 2002.
55. Brown et al., 2003.
56. Baumeister & Leary, 1995.
57. Sartre, 1989/1944, 45.

第７章　逆境の効用

1. *The Book of Mencius*, section 6B: 15 より。Chan, 1963, 78 所収。
2. Nietzsche, 1997/1889, 6.
3. Taylor, 2003.
4. この話は事実であるが，名前と個人的な詳細は変更してある。
5. Cleckley, 1955; Hare, 1993.
6. トラウマ後成長についてのレビューは，Nolen-Hoeksema & Davis, 2002; Tedeschi, Park, & Calhoun, 1998; Tennen & Affleck, 1998; Updegraff & Taylor, 2000 参照。少数だが，Frankl, 1984/1959 のようなパイオニアがいた。
7. Meichenbaum, 1985, Updegraff & Taylor, 2000 にレビューされている。
8. Dalai Lama, 2001/1995, 40.
9. Nolen-Hoeksema & Davis, 2002, 602-603.
10. Baum, 2004; Tennen & Affleck, 1998.
11. *As You Like It*, II. i. 12-14.
12. Tooby & Cosmides, 1996.
13. Costa & McCrae, 1989.
14. Park, Cohen, & Murch, 1996.
15. Costa & McCrae, 1989.
16. Srivastava et al., 2003.
17. McAdams, 1994; McAdams, 2001.
18. McAdams, 1994, 306.
19. Emmons, 2003; Emmons, 1999.
20. Tim Kasser の研究も参照。Kasser, 2002; Kasser & Ryan, 1996.
21. McAdams, 2001, 103.
22. Adler, Kissel, & McAdams, 2006.
23. Sheldon & Kasser, 1995.

24. Emmons, 2003, chap. 6; および James, 1961/1902 参照。
25. 「良い人生への困難な道」に関して，King, 2001 参照。
26. Lerner & Miller, 1978.
27. 「心理的免疫システム」の一環としての意味づけについての新しい研究は，Wilson & Gilbert, 2005 参照。
28. Nolen-Hoeksema & Davis, 2002; Ryff & Singer, 2003; Tennen & Affleck, 1998. 楽観主義ほどではないが他に関連する特性としては，認知的複雑さと経験への開放性がある。
29. Carver, Scheier, & Weintraub, 1989; Lazarus & Folkman, 1984.
30. Pennebaker, 1997.
31. Tavris, 1982.
32. Pennebaker, 1997, 99-100.
33. Myers, 2000; McCullough et al., 2000.
34. Pennebaker, 1997.
35. Chorpita & Barlow, 1998.
36. 初期のストレスに満ちた環境によって鍛錬される心理的生物学的変化の種類については，Belsky, Steinberg, & Draper, 1991 参照。
37. Rind, Tromovitch, & Bauserman, 1998.
38. McAdams, 2001.
39. Fitzgerald, 1988.
40. Elder, 1974; Elder, 1998.
41. 私は MacArthur Foundation への報告書のため，1994年にエルダーにインタビューした。
42. Durkheim, 1951/1897.
43. Putnam, 2000.
44. Bakes, Lindenberger, & Staudinger, 1998.
45. Proust, 1992a/1922, 513.
46. Steinberg, 1998; Bakes & Freund, 2003 も参照。
47. 神学者 Reinhold Niebuhr は1943年の説教でこれに類することを述べた。それがここに述べたバージョンの源であると見る人もいる。これは，アルコール中毒者更生会（Alcoholics Anonymous）によってよく知られるようになった。

第8章　徳の至福

1. Epicurus, *Principle Doctrines*. In Epicurus, 1963/c. 290 BCE, 297.
2. *Dhammapada*, sec. 9, stanza 118. この英訳は，Byrom, 1993 より。Mascaro の英

訳と同じ意味であるが，より流麗である。

3. Aristotle, 1962/4th cent. BCE, 1098a.
4. Franklin, 1962/c. 1791, 82.
5. Franklin, 1962/c. 1791, 82.
6. Franklin, 1962/c. 1791, 88.
7. Peterson & Seligman, 2004.
8. In Lichtheim, 1976, 152.
9. Templeton, 1997.
10. Hansen, 1991.
11. Aristotle, 1962/4th cent. BCE, 1103b.
12. Kant, 1959/1785.
13. Bentham, 1996/1789.
14. Pincoffs, 1986.
15. M. B. Sure, "Raising a Thinking Child Workbook," April 15, 2005 ウェブ検索（www.thinkingchild.com）。
16. Singer, 1979.
17. Maclntyre, 1981.
18. Taylor, 1989 も参照。
19. Peterson & Seligman, 2004.
20. Piaget, 1965/1932.
21. Shwederet al., 1997.
22. Baumeister, 1997, chapter 4 で論じられている。
23. Webster's *New Collegiate Dictionary*, 1976.
24. Lyubomirsky et al., 2005.
25. Isen & Levin, 1972. この効果には限界がある。たとえば，援助することが幸せな気分を台無しにしてしまうときなど。Isen & Simmonds, 1978.
26. Piliavin, 2003.
27. Thoits & Hewitt, 2001.
28. Brown et al., 2003.
29. McAdams, 2001, chapter 7 で論じられている。
30. Piliavin, 2003.
31. Emmons, 2003.
32. Durkheim, 1951/1897, chapter 6 で論じられている。
33. Sampson, 1993.
34. Hunter, 2000.

35. Appiah, 2005. Taylor, 1989 も参照。
36. Tajfel, 1982.
37. Haidt, Rosenberg, & Horn, 2003.
38. Damon, 1997.

第９章　神の許の神聖性，あるいは神無き神聖性

1. Chan, 1963, 59 に引用。
2. Fadiman & Frager, 1997, 6. に引用された預言者言行録より。
3. Abbott, 1952/1884. 以下の引用は p.80 より。
4. Boehm, 1999.
5. Brown & Gilman, 1960.
6. Leviticus 12; Buckley & Gottlieb, 1988 参照。
7. Rozin & Fallon, 1987.
8. Rozin et al, 1997.
9. Leakey, 1994.
10. 嫌悪についてのわれわれの研究のレビューは，Rozin, Haidt, & McCauley, 2000 参照。
11. Haidt et al., 1997.
12. Reported in Thomas, 1983, 38.
13. John Wesley, 1984/1786, sermon 88, “On Dress”, 249.
14. Shweder et al., 1997.
15. Haidt, Koller, & Dias, 1993.
16. Doniger & Smith, 1991. この長い引用は chap. 4, 109-122 より。
17. 人がいかに「生まれながらの二元論者」であり，身体と魂を分離しておくかについては，Bloom, 2004 参照。
18. Emerson, 1960/1838, 102 中の “The Divinity School Address” より。
19. Stall, 1897. 引用は，1904年版の p.35 より。
20. Steele, 1867, 191.
21. Le Conte, 1892, 330.
22. Eliade, 1959/1957. この長い引用は p.24 より。
23. Ekman, Sorensen, & Friesen, 1969 の独創的な研究にもとづく。
24. Jefferson, 1975/1771.
25. Isen & Levin, 1972; chap. 8 の議論を参照。
26. Algoe & Haidt, 2005.
27. Thrash & Elliot, 2004.

28. McCraty & Childre, 2004.

29. Carter, 1998, chap. 6 も参照。

30. オキシトシンが信頼を増大させるという最近の知見については，Kosfeld, et al., 2005 参照。

31. David Whitford, 1999年私信。許可を得て使用。

32. 第6章の愛着とアガペーについての議論を参照。

33. Guyer, 1992, 1 に引用された *Critque of Practical Reason* より。

34. Wright, 1994, 364 に引用されたダーウィンの「自伝」より。

35. Emerson, 1960b/1838, 24 中の *Nature* より。

36. Wasson, 1986.

37. Shulgin & Shulgin, 1991.

38. Grab & de Rios, 1994.

39. Pahnke, 1966.

40. Keltner & Haidt, 2003.

41. *Bhagavad Gita*, 2. 45. In Zaehner, 1969.

42. James, 1961/1902.

43. James, 1961/1902, 216-217.

44. Maslow, 1964.

45. Daston & Park, 1998.

46. Maslow, 1964, 58.

47. Leary, 2004.

48. Gallup, 1982.

49. Cruikshank, 1999, 95 に引用。

50. Warren, 2002.

51. 私はシュウェダーの3つの倫理を直観的倫理の5つの基礎理論に拡大し，文化戦争の分析に用いた。Haidt & Bjorklund, 2007; Haidt & Joseph, 2004 参照。

52. Warren, 2002, 22.

53. Haidt & Hersh, 2001.

54. Gross & Haidt, 2005.

55. Haidt & Hersh, 2001, 208.

第10章　幸福は「あいだ」から訪れる

1. *Isa Upanishad*, verses 6-7. In Mascaro, 1965, 49-50.
2. Spoken by Jim in *My Antonia*; Cather, 1987/1918, 14.
3. “On the Road to Find Out” by Cat Stevens. アルバム “Tea for llip Tillerman”,

1970, A&M より。

4. Irving, 1976/1856-1859 中の Letter to John Augustine Washington より。

5. "Sherry Darling" by Bruce Springsteen. Copyright（C）1980 Bruce Spriimsteen（ASCAP）. 許可を得て再録。International copyright secured. All rights reserved.

6. Allen, 1975.

7. Klemke, 2000 には，人生の意味についての哲学的エッセイがいくつもある。無神論的エッセイの大半は，まさにこれを試みている。

8. たとえば，Appiah, 2005; Churchland, 1998; Flanagan, 1991; Gibbard, 1990; Nussbaum, 2001; Solomon, 1999 参照。

9. Adams, 1980.

10. *Monty Python's The Meaning of Life*, Terry Gilliam 監督。（Universal Studios, 1983）.

11. 両単語とも，*Webster's Third New International Dictionary*, 1993, unabridged による。

12. Jung, 1963.

13. Nichomachean Ethics, bk. 1, 1094a.

14. Warren, 2002.

15. Bonanno, 2004, chap. 7 も参照。

16. Gardner, Csikszentmihalyi, & Damon, 2001.

17. 重視されている Ryan & Deci, 2000 の理論では，基本的な心理学的欲求はコンピテンス（仕事を含む），関係性（愛），自律性であるとしている。私は自律性が重要であることに同意するが，他の2つほどに重要だとも普遍的だとも，一貫して良いとも思わない。

18. 「愛し，働くこと（*lieben und arbeiten*）」という言葉はフロイトの著作中にはない。これはしばしば，フロイトがかつて会話中に言ったと主張されている。エリック・エリクソンは，Erikson, 1963/1950, 265 でそのように述べている。

19. Leo Tolstoy, Troyat, 1967, 158 からの引用。

20. White, 1959.

21. White, 1959, 322.

22. *Troilus & Cressida*, I. ii. 287.

23. Marx, 1977/1867.

24. Kohn & Schooler, 1983.

25. Bellah et al., 1985.

26. Wrzesniewski et al., 2003; Wrzesniewski, Rozin, & Bennett, 2003.

27. 第8章で述べた。
28. Fredrickson, 2001.
29. Gibran, 1977/1923, 27.
30. Nakamura & Csikszentmihalyi, 2003, 87.
31. Nakamura & Csikszentmihalyi, 2003, 86.
32. Gardner, Csikszentmihalyi, & Damon, 2001. 目的の発達については，Damon, Menon, & Bronk, 2003 も参照。
33. たとえば，Fenton, 2005.
34. 最近の多くの心理学的研究が，幸福に対するフィット，ないしコヒーレンスの重要性を示している。Freitas & Higgins, 2002; Tamir, Robinson, & Clore, 2002 参照。
35. Emmons, 1999; Miller & C'de Baca, 2001.
36. よく練られた「最適な人間存在」へのマルチレベルのアプローチは，Sheldon, 2004 参照。
37. 私はここで，Clark, 1999; Lakoff & Johnson, 1999; & Shore, 1996 など，認知における身体と文化の役割についての，学際的な認知科学研究にもとづいて述べている。
38. Durkheim, 1965/1915; Wilson, 2002.
39. Brown, 1991.
40. Darwin, 1998/1871, 166.
41. Williams, 1966; Trivers, 1971.
42. Dawkins, 1976.
43. Wilson, 1990.
44. Camponotus saundersi, Wilson, 1990, 44 に論じられている。
45. Wilson, 2002. しかし，群淘汰には異論が多く，進化生物学のなかでは少数派であることに留意。
46. SeeAunger, 2000; Gladwell, 2000; Richerson & Boyd, 2005.
47. Richerson & Boyd, 2005; Leakey, 1994.
48. Mithen, 2000 は，脳が10万年以上前に現在のサイズに達したことと，物質文面がゆっくり集積した結果として数万年もあとになって文化的爆発が始まったこととのギャップを説明している。
49. 進化した心がいかにして芸術，政治，性役割や文化のその他の側面を制約したかについては，Pinker, 1997, 2002 参照。
50. ちょうど40年の選択的交配によってキツネが家畜化され，イヌのような外見と行動をもつにいたった。Belyaev, 1979; Trut, 1999 参照。
51. Richerson & Boyd, 2005.
52. Durkheim, 1965/1915, 62.

53. Boyer, 2001.
54. Boyer, 2001; Dawkins, 1976.
55. Hamer, 2004.
56. この用語は，最近 R. M. Bucke によって造語された。James 1961/1902, 313 参照。
57. *Columbia Encyclopedia*, 6th edition, 2001. “yoga” の項目より。
58. James, 1961/1902, 317 によって引用されている。
59. Newberg, D'Aquili, & Rause, 2001.
60. McNeill, 1995, 2.
61. McNeill, 1995.
62. Gray, 1970/1959 より。McNeill, 1995 の p.10 から引用。

結論　バランスの上に

1. Diogenes Laertius, 1925/3rd cent. CE, bk. 9, sec. 8 による引用。
2. Blake, 1975/1790-1793, 3.
3. Graham & Haidt, in preparation; Haidt & Bjorklund, 2007; Haidt & Hersh, 2001.
4. もちろん，このような一般化が当てはまらないリベラル派や保守派のサブタイプ，たとえば宗教的左派や自由主義的右派があり，それぞれに得意がある。

文　献

Abbott, E. A. (1952/1884). *Flatland: A romance of many dimensions.* (6th ed.). New York: Dover.(冨永星訳 (2003)『フラットランド：多次元の冒険』日経BP社)

Adams, D. (1980). *The hitchhiker's guide to the galaxy.* New York: Harmony Books. (風見潤訳 (1982)『銀河ヒッチハイク』新潮社)

Adler, J. M., Kissel, E., & McAdams, D. P. (2006). Emerging from the CAVE: Attributional style and the narrative study of identity in midlife adults. *Cognitive Therapy and Research, 30*, 39-51.

Ainsworth, M. D. S., Blehar, M, Waters, E. & Wall, S. (1978). *Patterns of attachment: A psychological study of the strange situation.* Hillsdale, NJ: Erlbaum.

Algoe, S., & Haidt, J. (2005). Witnessing excellence in action: The "other praising" emotions of elevation, gratitude, and admiration. Unpublished manuscript, University of Virginia.

Alicke, M. D., Klotz, M. L., Breitenbecher, D. L, Yurak, T. J., & Vredenburg, D. S. (1995). Personal contact, individuation, and the better-than-average effect. *Journal of Personality and Social Psychology, 68*, 804-825.

Allen, W. (1975). *Without feathers.* New York: Random House. (伊藤典夫・堤雅久訳 (1992)『羽根むしられて』河出書房新社)

Angle, R., & Neimark, J. (1997). Nature's clone. *Psychology Today*, July/August.

Appiah, K. A. (2005). *The ethics of identity.* Princeton: Princeton University Press.

Argyle, M. (1999). Causes and correlates of happiness. In D. Kahneman, E. Diener & N. Schwartz (Eds.), *Well-being: The foundations of hedonic psychology* (pp.353-373). NewYork: Russell Sage.

Aristotle. (1962/4th cent. BCE). *Nichomachean ethics* (M. Oswald, Trans.). Indianapolis, IN: Bobbs-Merrill.(邦訳に，高田三郎訳 (1971-1973)『ニコマコス倫理学』(上下) 岩波文庫などがある。)

Aunger, R. (Ed.). (2000). *Darwinizing culture: The status of memetics as a science.* Oxford, UK: Oxford University Press.(佐倉統ほか訳 (2004)『ダーウィン文化論：科学としてのミーム』産業図書)

Aurelius, M. (1964/2nd cent. CE). *Meditations* (M. Staniforth, Trans.) London: Penguin.(邦訳に，神谷美恵子譯 (1956)『自省録』岩波文庫などがある。)

Axelrod, R. (1984). *The evolution of cooperation*. NewYork: Basic Books.(松田裕之訳（1987）『つきあい方の科学：バクテリアから国際関係まで』CBS出版［ミネルヴァ書房版, 1998］)

Babcock, L., & Loewenstein, G. (1997). Explaining bargaining impasse: The role of self-serving biases. *Journal of Economic Perspectives, 11*, 109-126.

Baltes, P. B., & Freund, A. M. (2003). The intermarriage of wisdom and selective optimization with compensation: Two meta-heuristics guiding the conduct of life. In C. L. M. Keyes & J. Haidt (Eds.), *Flourishing: Positive psychology and the life well-lived* (pp.249-273). Washington, DC: American Psychological Association.

Baltes, P. B., Lindenberger, U., & Staudinger, U. M. (1998). Life-span theory in developmental psychology. In W. Damon & R. Lerner (Eds.), *Handbook of child psychology*. Vol.1, *Theoretical models of human development* (5th ed.). (pp.1029-1143). NewYork: Wiley.

Bargh, J. A., Chaiken, S., Raymond, P., & Hymes, C. (1996). The automatic evaluation effect: Unconditionally automatic activation with a pronunciation task. *Journal of Experimental Social Psychology, 32*, 185-210.

Bargh, J. A., Chen, M., & Burrows, L. (1996). Automaticity of social behavior: Direct effects of trait construct and stereotype activation on action. *Journal of Personality and Social Psychology, 71*, 230-244.

Bartels, A., & Zeki, S. (2000). The neural basis of romantic love. *Neuroreport, 11*, 3829-3834.

Batson, C. D., Kobrynowicz, D., Dinnersteiri, J. L., Kampf, H. C, & Wilson, A. D. (1997). In a very different voice: Unmasking moral hypocrisy. *Journal of Personality and Social Psychology, 72*, 1335-1348.

Batson, C. D., Thompson, E. R., Seuferling,. G., Whitney, H., & Strongman, J. A. (1999). Moral hypocrisy: Appearing moral to oneself without being so. *Journal of Personality and Social Psychology, 77*, 525-537.

Baum, D. (2004). The price of valor. *The New Yorker*, July 12.

Baumeister, R. F. (1997). *Evil: Inside human cruelty and violence*. New York: W. H. Freeman.

Baumeister, R. F, Bratlavsky, E., Finenauer, C, & Vohs, K. D. (2001). Bad is stronger than good. *Review of General Psychology, 5*, 323-370.

Baumeister, R. F., Bratlavsky, E., Muraven, M., & Tice, D. M. (1998). Ego depletion: Is the active self a limited resource? *Journal of Personality and Social Psychology, 74*, 1252-1265.

Baumeister, R. F, & Leary, M. R. (1995). The need to belong: Desire for interpersonal attachments as a fundamental human motivation. *Psychological Bulletin, 117*, 497-529.

Baumeister, R. F., Smart, L., & Boden, J. M. (1996). Relation of threatened egotism to violence and aggression: The dark side of high self-esteem. *Psychological Review, 103*, 5-33.

Beck, A. T. (1976). *Cognitive therapy and the emotional disorders*. New York: International Universities Press.(大野裕訳 (1990)『認知療法：精神療法の新しい発展』岩崎学術出版社)

Becker, E. (1973). *The Denial of Death*. NewYork: Free Press.(今防人訳 (1989)『死の拒絶』平凡社)

Belk, R. W. (1985). Materialism: Trait aspects of living in the material world. *Journal of Consumer Research, 12*, 265-280.

Bellah, R., Madsen, R., Sullivan, W. M, Swidler, A., & Tipton, S. (1985). *Habits of the heart*. New York: Harper and Row.(島薗進・中村圭志訳 (1991)『心の習慣：アメリカ個人主義のゆくえ』みすず書房)

Belsky, J., Steinberg, L., & Draper, P. (1991). Childhood experience, interpersonal development, and reproductive strategy: An evolutionary theory of socialization. *Child Development, 62*, 647-670.

Belyaev, D. K. (1979). Destabilizing selection as a factor in domestication. *Journal of Heredity, 70*, 301-308.

Bentham, J. (1996/1789). *An introduction to the principles of morals and legislation*. Oxford: Clarendon.(堀秀彦訳 (1948)『道徳の原理：法と功利主義的道徳に就いて』銀座出版社)

Benton, A. A., Kelley, H. H., & Liebling, B. (1972). Effects of extremity of offers and concession rate on the outcomes of bargaining. *Journal of Personality and Social Psychology, 24*, 73-83.

Berridge, K. C. (2003). Comparing the emotional brains of humans and other animals. In R. J. Davidson, K. R. Scherer & H. H. Goldsmith (Eds.), *Handbook of affective sciences* (pp.25-51). Oxford, UK: Oxford University Press.

Berscheid, E., & Walster, E. H. (1978). *Interpersonal attraction*. New York Freeman.

Biswas-Diener, R., & Diener, E. (2001). Making the best of a bad situation: Satisfaction in the slums of Calcutta. *Social Indicators Research, 55*, 329-352.

Bjorklund, D. F. (1997). The role of immaturity in human development. *Psychological Bulletin, 122*, 153-169.

Blake, W. (1975/1790-1793). *The marriage of heaven and hell*. London: Oxford University Press.(池下幹彦解説・訳 (1992)『天国と地獄の結婚』近代文芸社)

Bloom, P. (2004). *Descartes' baby: How the science of child development explains what makes us human*. New York: Basic Books.(春日井晶子訳 (2006)『赤ちゃんはどこまで人間なのか：心の理解の起源』ランダムハウス講談社)

Blum, D. (2002). *Love at Goon Park*. Cambridge, MA: Perseus.

Boehm, C. (1999). *Hierarchy in the forest: The evolution of egalitarian behavior*. Cambndge, MA: Harvard University Press.

Boethius. (1962/c. 522 CE). *The consolation of philosophy*. (R. Green, Trans.). New York: Macmillan.(邦訳に，畠中尚志譯 (1938)『哲學の慰め』岩波文庫 ほかがある。)

Bonanno, G. (2004). Loss, trauma, and human resilience: Have we underestimated the human capacity to thrive after extremely aversive events? *American Psychologist, 59*, 20-28.

Bouchard, T. J. (2004). Genetic influence on human psychological traits: A survey. *Current Directions in Psychological Science, 13*, 148-151.

Bowlby, J. (1969). *Attachment and loss*. Vol.1, *Attachment*. NewYork: Basic Books.(黒田実郎ほか訳 (1976)『愛着行動』母子関係の理論2，岩崎学術出版社)

Boyer, P. (2001). *Religion explained: The evolutionary origins of religious thought*. New York: Basic Books.(鈴木光太郎・中村潔訳 (2008)『神はなぜいるのか?』NTT出版)

Brickman, P., & Campbell, D. T. (1971). Hedonic relativism and planning the good society. In M. H. Apley (Ed.), *Adaptation-level theory: A symposium* (pp.287-302). NewYork: Academic Press.

Brickman, P., Coates, D., & Janoff-Bulman, R. (1978). Lottery winners and accident victims: Is happiness relative? *Journal of Personality and Social Psychology, 36*, 917-927.

Brim, G. (1992). *Ambition*. NewYork: Basic Books.

Broderick, J. C. (Ed.). (1990). *Writings of Henry D. Thoreau: Journal, Volume 3: 1848-1851*. Princeton: Princeton University Press.

Bronte, C. (1973/1847). *Jane Eyre*. London: Oxford University Press.(邦訳に，田部隆次訳 (1967)『ジェーン・エア』角川文庫 ほかがある。)

Brown, D. E. (1991). *Human universals*. Philadelphia: Temple University Press.(鈴木光太郎・中村潔訳 (2002)『ヒューマン・ユニヴァーサルズ：文化相対主義から普遍性の認識へ』新曜社)

Brown, R., & Gilman, A. (1960). The pronouns of power and solidarity. In T. A. Sebeok (Ed.), *Style in language* (pp.253-276). Cambridge, MA: MIT Press.

Brown, S. L., Nesse, R. M., Vinokur, A. D., & Smith, D. M. (2003). Providing social support may be more beneficial than receiving it: Results from a prospective study of mortality. *Psychological Science, 14*, 320-327.

Buckley, T, & Gottlieb, A. (Eds.). (1988). *Blood magic: The anthropology of menstruation*. Berkeley: University of California Press.

Buchanan, D. C. (1965). *Japanese proverbs and sayings*. Norman, OK: University of Oklahoma Press.

Burns, D. D. (1999). *Feeling Good*. (2nd ed.), NewYork: Avon.(野村総一郎ほか訳 (2004)『いやな気分よ，さようなら：自分で学ぶ「抑うつ」克服法』星和書店)

Burns, J. M., & Swerdlow, R. H. (2003). Right orbitofrontal tumor with pedophilia symptom and constructional apraxia sign. *Archives of Neurology, 60*, 437-440.

Bushman, B. J., & Baumeister, R. F. (1998). Threatened egotism, narcissism, self-esteem, and direct and displaced aggression: Does self-love or self-hate lead to violence? *Journal of Personality and Social Psychology, 75*, 219-229.

Buss, D. M. (2004). *Evolutionary psychology: The new science of the mind*. (2nd ed.), Boston: Allyn & Bacon.

Byrne, R., & Whiten, A. (Eds.), (1988). *Machiavellian intelligence*. Oxford, UK: Oxford University Press.(藤田和生ほか監訳 (2004)『ヒトはなぜ賢くなったか』マキャベリ的知性と心の理論の進化論1, ナカニシヤ出版)

Byrom, T. (Ed. and Trans.). (1993). *Dhammapada: The sayings of the Buddha*. Boston: Shambhala.(トーマス・バイロン英訳／廣常仁慧訳 (2006)『ブッダの語る覚醒への光の道：原始仏典「ダンマパダ」現代語全訳』三雅)

Campbell, D. T. (1983). The two distinct routes beyond kin selection to ultrasociality: Implications for the humanities and social sciences. In D Bridgeman (Ed.), *The nature of prococial development: Theories and strategies* (pp.11-39). New York: Academic Press

Carnegie, D. (1984/1944). *How to stop worrying and start living*. New York Pocket Books.(香山晶訳 (1999)『道は開ける』創元社)

Carstensen, L. L, Pasupathi, M., Mayr, U., & Nesselroade, J. R. (2000) Emotional experience in everyday life across the adult life span. *Journal of Personality and Social Psychology, 79*, 644-655.

Carter, C. (1998). Neuroendocrine perspectives on social attachment and love. *Psychoneuroendocrinology, 23*, 779-818.

Carver, C. S., & White, T. L. (1994). Behavioral inhibition, behavioral activation and affective responses to impending reward and punishment The BIS/BAS scales. *Journal of Personality and Social Psychology, 67*, 319-333.

Carver, C. S., Scheier, M. F, & Weintraub, J. K. (1989). Assessing coping strategies: A theoretically based approach. *Journal of Personality and Social Psychology, 56*, 267-283.

Cassidy, J. (1999). The nature of the child's ties. In J. Cassidy & P. R. Shaver (Eds.), *Handbook of attachment: Theory, research, and applications* (pp.3-20). New York: Guilford.

Cather, W. (1987/1918). *My Antonia*; New York: Library of America.（浜田政二郎訳（1951）『私のアントニーア』河出書房）

Chan, W. T. (1963). *A source book in Chinese philosophy*. Princeton, NJ: Princeton University Press.

Chorpita, B. F., & Barlow, D. H. (1998). The development of anxiety: The role of control in the early environment. *Psychological Bulletin, 124*, 3-21.

Churchland, P. M. (1998). Toward a cognitive neuriobiology of the moral virtues. *Topoi, 17*, 83-96.

Cialdini, R. B. (2001). *Influence: Science and practice*. (4th ed.). Boston: Allyn and Bacon.（社会行動研究会訳（1991）『影響力の武器：なぜ，人は動かされるのか』誠信書房）

Cialdini, R. B., Vincent, J. E., Lewis, S. K., Catalan, J., Wheeler, D., & Darby, B. L. (1975). Reciprocal concessions procedure for inducing compliance The door-in-the-face technique. *Journal of Personality and Social Psychology, 31*, 206-215.

Clark, A. (1999). *Being there: Putting brain, body, and world together again*. Cambridge, MA: MIT Press.

Cleckley, H. (1955). *The mask of sanity*. St. Louis, MO: Mosby.

Cohen, S., & Herbert, T. B. (1996). Health psychology: psychological factors and physical disease from the perspective of human psychoneuroimmunology. *Annual Reviews of Psychology, 47*, 113-142.

Conze, E. (Ed.), (1954). *Buddhist texts through the ages*. New York: Philosophical Library.

Conze, E. (Ed.), (1959). *Buddhist Scriptures*. London: Pengmn.

Cooper, J. M. (Ed.), (1997). *Plato: Complete work*. Indmnapohs, IN: Hackett.（邦訳に，山本光雄編（1973-1977）『プラトン全集』角川書店 ほかがある。）

Cosmides, L., & Tooby, J. (2004). Knowing thyself: The evolutionary psychology of

moral reasoning and moral sentiments. *Business, Science, and Ethics*, 91-127.
Costa, P. T. J., & McCrae, R. R. (1989). Personality continuity and the changes of adult life. In M. Storandt & G. R. VandenBos (Eds.), *The adult years: Continuity and change* (pp.45-77). Washington, DC: American Psychological Association.
Cross, P. (1977). Not can but will college teaching be improved. *New Directions for Higher Education, 17*, 1-15.
Cruikshank, B. (1999). *Will to empower: Democratic citizens and other subjects*. Ithaca. Cornell University Press.
Csikszentmihalyi, M. (1990). *Flow: The psychology of optimal experience*. New York: Harper & Row.
Csikszentmihalyi, M. (1997). *Finding flow*. NewYork: Basic Books.(大森弘監訳 (2010)『フロー体験入門：楽しみと創造の心理学』世界思想社)
Dalai Lama (2001/1995). *The art of living: A guide to contentment, joy, and fulfillment*. (G. T. Jinpa, Trans.) London: Thorsons.
Damasio, A. (1994). *Descartes' error. Emotion, reason, and the human brain*. New York: Putnam.(田中三彦訳 (2000)『生存する脳：心と脳と身体の神秘』講談社，のちちくま文庫)
Damasio, A. R., Tanel, D., & Damasio, H. (1990). Individuals with sociopathic behavior caused by frontal damage fail to respond autonomically to social stimuli. *Behavioral Brain Research, 41*, 81-94.
Damon, W. (1997). *The youth charter: How communities can work together to raise standards for all our children*. NewYork: Free Press.
Damon, W., Menon, J. & Bronk, K. (2003). The development of purpose dunng adolescence. *Applied Developmental Science, 7*, 119-128.
Darwin, C. (1998/1871). *The descent of man and selection in relation to sex*. Amherst, NY: Prometheus.(長谷川眞理子訳 (1999)『人間の進化と性淘汰』ダーウィン著作集第2巻，文一総合出版)
Daston, L, & Park, C. (1998). *Wonders and the order of nature*, 1150-1750. New York: Zone.
Davidson, R. J. (1994). Asymmetric brain function, affective style, and psychopathology: The role of early experience and plasticity. *Development and Psychopathology, 6*, 741-758.
Davidson, R. J. (1998). Affective style and affective disorders: Perspectives from affective neuroscience. *Cognition and Emotion, 12*, 307-330.
Davidson, R. J., & Fox, N. A. (1989). Frontal brain asymmetry predicts Infants'

response to maternal separation. *Journal of Abnormal Psychology, 98*, 127-131.

Dawkins, R. (1976). *The selfish gene*. Oxford, UK: Oxford University Press.(日高敏隆ほか訳 (2006)『利己的な遺伝子』新装版, 紀伊國屋書店)

DePaulo, B. M., & Morris, W. L. (2005). Singles in society and science. *Psychological Inquiry, 16*, 57-83.

DeRubeis, R. J., Hollon, S. D., Amsterdam, J. D., Shelton, R. C, Young, P. R., Salomon, R. M., et al. (2005). Cognitive therapy vs medications in the treatment, of moderate to severe depression. *Archives of General Psychiatry, 62*, 409-416.

DeWolff, M., & van Ijzendoorn, M. (1997). Sensitivity and attachment: A meta-analysis on parental antecedents of infant attachment. *Child Development, 68*, 571-591.

Dharmakirti. (2002). *Mahayana tantra*. New Delhi, India: Penguin.

Diener, E., & Diener, C. (1996). Most people are happy. *Psychological Science, 7*, 181-185.

Diener, E., & Oishi, S. (2000). Money and happiness: Income and subjective well-being across nations. In E. Diener & E. M. Suh (Eds.), *Culture and subjective well-being* (pp.185-218). Cambridge, MA: MIT Press.

Diener, E., & Suh, M. E. (1998). Subjective well-being and age: An international analysis. In K. Schaie & M. Lawton (Eds.), *Annual review of gerontology and geriatrics*, Vol.17: *Focus on emotion and adult development, Annual review of gerontology and geriatrics* (pp.304-324). New York: Springer.

Diener, E., Suh, E. M., Lucas, R. E., & Smith, H. L. (1999). Subjective well-being: Three decades of progress. *Psychological Bulletin, 125*, 276-302.

Diener, E., Wolsic, B., & Fujita, F. (1995). Physical attractiveness and subjective well-being. *Journal of Personality and Social Psychology, 69*, 120-129.

Dijksterhuis, A., & van Knippenberg, A. (1998). The relation between perception and behavior, or how to win a game of Trivial Pursuit. *Journal of Personality and Social Psychology, 74*, 865-877.

Dobson, K. S. (1989). A meta-analysis of the efficacy of cognitive therapy for depression. *Journal of Consulting and Clinical Psychology, 57*, 414-419.

Doniger, W, & Smith, B. (Eds. & Trans.). (1991). *The laws of Manu*. London: Penguin.(マヌ法典の邦訳は, 渡瀬信之訳 (1991)『マヌ法典：サンスクリット原典全訳』中央公論社 がある。)

Donne, J. (1975/1623). *Devotions upon emergent occasions: A critical edition with introduction and commentary*. Salzburg: University of Salzburg.

Donnellan, M. B., Trzesniewski, K. H., Robins, R. W., Moffitt, T. E., & Caspi, A. (2005). Low self-esteem is related to aggression, antisocial behavior, and delinquency. *Psychological Science, 16*, 328-335.

Dunbar, R. (1993). Coevolution of neocortical size, group size and language in humans. *Behavioral and Brain Sciences, 16*, 681-735.

Dunbar, R. (1996). *Grooming, gossip, and the evolution of language*. Cambridge, MA: Harvard University Press.(松浦俊輔・服部清美訳 (1998)『ことばの起源：猿の毛づくろい，人のゴシップ』青土社)

Dunning, D., Meyerowitz, J. A., & Holzberg, A. D. (2002). Ambiguity and self-evaluation: The role of idiosyncratic trait definitions in self-serving assessments of ability. *In Heuristics and biases: The psychology of intuitive judgment* (pp.324-333). Cambridge, UK: Cambridge University Press.

Durkheim, E. (1951/1897). *Suicide*. (J. A. Spalding & G. Simpson, Trans.) New York: Free Press.(邦訳に，宮島喬訳 (1985)『自殺論』中央公論社 ほかがある。)

Durkheim, E. (1965/1915). *The elementary forms of the religious life*. (J.W. Swain, Trans.) NewYork: Free Press.(古野清人訳 (1975)『宗教生活の原初形態』改訳，岩波文庫)

Ekman, P., Sorensen, E., & Friesen, W. V. (1969). Pan-cultural elements in the facial displays of emotion. *Science, 164*, 86-88.

Elder, G. H., Jr. (1974). *Children of the great depression*. Chicago: University of Chicago Press.(本田時雄ほか訳 (1986)『大恐慌の子どもたち：社会変動と人間発達』明石書店)

Elder, G. H. (1998). The life course and human development. In R. M. Lerner (Ed.), *Handbook of child psychology*. Vol.1, *Theoretical models of human development* (pp.939-991). New York: Wiley.

Eliade, M. (1959/1957). *The sacred and the profane: The nature of religion*. (W. R. Task, Trans.). San Diego, CA: Harcourt Brace.(風間敏夫訳 (1969)『聖と俗：宗教的なるものの本質について』法政大学出版局)

Emerson, R. W. (1960a/1838). The divinity school address. In S. Whicher (Ed.), *Selections from Ralph Waldo Emerson* (pp.100-116). Boston: Houghton Mifflin.

Emerson, R. W. (1960b/1838). Nature. In S. Whicher (Ed.), *Selections from Ralph Waldo Emerson* (pp.21-56). Boston: Houghton Mifflin.

Emmons, R. A. (1999). *The psychology of ultimate concerns: Motivation and spirituality in personality*. New York: Guilford.

Emmons, R. A. (2003). Personal goals, life meaning, and virtue: Wellsprings of a

positive life. In C. L. M. Keyes & J. Haidt (Eds.), *Flourishing: Positive psychology and the life well-lived* (pp.105-128). Washington DC: American Psychological Association.

Emmons, R. A., & McCullough, M. E. (2003). Counting blessings versus burdens: An experimental investigation of gratitude and subjective well-being in daily life. *Journal of Personality and Social Psychology, 84*, 377-389.

Epictetus (1983/lst-2nd cent. CE). *The manual.* (N. White, Trans.). Indianapolis, IN: Hackett.(邦訳に，鹿野治助訳 (1958) 『人生談義』 岩波文庫 がある。)

Epicurus (1963/c. 290 BCE). *The philosophy of Epicurus.* (G. K. Strodach, Trans.). Chicago: Northwestern University Press.(邦訳に，出隆・岩崎允胤訳 (1959) 『教説と手紙』 岩波文庫 がある。)

Epley, N., & Caruso, E. M. (2004). Egocentric ethics. *Social Justice Research, 17*, 171-187.

Epley, N., & Dunning, D. (2000). Feeling "holier than thou": Are self-serving assessments produced by errors in self- or social prediction. *Journal of Personality and Social Psychology, 79*, 861-875.

Erikson, E. H. (1963/1950.) *Childhood and society.* (2nd ed.). New York: Norton.(仁科弥生訳 (1977-1980) 『幼児期と社会』1, 2, みすず書房)

Fadiman, J., & Frager, R. (Eds.). (1997). *Essential Sufism*. San Francisco: HarperSanFrancisco.

Fazio, R. H., Sanbonmatsu, D. M., Powell, M. C, & Kardes, F. R. (1986). On the automatic evaluation of attitudes. *Journal of Personality and Social Psychology, 50*, 229-238.

Feeney, J. A., & Noller, P. (1996). *Adult attachment.* Thousand Oaks, CA: Sage.

Feinberg, T. E. (2001). *Altered egos: How the brain creates the self.* New York: Oxford University Press.

Feingold, A. (1992). Good looking people are not what we think. *Psychological Bulletin, 111*, 304-341.

Feng, G. F., & English, J. (Eds.). (1972). *Tao Te Ching.* NewYork: Random House.

Fenton, T. (2005.) *Bad news: The decline of reporting, the business of news, and the danger to us all.* New York: Regan Books.

Fisher, H. (2004). *Why we love: The nature and chemistry of romantic love.* New York: Henry Holt.(大野晶子訳 (2005) 『人はなぜ恋に落ちるのか?：恋と愛情と性欲の脳科学』 ソニー・マガジンズ)

Fitzgerald, J. M. (1988). Vivid memories and the reminiscence phenomenon: The

role of a self-narrative. *Human Development, 31*, 261-273.

Flanagan, O. (1991). *Varieties of moral personality: Ethics and psychological realism*. Cambridge, MA: Harvard University Press.

Fleeson, W, Malanos, A. B., & Achille, N. M. (2002). An intraindividual process approach to the relationship between extraversion and positive affect: Is acting extraverted as "good" as being extraverted? *Journal of Personality and Social Psychology, 83*, 1409-1422.

Frank, R. H. (1999). *Luxury fever: Why money fails to satisfy in an era of excess*. New York: Free Press.

Frank, R. H. (1988). *Passions within reason: The strategic role of the emotions*. New York: Norton.（大坪庸介ほか訳（1995）『オデッセウスの鎖：適応プログラムとしての感情』サイエンス社）

Frankl, V. E. (1984). *Man's search for meaning*. New York: Pocket Books.

Franklin, B. (1962/c. 1791). *Autobiography of Benjamin Franklin*. New York: MacMillan.（松本慎一・西川正身訳（1957）『フランクリン自伝』岩波書店）

Franklin, B. (1980/1733-1758). *Poor Richard's Almanack* (selections). Mount Vernon, NY: Peter Pauper Press.

Frederick, S., & Loewenstein, G. (1999). Hedonic adaptation. In D. Kahneman, E. Diener & N. Schwartz (Eds.), *Well-being: The foundations of hedonic psychology* (pp.302-329). New York: Russell Sage.

Fredrickson, B. L. (1998). What good are positive emotions? *Review of General Psychology*, 2, 300-319.

Fredrickson, B. L. (2001). The role of positive emotions in positive psychology: The broaden-and-build theory of positive emotions. *American Psychologist, 56*, 218-226.

Freitas, A. L., & Higgins, E. T. (2002). Enjoying goal-directed action: The role of regulatory fit. *Psychological Science, 13*, 1-6.

Freud, S. (1976/1900). *The interpretation of dreams*. (J. Strachey, Trans.) New York: Norton.（高橋義孝訳（1968）『夢判断』人文書院，ドイツ語からの訳）

Gallup, G. (1982). Self-awareness and the emergence of mind in primates. *American Journal of Primatology, 2*, 237-248.

Gardner, H., Csikszentmihalyi, M., & Damon, W. (2001). *Good work when excellence and ethics meet*. New York: Basic Books.

Gazzaniga, M. S. (1985). *The social brain*. NewYork: Basic Books.（杉下守弘・関啓子訳（1987）『社会的脳：心のネットワークの発見』青土社）

Gazzaniga, M. S., Bogen, J. E., & Sperry, R. W. (1962). Some functional effects

of sectioning the cerebral commissures in man. *Proceedings of the National Academy of Sciences, USA, 48*, 1765-1769.

Geertz, C. (1973). Thick description: Toward an interpretive theory of culture. In C. Geertz (Ed.), *The interpretation of cultures*. New York: Basic Books.(吉田禎吾ほか訳 (1987)『文化の解釈学』岩波書店)

Gershon, M. D. (1998). *The second brain*. New York: HarperCollins.(古川奈々子訳 (2000)『セカンドブレイン：腸にも脳がある!』小学館)

Gibbard, A. (1990). *Wise choices, apt feelings*. Cambridge, MA: Harvard UniversityPress.

Gibran, K. (1977/1923). *The prophet*. NewYork: Alfred A. Knopf.

Gladwell, M. (2000). *The tipping point: How little things can make a big difference*. New York: Little Brown.(高橋啓訳 (2001)『なぜあの商品は急に売れ出したのか：口コミ感染の法則』飛鳥新社)

Gladwell, M. (2005). *Blink: The power of thinking without thinking*. New York: Little, Brown.(沢田博・阿部尚美訳 (2006)『第1感：「最初の2秒」の「なんとなく」が正しい』光文社)

Glass, D. C. & Singer, J. E. (1972). *Urban stress: Experiments on noise and social stressors*. New York: Academic Press.

Glover, J. (2000). *Humanity: A moral history of the twentieth century*. New Haven, CT: Yale University Press.

Goldenberg, J. L., Pyszczynski, T, Greenberg, J., McCoy, S. K., & Solomon, S. (1999). Death, sex, love, and neuroticism: Why is sex such a problem? *Journal of Personality and Social Psychology, 77*, 1173-1187.

Goldenberg, J. L, Pyszczynski, T, Greenberg, J., Solomon, S., Kluck, B., & Cornwell, R. (2001). I am NOT an animal: Mortality salience, disgust, and the denial of human creatureliness. *Journal of Experimental Psychology: General, 130*, 427-435.

Gottman, J. (1994). *Why marriages succeed or fail*. New York: Simon & Schuster.

Graham, J. & Haidt, J. (manuscript in preparation). *The implicit and explicit moral values of liberals and conservatives*. University of Virginia, Dept. of Psychology.

Gray, J. A. (1994). Framework for a taxonomy of psychiatric disorder. In S. H. M. van Goozen & N. E. Van de Poll (Eds.), *Emotions: Essays on emotion theory* (pp.29-59). Hillsdale, NJ: Lawrence Erlbaum.

Gray, J. G. (1970/1959). *The Warriors: Reflections of men in battle*. New York: Harper & Row.(谷さつき訳 (2009)『戦場の哲学者：戦争ではなぜ平気で人が殺せるのか』PHP研究所)

Grob, C. S., & de Rios, M. D. (1994). Hallucinogens, managed states of consciousness, and adolescents: Cross-cultural perspectives. In P. K. Bock (Ed.), *Psychological Anthropology* (pp.315-329). Westport, CT: Praeger.

Gross, J., & Haidt, J. (2005). The morality and politics of self-change. Unpublished manuscript, University of Virginia.

Guth, W., Schmittberger, R., and Schwarze, B. (1982). An experimental analysis of ultimatum bargaining. *Journal of Economic Behavior and Organization, 3*, 367-388.

Guyer, P. (Ed.). (1992). *The Cambridge companion to Kant*. Cambridge, UK: Cambridge University Press.

Haidt, J. (2001). The emotional dog and its rational tail: A social intuitionist approach to moral judgment. *Psychological Review, 108*, 814-834.

Haidt, J. (2003). Elevation and the positive psychology of morality. In C. L. M. Keyes and J. Haidt (Eds.), *Flourishing: Positive psychology and the life well-lived* (pp.275-289). Washington, DC: American Psychological Association.

Haidt, J., Koller, S., and Dias, M. (1993). Affect, culture, and morality, or is it wrong to eat your dog? *Journal of Personality and Social Psychology, 65*, 613-628.

Haidt, J., Rozin, P., McCauley, C. R., & Imada, S. (1997). Body, psyche, and culture: The relationship between disgust and morality. *Psychology and Developing Societies, 9*, 107-131.

Haidt, J., & Rodin, J. (1999). Control and efficacy as interdisciplinary bridges. *Review of General Psychology, 3*, 317-337.

Haidt, J., & Hersh, M. A. (2001). Sexual morality: The cultures and reasons of liberals and conservatives. *Journal of Applied Social Psychology, 31*, 191-221.

Haidt, J., Rosenberg, E., & Hom, H. (2003). Differentiating diversities: Moral diversity is not like other kinds. *Journal of Applied Social Psychology, 33*, 1-36.

Haidt, J., & Joseph, C. (2004). Intuitive ethics: How innately prepared intuitions generate culturally variable virtues. *Daedalus* (Fall), 55-66.

Haidt, J., & Keltner, D. (2004). Appreciation of beauty and excellence. In C. Peterson and M. E. P. Seligman (Eds.), *Character strengths and virtues* (pp.537-551). Washington, DC: American Psychological Association.

Haidt, J., & Bjorklund, F. (2007). Social intuitionists answer six questions about morality. In W. Sinnott-Armstrong (Ed.), *Moral psychology*. Vol.2, *The cognitive science of morality* (pp.181-217). Cambridge, MA: MIT Press.

Hamer, D. H. (2004). *The God gene: How faith is hardwired into our genes*. New York: Doubleday.

Hamilton, W. D. (1964). The genetical evolution of social behavior, parts 1 and 2. *Journal of Theoretical Biology, 7,* 1-52.

Hansen, C. (1991). Classical Chinese Ethics. In P. Singer (Ed.), *A companion to ethics* (pp.69-81). Oxford, UK: Basil Blackwell.

Hare, R. D. (1993). *Without conscience*. NewYork: Pocket Books.(小林宏明訳(1995)『診断名サイコパス：身近にひそむ異常人格者たち』早川書房)

Harker, L., & Keltner, D. (2001). Expressions of positive emotion in women's college yearbook pictures and their relationship to personality and life outcomes across adulthood. *Journal of Personality and Social Psychology, 80,* 112-124.

Harlow, H. F. (1971). *Learning to love*. San Francisco, CA: Albion.(浜田寿美男訳(1978)『愛のなりたち』ミネルヴァ書房)

Harlow, H. F., Harlow, M. K., & Meyer, D. R. (1950). Learning motivated by a manipulation drive. *Journal of Experimental Psychology, 40,* 228-234.

Harlow, H. F., & Zimmerman, R. (1959). Affectional responses in the infant monkey. *Science, 130,* 421-432.

Harris, J. R. (1995). Where is the child's environment? A group socialization theory of development. *Psychological Review, 102,* 458-489.

Hazan, C, & Shaver, P. (1987). Romantic love conceptualized as an attachment process. *Journal of Personality and Social Psychology, 52,* 511-524.

Hazan, C, & Zeifman, D. (1999). Pair bonds as attachments. In J. Cassidy & P. R. Shaver (Eds.), *Handbook of attachment: Theory, research, and applications* (pp.336-354). New York: Guilford.

Heine, S. J., & Lehman, D. R. (1999). Culture, self-discrepancies, and self-satisfaction. *Personality and Social Psychology Bulletin, 25,* 915-925.

Helson, H. (1964). *Adaptation level theory: An experimental and systematic approach to behavior*. New York: Harper & Row.

Hick, J. (1967). The problem of evil. In P. Edwards (Ed.), *The Encyclopedia of Philosophy*, Vols.3 & 4 (pp.136-141). NewYork: Macmillan.

Hill, K., & Hurtado, A. M. (1996). *Ache life history*. NewYork: Aldine de Gruyter.

Hollon, S. D., & Beck, A. T. (1994). Cognitive and cognitive-behavioral therapies. In A. E. Bergin & S. L. Garfield (Eds.), *Handbook of psychotherapy and behavior change* (4th ed.). NewYork: Wiley.

Hollon, S. D., DeRubeis, R. J., Shelton, R. C, & Weiss, B. (2002). The emperor's new drugs: Effect size and moderation effects. *Prevention and Treatment, 5,* n.p.

Holmes, O. W., Jr. (1891). *Speeches*. Boston: Little, Brown.

Hom, H., & Haidt, J. (in preparation). The bonding and norming functions of gossip. Unpublished manuscript, University of Virginia.

Hoorens, V. (1993). Self-enhancement and superiority biases in social comparisons. In Vol.4 of W. Strobe & M. Hewstone (Eds.), *European review of social psychology* (pp.113-139). Chichester, UK: John Wiley.

Hume, D. (1969/1739). *A treatise of human nature*. London: Penguin.（木曾好能訳（1995）『人間本性論』法政大学出版局）

Hunter, J. D. (2000). *The death of character: Moral education in an age without good and evil*. New York: Basic Books.

Irving, W. (1976). *George Washington: A biography*. Charles Neider (Ed.). Garden City, NY: Doubleday.

Isen, A. M., & Levin, P. F. (1972). Effect of feeling good on helping: Cookies and kindness. *Journal of Personality and Social Psychology, 21*, 384-388.

Isen, A. M., & Simmonds, S. (1978). The effect of feeling good on a helping task that is incompatible with good mood. *Social Psychology, 41*, 346-349.

Ito, T. A., & Cacioppo, J. T. (1999). The psychophysiology of utility appraisals. In D. Kahneman, E. Diener, and N. Schwarz (Eds.), *Well-being: The foundations of hedonic psychology* (pp.470-488). New York: Russell Sage Foundation.

Iyengar, S. S., & Lepper, M. R. (2000). When choice is demotivating: Can one desire too much of a good thing? *Journal of Personality and Social Psychology, 79*, 995-1006.

James, W. (1950/1890). *The principles of psychology*. Vol.2. New York: Dover.

James, W. (1961/1902). *The varieties of religious experience*. New York: Macmillan.（比屋根安定訳（1957）『宗教経験の諸相：人間性の研究』誠信書房，のち岩波文庫）

James, J. M., & Bolstein, R. (1992). Effect of monetary incentives and follow-up mailings on the response rate and response quality in mail surveys. *Public Opinion Quarterly, 54*, 442-453.

Jankowiak, W. R., & Fischer, E. F. (1992). A cross-cultural perspective on romantic love. *Ethnology, 31*, 149-155.

Jefferson, T. (1975/1771). Letter to Robert Skipwith. In M. D. Peterson (Ed.), *The portable Thomas Jefferson* (pp.349-351). New York: Penguin.

Julien, R. M. (1998). *A primer of drug action* (8th ed.). NewYork: W. H. Freeman.

Jung, C. G. (1963). *Memories, dreams, reflections*. New York: Pantheon.（ヤッフェ編／河合隼雄・藤縄昭・出井淑子訳（1972-1973）『ユング自伝：思い出・夢・思想』1,

2, みすず書房）

Kagan, J. (1994). *Galen's prophecy: Temperament in human nature.* New York: Basic Books.

Kagan, J. (2003). Biology, context, and developmental inquiry. *Annual Review of Psychology, 54,* 1-23.

Kahneman, D., & Tversky, A. (1979). Prospect theory: An analysis of decisions under risk. *Econometrica, 47,* 263-291.

Kant, I. (1959/1785). *Foundation of the metaphysics of morals.* (L. W. Beck, Trans.) Indianapolis, IN: Bobbs-Merrill.（篠田英雄訳（1976）『道徳形而上学原論』改訳, 岩波文庫, ドイツ語からの訳）

Kaplan, H. R. (1978). *Lottery winners: How they won and how winning changed their lives.* New York: Harper and Row.

Kass, L. R. (1994). *The hungry soul: Eating and the perfecting of our nature.* Chicago: University of Chicago.（工藤政司・小澤喬訳（2002）『飢えたる魂：食の哲学』法政大学出版局）

Kasser, T. (2002). *The high price of materialism.* Cambridge, MA: MIT Press.

Kasser, T. & Ryan, R. M. (1996). Further examining the American dream: Differential correlates of intrinsic and extrinsic goals. *Personality and Social Psychology Bulletin, 22,* 280-287.

Keller, H. (1938). *Helen Keller's journal.* Garden City, NY: Doubleday.

Keltner, D., & Haidt, J. (2003). Approaching awe, a moral, spiritual, and aesthetic emotion. *Cognition and Emotion, 17,* 297-314.

Keyes, C. L. M., & Haidt, J. (Eds.). (2003). *Flourishing: Positive psychology and the life well lived.* Washington, DC: American Psychological Association.

King, L. A. (2001). The hard road to the good life: The happy, mature person. *Journal of Humanistic Psychology, 41,* 51-72.

Klemke, E. D. (Ed.), (2000). *The meaning of life.* (2nd ed.). NewYork: Oxford University Press.

Kohn, M. L. & Schooler, C. (1983). *Work and personality: An inquiry into the impact of social stratification.* Norwood, NJ: Ablex.

Kosfeld, M., Heinrichs, M., Zak, P. J., Fischbacher, U., & Fehr, E. (2005). Oxytocin increases trust in humans. *Nature, 435,* 673-676.

Koslowsky, M., & Kluger, A. N. (1995). *Commuting stress.* New York: Plenum.

Kramer, P. D. (1993). *Listening to Prozac.* New York: Viking.（渋谷直樹監修／堀たほ子訳（1997）『驚異の脳内薬品：鬱に勝つ「超」特効薬』同朋舎, 原著の抄訳）

Kuhn, D. (1991). *The skills of argument*. Cambridge, UK: Cambridge University Press.

Kunda, Z. (1990). The case for motivated reasoning. *Psychological Bulletin, 108*, 480-498.

Kunz, P. R., & Woolcott, M. (1976). Season's greetings: From my status to yours. *Social Science Research, 5*, 269-278.

LaBar, K. S., & LeDoux, J. E. (2003). Emotional learning circuits in animals and humans. In R. J. Davidson, K. R. Scherer & H. H. Goldsmith (Eds.), *Handbook of affective sciences* (pp.52-65). Oxford, UK: Oxford University Press.

Laertius, D. (1925/3rd cent. CE). *Lives of eminent philosophers*. (R. D. Hicks,Trans.) London: Heinemann.

Lakin, J. L., & Chartrand, T. L. (2003). Using nonconscious behavioral mimicry to create affiliation and rapport. *Psychological Science, 14*, 334-339.

Lakoff, G., & Johnson, M. (1980). *Metaphors we live by*. Chicago: University of Chicago Press.（渡部昇一・楠瀬淳三・下谷和幸訳（1986）『レトリックと人生』大修館書店）

Lakoff, G., & Johnson, M. (1999). *Philosophy in the flesh*. New York: Basic Books.（計見一雄訳（2004）『肉中の哲学：肉体を具有したマインドが西洋の思考に挑戦する』哲学書房）

Langer, E. J., & Rodin, J. (1976). The effects of choice and enhanced personal responsibility for the aged: A field experiment in an institutional setting. *Journal of Personality and Social Psychology, 34*, 191-198.

Lazarus, R. S., & Folkman, S. (1984). *Stress, appraisal, and coping*. New York: Springer.（本明寛・春木豊・織田正美監訳（1991）『ストレスの心理学：認知的評価と対処の研究』実務教育出版）

Leakey, R. (1994). *The origin of humankind*. New York: Basic Books.（馬場悠男訳（1996）『ヒトはいつから人間になったか』草思社）

Leary, M. (2004). *The curse of the self: Self-awareness, egotism, and the quality of human life*. Oxford, UK: Oxford University Press.

Le Conte, J. (1892). *Evolution: Its nature, its evidences, and its relation to religious thought*. (2nd ed.). New York: D. Appleton.

LeDoux, J. (1996). *The Emotional Brain*. NewYork: Simon & Schuster.（松本元ほか訳（2003）『エモーショナル・ブレイン：情動の脳科学』東京大学出版会）

Lerner, M. J., & Miller, D. T. (1978). Just world research and the attribution process: Looking back and ahead. *Psychological Bulletin, 85*, 1030-1051.

Leys, S. (Ed.), (1997). *The analects of Confucius*. New York: Norton.

Lichtheim, M. (1976). *Ancient egyptial literature: A book of readings*. Vol.2, *The new kingdom*. Berkeley: University of California.

Lorenz, K. J. (1935). Der kumpan in der umvelt des vogels. *Journal fur Ornithologie, 83*, 137-213.

Lucas, R. E. (2005). Happiness can change: A longitudinal study of adaptation to disability. Unpublished manuscript. Michigan State University.

Lucas, R. E., Clark, A. E., Georgellis, Y, & Diener, E. (2003). Reexamining adaptation and the set point model of happiness: Reactions to changes in marital status. *Journal of Personality and Social Psychology, 84*, 527-539.

Lucas, R. E., & Dyrenforth, P. S. (2006). Does the existence of social relationships matter for subjective well-being? In K. D. Vohs & E. J. Finkel (Eds.), *Self and relationships: Connecting intrapersonal and interpersonal processes* (pp.254-273). New York : Guildford Press.

Lucas, R. E., & Gohm, C. L. (2000). Age and sex differences in subjective well-being across cultures. In E. Diener & E. M. Suh (Eds.), *Culture and subjective well-being* (pp.291-318). Cambridge, MA: MIT press.

Lucretius. (1977/c. 59 BCE). *The nature of things*. (F. O. Copley, Trans.) NewYork: Norton.(邦訳に，樋口勝彦訳（1961）『物の本質について』岩波文庫 ほかがある。)

Lykken, D. T. (1999). *Happiness: What studies on twins show us about nature, nurture, and the happiness set-point*. New York: Golden Books.

Lykken, D. T., McGue, M., Tellegen, A., & Bouchard, T. J. (1992). Emergenesis: Genetic traits that may not run in families. *American Psychologist, 47*, 1565-1577.

Lykken, D. T., & Tellegen, A. (1996). Happiness is a stochastic phenomenon. *Psychobgical Science, 7*, 186-189.

Lynn, M., & McCall, M. (1998). Beyond gratitude and gratuity. Unpublished manuscript, Cornell University, School of Hotel Administration, Ithaca, NY.

Lyte, M., Varcoe, J. J., & Bailey, M. T. (1998). Anxiogenic effect of subclinical bacterial infection in mice in the absence of overt immune activation. *Physiology and behavior, 65*, 63-68.

Lyubomirsky, S., King, L., & Diener, E. (2005). The benefits of frequent positive affect: Does happiness lead to success? *Psychological Bulletin, 131*, 803-855.

Lyubomirsky, S., Sheldon, K. M., & Schkade, D. (2005). Pursuing happiness: The architecture of sustainable change. *Review of General Psychology, 9*, 111-131.

Machiavelli, N. (1940/c. 1517). *The prince and the discourses*. (L. Ricci & C. E.

Detmold, Trans.). New York: Modern Library.
MacIntyre, A. (1981). *After virtue*. Notre Dame, IN: University of Notre Dame Press.(篠崎榮訳（1993）『美徳なき時代』みすず書房)
Marcus, G. (2004). *The birth of the mind*. New York: Basic Books.(大隅典子訳（2005）『心を生みだす遺伝子』岩波書店)
Margolis, H. (1987). *Patterns, thinking, and cognition*. Chicago: University of Chicago Press.
Markus, H. R., & Kitayama, S. (1991). Culture and the self: Implications for cognition, emotion, and motivation. *Psychological Review, 98*, 224-253.
Marx, K. (1977/1867). *Capital: A critique of political economy*. New York: Vintage.
Mascaro, J. (Ed. and Trans.). (1965). *The Upanishads*. London: Penguin.
Mascara, J. (Ed. and Trans.). (1973). *The Dhammapada*. Harmondsworth, UK: Penguin.
Maslow, A. H. (1964). *Religions, values, and peak-experiences*. Columbus, OH: Ohio State University Press.(佐藤三郎・佐藤全弘訳（1972）『創造的人間：宗教・価値・至高・経験』誠信書房)
Mastekaasa, A. (1994). Marital status, distress, and well-being: An international comparison. *Journal of Comparative Family Studies, 25*, 183-205.
McAdams, D. P. (1994). Can personality changer? Levels of stability and growth in personality across the life span. In T. F. Heatherton & J. L. Weinberger (Eds.), *Can personality change?* (pp.299-313). Washington, DC: American Psychological Association.
McAdams, D. P. (2001). The psychology of life stories. *Review of General Psychology, 5*, 100-122.
McCraty, R., & Childre, D. (2004). The grateful heart: The psychophysiology of appreciation. In R. A. Emmons and M. E. McCullough (Eds.), *The psychology of gratitude* (pp.230-255). New York: Oxford.
McCullough, M. E., Hoyt, W. T, Larson, D. B., Koenig, H. G., & Thoresen, C. (2000). Religious involvement and mortality: A meta-analytic review. *Health Psychology, 1*, 211-222.
McNeill, W. H. (1995). *Keeping together in time: Dance and drill in human history*. Cambridge, MA.: Harvard University Press.
Meichenbaum, D. (1985). *Stress inoculation training*. New York: Pergamon.(根建金男ほか共訳（1989）『ストレス免疫訓練：認知的行動療法の手引き』岩崎学術出版社)

Metcalfe, J., & Mischel, W. (1999). A hot/cool-system analysis of delay of gratification: Dynamics of willpower. *Psychological Review, 106*, 3-19.

Miller, N. E. (1944). Experimental studies of conflict. In J. M. Hunt (Ed.), *Personality and the behavior disorders*. New York: Ronald Press.

Miller, W. I. (1997). *The anatomy of disgust*. Cambridge, MA: Harvard University Press.

Miller, W. R., & C'de Baca, J. (2001). *Quantum Change*. New York: Guilford.(鈴木乙史・フランクリン・裕子訳（2006）『クォンタム・チェンジの心理学：急激に起こる人生・人格の変化』ブレーン出版)

Mithen, S. (2000). Mind, brain and material culture: An archaeological perspective. In P. Carruthers and A. Chamberlain (Eds.), *Evolution and the human mind* (pp.207-217), Cambridge: Cambridge University Press.

Montaigne, M. (1991/1588). *The complete essays*. (M. A. Screech, Ed. & Trans.). London: Penguin.(邦訳に，関根秀雄訳（1960）『モンテーニュ随想録』1,2,3, 白水社ほかがある。)

Moss, C. (1998). *Elephant Memories: Thirteen years in the life of an elephant family*. New York: William Morrow.

Mroczek, D. K. & Spiro, A. (2005). Change in life satisfaction during adulthood: Findings from the veterans affairs normative aging study. *Journal of Personality and Social Psychology, 88*, 189-202.

Myers, D. G. (2000). The funds, friends, and faith of happy people. *American Psychologist, 55*, 56-67.

Nakamura, J., & Csikszentmihalyi, M. (2003). The construction of meaning through vital engagement. In C. L. M. Keyes and J. Haidt (Eds.), *Flourishing: Positive psychology and the life well-lived* (pp.83-104). Washington, DC: American Psychological Association.

Nestler, E. J., Hyman, S. E., & Malenka, R. C. (2001). *Molecular neuropharmacology: A foundation for clinical neuroscience*. New York: McGraw-Hill.(岩城晶子ほか訳（2004）『分子神経薬理学：臨床神経科学の基礎』西村書店)

Newberg, A., D'Aquili, E., & Rause, V. (2001). *Why God won't go away: Brain science and the biology of belief*. New York: Ballantine.(木村俊雄訳（2003）『脳はいかにして「神」を見るか：宗教体験のブレイン・サイエンス』PHP研究所)

Nietzsche, F. (1997/1889). *Twilight of the idols*. (R. Polt, Trans.) Indianapolis, IN: Hackett.

Nolen-Hoeksema, S., & Davis, C. G. (2002). Positive responses to loss. In C. R.

Snyder & S. J. Lopez (Eds.), *Handbook of positive psychology* (pp.598-607). New York: Oxford.

Nosek, B. A., Banaji, M. R., & Greenwald, A. G. (2002). Harvesting intergroup implicit attitudes and beliefs from a demonstration web site. *Group Dynamics, 6*, 101-115.

Nosek, B. A., Greenwald, A. G., & Banaji, M. R. (2007). The Implicit Association Test at age 7: A methodological and conceptual review. In J. A. Bargh (Ed.), *Automatic processes in social thinking and behavior* (pp.265-292). Philadelphia: Psychology Press.

Nussbaum, M. C. (2001). *Upheavals of thought*. Cambridge, UK: Cambridge University Press.

O'Connor, E. (Ed. & Trans.). (1993). *The essential Epicurus*. Amherst, NY: Prometheus Books.

Obeyesekere, G. (1985). Depression, Buddhism, and work of culture in Sri Lanka. In A. Klineman & B. Good (Eds.), *Culture and depression* (pp.134-152). Berkeley: University of California Press.

Olds, J., & Milner, P. (1954). Positive reinforcement produced by electrical stimulation of septal areas and other regions of rat brains. *Journal of Comparative and Physiological Psychology, 47*, 419-427.

Ovid (2004/c. 10 CE). *Metamorphoses*. (D. Raeburn, Trans.). London: Penguin.(邦訳に，中村善也訳 (1981-1984)『変身物語』岩波文庫 ほかがある。)

Pachocinski, R. (1996). *Proverbs of Africa: Human nature in the Nigerian oral tradition*. St. Paul, MN: Professors World Peace Academy.

Pahnke, W. N. (1966). Drugs and mysticism. *International Journal of Parapsychology, 8*, 295-313.

Panthanathan, K. & Boyd, R. (2004). Indirect reciprocity can stabilize cooperation without the second-order free rider problem. *Nature, 432*, 499-502.

Park, C. L., Cohen, L., & Murch, R. (1996). Assessment and prediction of stress-related growth. *Journal of Personality, 64*, 71-105.

Pelham, B. W., Mirenberg, M. C., & Jones, J. K. (2002). Why Susie sells seashells by the seashore: Implicit egotism and major life decisions. *Journal of Personality and Social Psychology, 82*, 469-487.

Pennebaker, J. (1997). *Opening up: The healing power of expressing emotions* (Rev. ed.). New York: Guilford.(余語真夫監訳 (2000)『オープニングアップ：秘密の告白と心身の健康』北大路書房)

Perkins, D. N., Farady, M., & Bushey, B. (1991). Everyday reasoning and the roots of intelligence. In J. F. Voss, D. N. Perkins & J. W. Segal (Eds.), *Informal reasoning and education* (pp.83-105). Hillsdale, NJ: Erlbaum.

Peterson, C. & Seligman, M. E. P. (2004). *Character strengths and virtues: A handbook and classification*. Washington, DC : American Psychological Association and Oxford University Press.

Piaget, J. (1965/1932). *The moral judgment of the child.* (M. Gabain, Trans.) New York: Free Press.

Piliavin, J. A. (2003). Doing well by doing good: Benefits for the benefactor. In C. L. M. Keyes and J. Haidt (Eds.), *Flourishing: Positive psychology and the life well-lived* (pp.227-247). Washington, DC: American Psychological Association.

Pincoffs, E. L. (1986). *Quandaries and virtues: Against reductivism in ethics*. Lawrence, KS: University of Kansas.

Pinker, S. (1997). *How the mind works*. NewYork: Norton.(椋田直子訳 (2003)『心の仕組み：人間関係にどう関わるか』日本放送出版協会)

Pinker, S. (2002). *The blank slate: The modern denial of human nature*. New York: Viking.(山下篤子訳 (2004)『人間の本性を考える：心は「空白の石版」か』日本放送出版協会)

Plomin, R., & Daniels, D. (1987). Why are children in the same family so different from one another? *Behavioral and Brain Sciences, 10*, 1-60.

Pronin, E., Lin, D. Y, & Ross, L. (2002). The bias blind spot: Perceptions of bias in self versus others. *Personality and Social Psychology Bulletin, 28*, 369-381.

Proust, M. (1992a/1922). *In search of lost time*. Vol.2, *Within a budding grove*. (C. K. S. Moncreiff & T. Kilmartin, Trans.) London: Chatto and Windus.(井上究一郎訳 (1953)『花咲く乙女たち』「失われた時を求めて第2巻I, II」新潮社)

Proust, M. (1992b/1922). *In search of lost time*. Vol. 5, *The captive and the fugitive*. (C. K. S. Moncreiff & T. Kilmartin, Trans.) London: Chatto and Windus.(伊吹武彦訳 (1954)『囚われの女』「失われた時を求めて第5巻I, II」新潮社)

Putnam, R. D. (2000). *Bowling alone: The collapse and revival of American community*. New York: Simon & Schuster.(柴内康文訳 (2006)『孤独なボウリング：米国コミュニティの崩壊と再生』柏書房)

Pyszcsynski, T., Greenberg, J., & Solomon, S. (1997). Why do we want what we want? A terror management perspective on the roots of human social motivation. *Psychological Inquiry, 8*, 1-20.

Pyszczynski, X. & Greenberg, J. (1987). Toward an integration of cognitive and

motivational perspectives on social inference: A biased hypothesis-testing model. *Advances in Experimental Social Psychology, 20*, 297-340.

Reis, H. T. & Gable, S. L. (2003). Toward a positive psychology of relationships. In C. L. M. Keyes & J. Haidt (Eds.), *Flourishing: Positive psychology and the life well-lived* (pp.129-159). Washington, DC: American Psychological Association.

Richerson, P. J. & Boyd, R. (1998). The evolution of human ultra-sociality. In I. Eibl-Eibesfeldt & F. K. Salter (Eds.), *Indoctrinability, ideology, and warfare: Evolutionary perspectives* (pp.71-95). New York: Berghahn.

Richerson, P. J., & Boyd, R. (2005). *Not by genes alone: How culture transformed human evolution*. Chicago: University of Chicago Press.

Ridley, M. (1996). *The origins of virtue*. Harmondsworth, UK: Penguin.(古川奈々子訳 (2000)『徳の起源：他人をおもいやる遺伝子』翔泳社)

Riis, J., Loewenstein, G., Baron, J., Jepson, C, Fagerlin, A., & Ubel, P. A. (2005). Ignorance of hedonic adaptation to hemodialysis: A study using ecological momentary assessment. *Journal of Experimental Psychology: General, 134*, 3-9.

Rind, B., Tromovitch, P., & Bauserman, R. (1998). A meta-analytic examination of assumed properties of child sexual abuse using college samples. *Psychological Bulletin, 124*, 22-53.

Rodin, J., & Langer, E. (1977). Long-term effects of a control-relevant intervention with the institutionalized aged. *Journal of Personality and Social Psychology, 35*, 897-902.

Rolls, E. T. (1999). *The brain and emotion*. Oxford, UK: Oxford University Press.

Ross, M., & Sicoly, F. (1979). Egocentric biases in availability and attribution. *Journal of Personality and Social Psychology, 37*, 322-336.

Rozin, P., & Fallon, A. (1987). A perspective on disgust. *Psychological Review, 94*, 23-41.

Rozin, P., Haidt, J., McCauley, C, & Imada, S. (1997). Disgust: Preadaptation and the evolution of a food-based emotion. In H. MacBeth (Ed.), *Food preferences and taste* (pp.65-82). Providence, RI: Berghahn.

Rozin, P., Haidt, J., & McCauley, C. (2000). Disgust. In M. Lewis and J. M.Haviland-Jones (Eds.), *Handbook of emotions* (pp.637-653). New York: Guilford Press.

Rozin, P., and Royzman, E. B. (2001). Negativity bias, negativity dominance, and contagion. *Personality and Social Psychology Review, 5*, 296-320.

Russell, J. B. (1988). *The prince of darkness: Radical evil and the power of good in history*. Ithaca, NY: Cornell University Press.(大瀧啓裕訳 (1990)『悪魔の系譜』

青土社）
Ryan, R. M. & Deci, E. L. (2000). Self-determination theory and the facilitation of intrinsic motivation, social development, and well-being. *American Psychologist, 55*, 68-78.
Ryff, C. D., & Singer, B. (2003). Flourishing under fire: Resilience as a prototype of challenged thriving. In C. L. M. Keyes & J. Haidt (Eds.), *Flourishing: Positive psychology and the life well-lived* (pp.15-36). Washington, DC : American Psychological Association.
Sabini, J. & Silver, M. (1982). *Moralities of everyday life*. Oxford, UK: Oxford University Press.
Salovey, P., & Mayer, J. D. (1990). Emotional intelligence. *Imagination, Cognition, and personality, 9*, 185-211.
Sampson, R. J. (1993). Family management and child development: Insights from social disorganization theory. Vol.6 of J. McCord (Ed.), *Advances in criminological theory* (pp.63-93). New Brunswick, NJ: Transaction Press.
Sanfey, A. G., Rilling, J. K., Aronson, J. A., Nystrom, L. E., & Cohen, J. D. (2003). The neural basis of economic decision-making in the ultimatum game. *Science, 300*, 1755-1758.
Sartre, J. P. (1989/1944). *No exit and three other plays*. (S. Gilbert, Trans.). New York: Vintage International.
Schatzberg, A. E., Cole, J. O., & DeBattista, C. (2003). *Manual of Clinical Psychopharmacology*, (4th Ed.). Washington, DC: American Psychiatric Publishing.
Schkade, D. A., & Kahneman, D. (1998). Does living in California make people happy? A focusing illusion in judgments of life satisfaction. *Psychological Science, 9*, 340-346.
Schulz, R. & Decker, S. (1985). Long-term adjustment to physical disability: The role of social support, perceived control, and self-blame. *Journal of Personality and Social Psychology, 48*, 1162-1172.
Schwartz, B. (2004). *The paradox of choice*. New York: HarperCollins.（瑞穂のりこ訳（2004）『なぜ選ぶたびに後悔するのか：「選択の自由」の落とし穴』ランダムハウス講談社）
Schwartz, B., Ward, A., Monterosso, J., Lyubomirsky, S., White, K., & Lehman, D. R. (2002). Maximizing versus satisficing: Happiness is a matter of choice. *Journal of Personality and Social Psychology, 83*, 1178-1197.

Seligman, M. E. P. (1995). The effectiveness of psychotherapy: The Consumer Reports study. *American Psychologist, 50*, 965-974.

Seligman, M. E. P. (2002). *Authentic happiness*. New York: Free Press.(小林裕子訳 (2004)『世界でひとつだけの幸せ：ポジティブ心理学が教えてくれる満ち足りた人生』アスペクト)

Seneca, L. A. (1917-1925/c. 50ce). *Moral epistles*. Vol.1, The Loeb Classical Library. Cambridge, MA: Harvard University Press.(茂手木元蔵訳 (1992)『道徳書簡集(全)：倫理の手紙集』東海大学出版会)

Shapiro, S., Schwartz, G. E. R., & Santerre, C. (2002). Meditation and positive psychology. In C. R. Snyder & S. J. Lopez (Eds.), *Handbook of positive psychology* (pp.632-645). New York: Oxford University Press.

Sheldon, K. M. (2004). *Optimal human being: An integrated multi-level perspective*. Mahwah, NJ: Lawrence Erlbaum.

Sheldon, K. M., & Kasser, T. (1995). Coherence and congruence: Two aspects of personality integration. *Journal of Personality and Social Psychology, 68*, 531-543.

Shoda, Y., Mischel, W., & Peake, P. K. (1990). Predicting adolescent cognitive and self-regulatory competencies from preschool delay of gratification: Identifying diagnostic conditions. *Developmental Psychology, 26*, 978-986.

Shore, B. (1996). *Culture in mind: Cognition, culture, and the problem of meaning*. New York: Oxford University Press.

Shulgin, A. (1991). *PIHKAL: A chemical love story*. Berkeley: Transform Press.

Shweder, R. A., Much, N. C, Mahapatra, M., & Park, L. (1997). The "big three" of morality (autonomy, community, and divinity), and the "big three" explanations of suffering. In A. Brandt & P. Rozin (Eds.), *Morality and Health* (pp.119-169). New York: Routledge.

Singer, P. (1979). *Practical ethics*. Cambridge, UK: Cambridge University Press.(山内友三郎・塚崎智監訳 (1991)『実践の倫理』昭和堂)

Skitka, L. J. (2002). Do the means always justify the ends, or do the ends sometimes justify the means? A value protection model of justice reasoning. *Personality and Social Psychology Bulletin, 28*, 588-597.

Smith, A. (1976/1759). *The theory of moral sentiments*. Oxford, UK: Oxford University Press.(邦訳に，水田洋訳 (1973)『道徳感情論』筑摩書房 ほかがある。)

Smith, N. M., Floyd, M. R., Scogin, F., & Jamison, C. S. (1997). Three year followup of bibliotherapy for depression. *Journal of Consulting and Clinical Psychology, 65*,

324-327.
Solnick, S. J., & Memenway, D. (1998). Is more always better? A survey on positional concerns. *Journal of Economic Behavior and Organization, 37*, 373-383.
Solomon, R. C. (1999). *The joy of philosophy: Thinking thin versus the passionate life*. New York: Oxford University Press.
Srivastava, S., John, O. P., Gosling, S. D., & Potter, J. (2003). Development of personality in early and middle addulthood: Set like plaster or persistent change? *Journal of Personality and Social Psychology, 84*, 1041-1053.
Stall, S. (1904/1897). *What a young man ought to know*. London: Vir Publishing.
Steele, J. D. (1867). *Fourteen weeks in chemistry*. NewYork: A. S. Barnes.
Sternberg, R. J. (1986). A triangular theory of love. *Psychological Review, 93*, 119-135.
Sternberg, R. J. (1998). A balance theory of wisdom. *Review of General Psychology, 2*, 347-365.
Tajfel, H. (1982). Social psychology of intergroup relations. *Annual Review of Psychology, 33*, 1-39.
Tamir, M, Robinson, M. D., & Clore, G. L. (2002). The epistemic benefits of trait-consistent mood states: An analysis of extraversion and mood. *Journal of Personality and Social Psychology, 83*(3), 663-677.
Tavris, C. (1982). *Anger: The misunderstood emotion*. New York: Simon & Schuster.
Taylor, C. (1989). *Sources of the self: The making of the modern identity*. Cambridge, MA: Harvard University Press.（下川潔・桜井徹・田中智彦訳 (2010)『自我の源泉：近代的アイデンティティの形成』名古屋大学出版会）
Taylor, S. E. (2003). *Health psychology*. Boston: McGraw-Hill.
Taylor, S. E., Klein, L. C., Lewis, B. P., Gruenewald, T. L., Gurung, R. A., & Updegraff, J. A. (2000). Biobehavioral responses to stress in females: Tend-and-befriend, not fight-or-flight. *Psychological Review, 107*, 411-429.
Taylor, S. E., Lerner, J. S., Sherman, D. K., Sage, R. M., & McDowell, N. K. (2003) Portrait of the self-enhancer: Well adjusted and well liked or maladjusted and friendless. *Journal of Personality and Social Psychology, 84*, 165-176.
Tedeschi, R. G., Park, C. L, & Calhoun, L. G. (1998). Posttraumalle growth) Conceptual issues. In R. G. Tedeschi, C. L. Park & L. G. Calhoun (Eds.), *Posttraumatic growth: Positive changes in the aftermath of crisis* (pp.1-22), Mahwah, NJ: Lawrence Erlbaum.

Templeton, J. M. (1997). *Worldwide laws of life: 200 eternal spiritual principles*. Philadelphia: Templeton Foundation Press.

Tennen, H., & Affleck, G. (1998). Personality and transformation in the face of adversity. In R. G. Tedeschi, C. L. Park & L. G. Calhoun (Eds.), *Posttraumatic growth: Positive changes in the aftermath of crisis* (pp.65-98). Mahwah, NJ: Lawrence Erlbaum.

Thoits, P. A., & Hewitt, L. N. (2001). Volunteer work and well-being. *Journal of Health and Social Behavior, 42*, 115-131.

Thrash, T. M. & Elliot, A. J. (2004). Inspiration: Core characteristics, component processes, antecedents, and function. *Journal of Personality and Social Psychology, 87*, 957.

Thomas, K. (1983). *Man and the Natural World*. NewYork: Pantheon.(中島俊郎・山内彰訳 (1989)『人間と自然界：近代イギリスにおける自然観の変遷』法政大学出版局)

Tooby, J., & Cosmides, L. (1996). Friendship and the banker's paradox: Other pathways to the evolution of adaptations for altruism. *Proceedings of the British Academy, 88*, 119-143.

Trevathan, W. (1987). *Human birth*. New York: Aldine de Gruyter.

Trivers, R. L. (1971). The evolution of reciprocal altruism. *Quarterly Review of Biology, 46*, 35-57.

Troyat, H. (1967). *Tolstoy*. (N. Amphoux, Trans). New York: Doubleday.

Trut, L. N. (1999). Early canid domestication: The farm fox experiment. *American Scientist, 87*, 160-169.

Turkheimer, E. (2000). Three laws of behavior genetics and what they mean. *Current Directions in Psychological Science, 9*, 160-164.

Updegraff, J. A., & Taylor, S. E. (2000). From vulnerability to growth: Positive and negative effects of stressful life events. In J. Harvey & E. Miller (Eds.), *Loss and trauma: General and close relationship perspectives* (pp.3-28). Philadelphia: Brunner-Routledge.

Uvnas-Moberg, K. (1998). Oxytocin may mediate the benefits of positive social interaction and emotions. *Psychoneuroimmunology, 23*, 819-835.

van Baaren, R. B., Holland, R. W., Steenaert, B., & van Knippenberg, A. (2003). Mimicry for money: Behavioral consequences of imitation. *Journal of Experimental Social Psychology, 39*, 393-398.

van Baaren, R. B., Holland, R. W., Kawakami, K., & van Knippenberg, A. (2004).

Mimicry and Prosocial Behavior. *Psychological Science, 15*, 71-74.

Van Boven, L., & Gilovich, T. (2003). To do or to have? That is the question. *Journal of Personality and Social Psychology, 85*, 1193-1202.

van IJzendoorn, M. H., Moran, G., Belsky, J., Pederson, D., Bakermans-Kranenburg, M. J., & Kneppers, K. (2000). The similarity of siblings' attachments to their mother. *Child Development, 71*, 1086-1098.

Vormbrock, J. K. (1993). Attachment theory as applied to war-time and job-related marital separation. *Psychological Bulletin, 114*, 122-144.

Waite, L. J., & Gallagher, M. (2000). *The case for marriage: Why married people are happier, healthier, and better off financially*. New York: Doubleday.

Warren, R. (2002). *The purpose driven life: What on earth am I here for?* Grand Rapids, MI: Zondervan.(尾山清仁訳 (2004)『人生を導く5つの目的：自分らしく生きるための40章』パーパス・ドリブン・ジャパン)

Wasson, R. G. (1986). *Persephone's quest: Entheogens and the origins of religion*. New Haven, CT: Yale University Press.

Watson, J. B. (1928). *Psychological care of infant and child*. New York W. W. Norton.(細井次郎・齋田晃共訳 (1934)『子供は如何に育てらるべきか：心理学の實驗に基いて語る』成美堂書店)

Wegner, D. (1994). Ironic processes of mental control. *Psychological Review, 101*, 34-52.

Weinfield, N. S., Sroufe, L. A., Egeland, B., & Carlson, E. A. (1999). The nature of individual differences in infant-caregiver attachment. In J. Cassidy & P. R. Shaver (Eds.), *Handbook of attachment: Theory, research, and applications* (pp.68-88). New York: Guilford.

Wesley, J. (1986/1786). *Works of John Wesley*. A. Outler (Ed.), Nashville, TN: Abingdon Press.

White, R. B. (1959). Motivation reconsidered: The concept of competence. *Psychological Review, 66*, 297-333.

Whybrow, P. C. (2005). *American mania: When more is not enough*. New York: Norton.

Wilkinson, G. S. (1984). Reciprocal food sharing in the vampire bat. *Nature, 308*, 181-184.

Williams, G. C. (1966). *Adaptation and natural selection: A critique of some current evolutionary thought*. Princeton: Princeton University Press.

Wilson, D. S. (2002). *Darwin's cathedral: Evolution, religion, and the nature of*

society. Chicago: University of Chicago Press.

Wilson, E. O. (1990). *Success and dominance in ecosystems: The case of the social insects*. Oldendorf, Germany: Ecology Institute.

Wilson, T. D., & Gilbert, D. T. (2003). Affective forecasting. In Vol.35 of M. P. Zanna (Ed.), *Advances in experimental psychology* (pp.345-411). San Diego, CA: Academic.

Wilson, T. D., & Gilbert, D. T. (2005). Making sense: A model of affective adaptation. Unpublished manuscript.

Wright, R. (1994). *The moral animal*. New York: Pantheon.(小川敏子訳 (1995)『モラル・アニマル』講談社)

Wrzesniewski, A., McCauley, C. R., Rozin, P., & Schwartz, B. (1997). Jobs, careers, and callings: People's relations to their work. *Journal of Research in Personality, 31*, 21-33.

Wrzesniewski, A., Rozin, P., & Bennett, G. (2003). Working, playing, and eating: Making the most of most moments. In C. L. M. Keyes & J. Haidt (Eds.), *Flourishing: Positive psychology and the life well-lived* (pp.185-204). Washington, DC : American Psychological Association.

Zaehner, R. C. (Ed. and Trans.), (1969). *The Bhagavad-Gita*. Oxford: Clarendon.(邦訳に，上村勝彦訳 (1992)『バガヴァッド・ギーター』岩波文庫 ほかがある。)